译林双语
040

〔美国〕马克·吐温 著
张友松 译

王子与贫儿

译林出版社　山东人民出版社

小　引

我要照人家给我讲的那样，叙述一个故事。讲这故事的人是从他的父亲那儿听来的，他的父亲又是从"他的"父亲那儿听来的，这位父亲的父亲还是一样，也是从"他的"父亲那儿听来的——一代又一代地一直往上推，总共有三百多年之久，老是父亲传给儿子，把这故事流传下来。这也许是历史上的事情，也许只是无稽的传说。这里面所说的事情也许曾经发生过，也许没有发生过，不过那是可能发生过的。也许从前那些博学多才的人相信这个故事；也许只有那些无知无识和脑筋简单的人才喜欢它，相信它。

慈悲的美德……

蕴含着双重的幸福；

它既能使施惠者感到欣慰，

又能降福于受惠者。

它有超乎一切的无上魅力：

比君主的王冠

更能显示帝王的光彩。

——《威尼斯商人》

目　录

第一章 王子和贫儿的诞生

十六世纪第二个二十五年当中的一个秋天，古老的伦敦城里有一个姓康第的穷苦人家生了一个他们不欢迎的男孩。同一天，一个姓都铎[①]的富贵人家有一个正如心愿的男孩诞生了。全英国的人也都欢迎这个孩子。大家早已热切地渴望着他，期待着他，并且为了祈求他的诞生而向上帝祷告，因此他现在真的出世了，全国的人就几乎是喜极若狂了，连稍稍相识的人都互相拥抱，互相亲吻，同声欢呼。大家都休假了，无论尊卑贫富，都大吃大喝地取乐，还跳舞、歌唱，非常快活；他们不分昼夜地像这样一连狂欢了好几天。白天，伦敦的景象真是热闹非凡，家家户户的阳台和屋顶上都有鲜艳的旗帜随风飘动，大街上进行着盛大的庆典游行。夜间的景象也很可观，街头巷尾，处处都燃烧着大堆的篝火，四周围着一群狂欢者，尽情作乐。全英国除了谈论这个新生的孩子——太子爱德华·都铎以外，都不谈别的事情。这个孩子浑身裹着绫罗绸缎，对于外面那一切无谓的热闹情况都无知无觉，也不知道还有许多大臣和贵妇在伺候着他，看护着他——而且他也满不在乎。可是谁也没有谈到另外那个浑身裹着破布烂絮的孩子，汤姆·康第。他的出生徒然给这家穷人增加了麻烦；除了他自己家里这些发愁的人谈到他以外，再也没有别人理睬他了。

① 指1485—1603年，是英国的都铎王朝时代。

第二章　汤姆的幼年时代

我们现在跳过若干年，来谈谈以后的事情吧。

当时伦敦已有一千五百年的历史，以那时候的规模而论，要算是一个大城市了。全城有十万居民——有人认为比这还要多一倍。街道都很狭窄、弯曲而肮脏，尤其是汤姆·康第所住的那一带离伦敦桥不远的地方。那儿的房屋都是木头建筑的，第二层楼突出于第一层之外，第三层又把它的胳臂肘伸出第二层的范围。房子盖得越高，上面的面积也就越大。房屋的骨架是用结实的木料钉成交叉的形式，中间加上一些牢靠的材料，外面再涂上一层灰泥。房屋的主人按照各自的脾性把屋梁漆成红色、蓝色或黑色，这就使得那些房屋显出一副很雅致的气派。窗户都很小，嵌着菱形的小玻璃；窗扇都像屋门那样，是向外开的，装的枢纽也像门上的一样。

汤姆的父亲所住的房子，在布丁巷外面一个名叫垃圾大院的肮脏小死巷里面。那所房子又小又破，东歪西倒，里面却挤满了一些穷得要命的人家。康第那一窝在三层楼上占着一个房间。母亲和父亲在一个角落里有一张也算是床的床铺；可是汤姆和他的祖母，还有他的两个姐姐——白特和南恩，却不受拘束——全部的地板都归他们享用，他们爱在哪儿睡就在哪儿睡。屋里有一两条破得不像样的毯子，还有几捆又旧又脏的稻草，可是要把这些东西叫作床铺，似乎不大妥当，因为它们是乱七八糟的；每天早晨，这些东西老是整个儿被踢成一大堆，到了晚上，大家再把它们从这一堆里挑出来使用。

白特和南恩都是十五岁——一对双胞胎。她们是心肠很好的姑娘，满身肮脏，穿得非常破烂，愚昧透顶。她们的母亲也和她们相似。可是父亲和祖母简直是一对恶魔。他们只要有酒喝，就喝得烂醉；然后他们就互相打架，或是碰上谁就和谁相打；无论醉与不醉，他们老是咒骂不休。约翰·康第是个小偷，他母亲是个乞丐。他们把孩子们都教成了叫花子，可是还没有能够把他们变成小偷。在这所房子里住着的乌七八糟的穷人当中，有一位善良的老神父，可是他并不属于他们那一伙。国王给了他一点点极微薄的养老金，把他从家里一下子撵了出来；他常爱把孩子们叫到一边，暗自教他们一些正当的行为。安德鲁神父教给汤姆一点拉丁文，并且还教他读书写字；他本想把这些东西也教给那两个姑娘，可是她们害怕朋友们的嘲笑，因为如果她们俩要有那些稀奇的学问，朋友们是绝不会容忍的。

整个垃圾大院里乱哄哄的一窝正和康第家里一模一样。酗酒、胡闹和吵嘴在那儿是家常便饭，每天晚上都是如此，而且几乎是通宵达旦。在那一带，打破脑袋和饥饿是同样寻常的事情，可是小汤姆并不觉得不愉快。他的日子过得很苦，可是他自己并不知道。他那种生活和垃圾大院所有的孩子过的是一样的，因此他也就以为那是合适的、舒服的生活。他晚上空手回家的时候，知道他父亲首先就要骂他一顿，再揍他一顿，等他父亲打骂够了之后，祖母又要再来一遍，而且更加厉害；他还知道，到了深夜，他那饿着肚子的母亲就要偷偷地溜到他身边来，把她宁肯自己挨饿也要给他省下来的一点儿半点儿可怜的面包皮或残屑拿给他吃，虽然她常因这种大逆不道的行为被发觉而要挨她的丈夫一顿毒打。

反正汤姆的生活是过得很顺当的，尤其是在夏天。他只去讨到够他自己活命的东西，因为禁止行乞的法律很严厉，刑罚也很重；所以他把许多时间用来听安德鲁神父讲那些关于巨人和仙女，矮子和妖怪，以及妖魔盘踞城堡，气派的国王和王子的迷人的古老故事和传说。他脑子里渐渐装满了这些稀奇的事情，于是有许多个晚上，当他在黑暗中躺在他那薄薄的、发臭的稻草上，又倦又饿，挨过鞭打之后还在疼痛的时候，他就展开他的想象力，津津有味地给他自己描绘着一座王宫里的一位娇养的王子那种惬意的生活，因此不久就把他的痛楚都忘记了。后来就有一种愿望日夜在他心中萦绕，那就是要亲眼看见一个真正的王子。有一次，他向那些垃圾大院的玩伴谈这桩心事；可是他们非常刻薄地嘲笑他，挖苦他，以致他从此以后情愿把他的梦想留在自己心里。

他常常读神父的古书，并且还请他讲解，再把那里面所说的加以渲染。后来由于梦想和读书的结果，他心理上起了一些变化。他的梦中人物都非常漂亮，以致他渐渐地为他自己的破烂衣服和满身的肮脏而感到痛心，并且还希望自己能干净一些，穿得好一些。他还是照常到泥潭里去玩，并且也玩得很痛快；他也到泰晤士河里去拍水玩，却不像过去那样只是为了游戏，而是因为河水可以把他身上和脸上洗干净，使他开始发现了它的另一种价值。

汤姆经常可以看到契普赛街的五月柱[①]周围和市集上有些活动；间或逢着某一位不幸的要人由陆路或水路被押解到伦敦塔[②]去的时候，他和伦敦其余的人还有机会看到军队的行列在街上通过。某年夏季有一天，他还在史密斯菲尔德区看见不幸的爱恩·艾斯裘和三个男人被绑在火刑柱上烧死，并且还听见一位前任主教给他们讲道，可是他对这位主教所讲的话并不感兴趣。是呀，汤姆的生活大体上是花样够多，也很愉快的。

后来汤姆所读的关于王子生活的书和他在这方面的梦想竟对他

---

① 五月柱是欧洲五朔节的时候用花或彩带装饰起来，让男女青年围着跳舞的柱子。

② 伦敦塔是从前英国囚禁重要政治犯的监狱。这个塔是一座堡寨，早已成为一处古迹。

产生了那么强烈的影响，以至于他不知不觉地扮演起王子来了。他的谈话和举动变得特别斯文而有宫廷派头，使他那些亲密的朋友非常羡慕，也觉得非常好玩儿。于是这时候，汤姆在这些年轻小伙子当中的威信一天天增长了；后来他在他们心目中终于成了一个超凡出众的人物，大家对他都怀着一种敬畏的心理。他似乎知道得真多呀！他居然能做出和说出那许多了不起的事情！而且，他还那么足智多谋！他说的话和他的举动，都由这些孩子报告给他们的父兄；这些人也就马上开始谈论汤姆·康第，而且把他看成一个最有才华的非凡角色。成年人把他们的疑难拿来向汤姆请教，他的解答所表现的才智每每使他们大为惊异。事实上，除了他自己家里的人以外，在他所有相识的人的心目中，他都成了一位英雄——只有他家里的人一点儿也看不出他有什么了不起的地方。

过了不久，汤姆居然暗中组织了一个小朝廷！他自己当王子，他的亲近玩伴有的当警卫，有的当宫内大臣，有的当武官，还有当侍从和宫女的，有当王室成员的。这位假扮的王子天天都按照他从书本上那些传奇故事里学来的一些繁缛的礼节接受大家的拜见，这个虚构的王国的国家大事天天都在御前会议上被提出来讨论，这位假扮的殿下天天都给他想象中的陆军、海军和总督们颁发法令。

这以后，他就穿着那身破烂衣服到街上去，讨几个小铜板，吃他那少得可怜的面包壳，再照例挨打挨骂，然后在他那一小把肮脏的稻草上躺下来，又在梦想中恢复他那虚构的荣华富贵的生活了。

然而他还是想见到一位真正的、活着的王子，亲自看他一眼。这个愿望一天又一天、一个礼拜又一个礼拜地在他心中越发强烈，直到后来，它把其他一切愿望都吞没了，终于成了他生活中的唯一热望。

一月的一天，他照例出去行乞，无精打采地在明兴巷和小东契普街一带来回地缓步走着，光着脚，冷得难受，眼睛直往食品店的橱窗里瞟，渴望吃那里面摆着的猪肉饼和其他叫人馋得要命的新花样——在他看来，这些东西都是专供天使享用的美味；这就是说，从它们的香气中判断，应该是如此——因为他从来没有走过那种好运，不曾享有和吃过这类东西。天上下着寒冷的毛毛雨，天空是阴沉的，那是个凄凉的日子。晚上汤姆回到家里，浑身湿透，又乏又饿，以致连他的父亲和祖母看了他这种倒霉的光景，也不能不表示同情——他们自有他们表示同情的方式。于是他们马上使劲赏了他一顿拳头，叫他去睡觉。有好一阵工夫，他的疼痛和饥饿，还有那所房子里正在进行着的咒骂和殴打，老使他睡不成觉；可是后来他的思绪终于飘到了老远的、神秘的地方，于是他就睡着了。他在梦中和一些戴着宝石饰品、满身金光闪闪的小王子在一起，这些王子都住在偌大的宫殿中，面前有许多仆人行着额手礼，飞快地跑去执行他们的命令。然后就像往日一样，他又梦见他自己是一个小王子了。

整夜里，他那帝王身份的荣光始终照耀着他；他在灯烛辉煌中，在大臣和贵妇当中走动，呼吸着香气，陶醉于美妙的音乐中；闪闪发光的人群一面给他让出路来，一面毕恭毕敬地向他鞠躬致敬，他就派头十足地冲这儿笑一笑，冲那儿点点头，表示答礼。

清早醒来时，他一看周围那种倒霉的情景，他那一场好梦就对他起了惯常的作用——使他那环境的肮脏鄙陋增强了一千倍。于是随之而来的就是苦痛、伤心和眼泪。

第三章　汤姆和王子的会见

汤姆饿着肚子起来，又饿着肚子出去游荡，可是他心里还是忙着回想头天晚上他做的梦里那些模糊的辉煌景象。他在城里到处游荡，甚至不大注意自己在往哪儿走，也没有发觉身边发生了一些什么事情。人们拼命挤他，还有些人骂他，可是这一切对这个沉思的孩子都完全不起作用。后来他走到了邓普尔门，这是他由家里往这个方向走得最远的一次。他站住想了一会儿，然后又沉入他的幻想中，随即继续往前走，出了伦敦的城墙。河滨马路当时已经不是一条乡间的大路了，而说它是一条街道，却也很牵强；因为它虽然有一边排列着大致紧密相连的一排房屋，另一边却只有几所分散的大房子，这些大房子都是当时富有的贵族之家的大厦，前面宽大而美丽的庭园一直延伸到河边——这些庭园中现在都密密地盖满了占地若干英亩的、威严的砖石建筑物了。

汤姆随即就发现了翠林庄。他在早前一位死了亲人的国王在那儿建的一座美丽的十字碑前休息了一会儿，然后又顺着一条幽静的、可爱的路闲逛过去，经过红衣大主教的庄严宫殿，朝着一座更雄伟、更堂皇的建筑——威斯敏斯特宫——走过去。汤姆瞪着眼睛望着那老大的一堆建筑物，望着那伸出很远的边厢，那威严的棱堡和角楼，那巨大的石造大门，上面有金漆的门栅，门前排列着许多庄严的、庞大的花岗石狮子，还有其他英国皇家的标志和表征，他简直看得满心欢喜，非常惊奇。难道他心中的愿望终于可以得到满足了吗？这儿可的确是一座国王的宫殿呀。假如老天爷愿意开恩的话，他现在岂不是有希望见到一位王子——一位有血有肉的王子了吗?

那金漆大门两边都站着一个活的雕像，那就是说，一个站得笔挺的、威严的、一动也不动的士兵，从头顶到脚跟穿着全副闪亮的钢盔甲。有许多乡下人和城里来的人，为了表示尊敬，站在一段距离之外，大家等待着机会，希望偶然有王室成员出现的时候能够饱一饱眼福。豪华的马车里坐着尊贵的人物，外面还有华丽的仆从，一辆辆地从穿过皇家围墙的另外几座雄伟的大门里驶进驶出。

可怜的小汤姆穿着他那身破烂衣服走过去，他心头剧跳，希望高涨。当他畏怯而迟缓地走过那两个卫兵的时候，忽然从那金漆门栅里一眼瞟见里面有一个出色的人物，这使他几乎欢喜得大声喊叫起来。门内有一个漂亮的男孩子，他因为常进行露天游戏和运动，皮肤晒得又红又黑；他穿的衣服全是漂亮的绸缎，满身宝石闪着光彩；他腰上带着一把剑和一把匕首，都镶着宝石；脚上穿着雅致的红后跟短筒靴；头上戴着一顶华丽的深红色帽子，从帽子上垂下的羽毛由一颗巨大的、闪光的宝石扣紧。有几个打扮得很讲究的男人在他近旁站着——不消说，那都是他的仆人。啊！他准是位王子——准是位王子，活生生的王子，真正的王子——毫无疑问，那贫儿心中所祈求的事情终于如愿以偿了。

汤姆兴奋得呼吸都加快和短促起来，他的眼睛也因为惊奇和高兴而睁得很大了。他心里立刻就忘记了一切事情，完全让一个愿望占据了：走近王子身边，把他仔细盯住，好好地瞧一瞧。他对自己的举动还在无知无觉的时候，就把脸贴近那栅门了。那两个兵士之中马上就有一个很粗暴地揪着他，一把推开，推得他像个陀螺似的滚出老远，滚到那些张着嘴看热闹的一群乡下人和伦敦的闲人当中去了。那个士兵说：

“规矩点儿吧，你这小叫花子！”

那一群人都嘲笑起来，还哈哈大笑；可是那年轻的王子飞跑到大门那儿，满脸涨得通红，眼睛里闪着愤怒的光。他大声喝道：

“你怎么胆敢这样虐待一个可怜的孩子！你怎么胆敢这样虐待我父王最低微的老百姓！快打开大门，让他进来！”

这下子那一群反复无常的闲人连忙摘下帽子来，那真是叫你看了好笑。你只消听他们大声欢呼“太子万岁”，也会觉得怪有趣的。

那两个兵士举起戟来敬礼，随即打开大门，并且在那“穷人国的王子”穿着那身随风飘动的破烂衣裳走进来和那富甲天下的王子握手的时候，他们又敬了一次礼。

爱德华·都铎说：

“你好像疲倦了，肚子也饿了吧，你受了委屈哩。跟我来吧。”

五六个仆从猛地向前面扑过去，想要——我不知道是干什么；不消说，是想阻挡吧。可是王子气派十足地摆了摆手，叫他们退到旁边。于是他们就在那儿呆呆地站着不动，活像几尊雕像一般。爱德华把汤姆带进王宫里一个豪华的房间，他说这是他的私室。仆人遵照他的命令，送来了一份讲究的饭菜，这种食品汤姆除了在书里看见过以外，从来没有碰到过。王子毕竟有王子的斯文派头和礼貌，他吩咐仆人们都出去，好让他这位卑微的客人不致因为他们在场品头论足而感到局促不安；然后他坐到近旁，一面让汤姆吃饭，一面问他一些问题：

“你叫什么名字，小伙子？”

“禀告王子，贱名汤姆·康第。”

“这名字有些古怪哩。你住在什么地方？”

“禀告王子，我住在旧城里。住在垃圾大院，在布丁巷外面。”

“垃圾大院！真是，这又是个古怪名称。父母在世吗？”

“父母我都有，王子，还有个奶奶，她对我可以算是个可有可无的亲人，这话说出来也许有罪，但愿上帝饶恕我；另外还有一对孪生的姐姐，南恩和白特。”

“那么我猜你奶奶对你准是不太疼爱吧。”

“禀告殿下，她无论对什么人都不大好。她心肠很坏，一辈子专干坏事。”

“她虐待你吗？”

“她也有住手的时候，那就是她睡着了，或是醉得不能动弹的时候。可是她的脑筋一清醒过来，她就要拼命地打我，打够了才算数。”

小王子眼睛里露出非常生气的神情，他大声喊道：

“怎么！她打你吗？”

“啊，王子，禀告殿下，她确实是打我。”

“打你呀——你的身体这么弱，个子这么小！听着，不等到晚上，就叫她上塔里去①。我的父王……”

“殿下，您忘记了她是下等人哩。塔里是专关大人物的。”

“这话有理。我没有想到这个。我要考虑怎么处罚她。你父亲对你好不好？”

“也不比康第奶奶强哩，殿下。”

“当父亲的大概都一样吧。我的父亲脾气也不好。他打起人来使老大的劲儿，可是他不打我；不过说老实话，他嘴上可不一定饶我。你母亲对你怎么样？”

“她很好，殿下，她一点儿也不叫我发愁，也不叫我吃苦。南恩和白特也是这样，正像我母亲的脾气。”

“她们俩多大年纪？”

“禀告殿下，十五岁。”

“我姐姐伊丽莎白公主是十四岁，堂姐洁恩·格雷公主和我同岁，都长得很好，也很和气；我姐姐玛丽公主的态度却阴沉沉的，她——咦，我问你：你姐姐也不许她们的仆人笑，怕的是这种不端庄的行为

① 上塔里去就是关进伦敦塔去坐牢。

会摧毁她们的灵魂吗？”

“她们吗？啊，殿下，您以为连她们也有仆人吗？”

小王子认真地把这小叫花子打量了一会儿，然后说：

“请问你，为什么没有？晚上谁帮她们脱衣裳？早上起来，谁帮她们打扮？”

“没有人帮忙，殿下。难道她们还能把衣裳脱掉，光着身子睡觉——像野兽那样吗？”

“脱掉衣裳就光着身子！难道她们只有一件衣服？”

“啊，殿下圣明，她们还要更多的衣服有什么用？真是，她们每人并没有两个身体呀。”

“这个想法真是古怪，真是稀奇！对不起，我并不是故意发笑。可是我要叫你的好姐姐南恩和白特有好衣服，还要有够她们使唤的用人，而且很快就会有：我叫我的财政大臣去办。不，用不着向我道谢，这不算什么。你说话说得很好，很文雅。念过书吗？”

“我不知道我算不算念过书的，殿下。有一个名叫安德鲁的神父好心地教过我，我念的是他的书。”

“你懂得拉丁文吗？”

“我想我懂的很有限哩，殿下。”

“好好学吧，小伙子，只有开始的时候难。希腊文还要难一些；可是无论是这两种，或是任何别的文字，伊丽莎白公主和我的堂姐学起来都不难。你要瞧见这两位姑娘念起那些洋文来才有趣哪！可是你还是给我谈谈你们那个垃圾大院吧。你在那儿过的日子很痛快吗？”

“说实在话，那是很痛快的，殿下，只有肚子饿了的时候才不好受。那儿有潘趣傀儡戏，还有猴儿——啊，这些小畜生真有趣！穿得也真漂亮！——还有些戏里的角色都拼命地嚷，拼命地打斗，一直斗到戏里的人都被杀光才算完，那可真好看，看一回只要一个小铜板——不过殿下您可不知道，我那一个小铜板赚来可是真费劲呀。”

“你再给我说一些吧。”

“我们垃圾大院的孩子们有时候拿着棍子彼此打斗，就像那些戏里的角色那样打法。”

王子眼睛里闪出喜悦的光彩。他说：

“哟！这我倒觉得很不错。再给我说一些吧。”

“殿下，我们还赛跑哩，为的是要看谁跑得最快。”

“这个我也很喜欢。再往下说吧。”

“殿下，每到夏天，我们就在运河和大河里蹚水和浮水，各人都把身边的人按在水里，拍水溅他，并且还往水里钻，或是大声嚷，在水里摔跤，还……”

“只要能像这样玩一回，拿我父亲的江山作为代价也值得！请你再往下说吧。”

“我们还在契普赛街围着五月柱跳舞唱歌；我们在沙土里玩，各人把身边的人拿沙子盖起来；我们还常拿泥做糕饼——啊，多好玩儿的泥呀，真是全世界没有像那么有趣的东西！殿下您别怪我胡说，我们简直就在泥里打滚。”

“啊，请你别再说了，真是妙不可言！要是我能穿上你那样的衣裳，脱光了脚，到泥里去痛痛快快玩一次，只要玩一次，没有人骂我或是禁止我，那我想我连王冠都可以不要了！”

“殿下，要是我能把您那样的衣服穿一次——只要能穿一次……”

“哦嗬，你爱穿吗？那么就这么办吧。把你的破衣服脱下来，穿上这些讲究东西吧，小伙子！这可以暂时换点快乐，可是那也还是一样过瘾。我们趁这机会痛快一下吧，不等别人来干涉，就可以再换过来。”

几分钟之后，小太子就披上了汤姆那身随风飘的破烂东西，同时那贫民窟的“小王子”却穿上了豪华的皇家服装，打扮得很神气了。他们俩走到一面大镜子前面，并肩站着，哈，真是一个奇迹：就好像根本没有换过衣服似的。他们睁开眼睛互相望着，然后又望着镜子，再互相望着。后来，那一脸疑惑的小王子终于说：

“你看这是怎么回事？”

“呀，殿下您可别叫我回答这个问题。我这样下贱的人说出那种话来，未免不大妥当。”

“那么就让我来说吧。你和我的头发是一样，眼睛是一样，声音和态度是一样，外貌和身材也是一样，面孔和气色还是一样。我们俩要是光着身子走出去，谁也分不清哪个是你，哪个是太子。现在我既然穿上了你的衣裳，似乎更能够体会你的委屈，我想起刚才那个野蛮的卫兵——嘿，你手上不是有个伤痕吗？”

“是的，不过这不要紧，殿下您知道那个可怜的卫兵……”

“且住！这事情太可耻，也太残忍！”小王子跺着他的光脚嚷道，“要是国王——你站住别动，等我回来！这是我的命令！”

片刻之后，他拿起一张桌子上放着的一件国宝，把它收好，马上就跑出去，穿着那身像旗子似的破衣服，飞跑着穿过宫中的庭园，脸上直发烧，眼睛里直冒火。他一走到大门那儿，就抓住栅门，把它使劲摇晃，一面大声嚷道：

“开门！把栅门打开！”

起先对汤姆很凶的那个兵士立刻就照办了。王子怒气冲天地冲出门口的时候，那兵士狠狠地打了他一个很响的耳光，把他打得一转一转地滚到大路上，一面骂道：

“赏你这个吧，你这叫花崽子！你让太子殿下跟我过不去，我这是还你的礼！”

外面那一群人哄笑起来。王子从泥潭里挣扎着爬起来，凶暴地向卫兵跑过去，一面嚷道：

“我是皇太子，我的御体是神圣不可侵犯的。你竟敢动手打我，我要处你绞刑！”

那卫兵举起手来敬礼，嘲笑地说：

“我给殿下您敬礼。”然后含怒地说，“快滚开，你这发了疯的小杂种！”

于是那看戏的一群人向着可怜的小王子围拢来，连挤带推拥着他顺着大路走了很远。大家嘲骂他，大声嚷着：“给太子殿下让路！给皇太子让路呀！”

第四章　王子开始遭难

经过好几小时持续的追逐和折磨之后，那一群闲人终于把王子抛开，不再纠缠他了。当他还能对那群暴徒大发脾气，摆出皇家的架子吓唬他们，并且发出皇家的命令，供他们取笑的时候，大家都觉得他怪好玩儿的；可是后来疲劳终于迫使他保持缄默，那些作弄他的人就对他不感兴趣，另找别处寻开心去了。这时候他向四周张望，可是并不认识那是什么地方。他是在伦敦城里——他所知道的就只有这一点。他漫无目的地往前走，过了一会儿，房屋渐渐稀少，过路的人也不多了。他把他那双流血的脚在小河里洗了洗，这条河流过的地方就是现在法林顿街的所在。他休息了几分钟，然后再往前走，不久就来到一块大空地，那儿只有几所疏散的房屋，还有一座巨大的教堂。这个教堂他是认识的。到处都搭着许多棚架，还有成群的工人，因为教堂正在进行维修。王子马上就精神焕发了——他觉得他的苦难现在已经结束了。他心里想道："这是古老的圣芳济教堂，父王把它从修道士手中接收过来，改成了一所贫儿和弃儿的收养所，并且改名为基督教堂了。这里的人一定会乐于照顾这位对他们有过这么大恩惠的施主的儿子——尤其是因为那个儿子自己也像这里所收容的或是以后将要收容的儿童那样穷苦无依，他们更不能不予以照顾了。"

他不久就走到了一群男孩子当中，他们正在乱跑乱跳，打球和做跳背游戏，或是玩耍别的花样，玩得非常热闹。这些孩子都穿着同样的衣服，那种服装的样式是在当时的仆人和学徒当中很流行的——这就是说，每人头顶上戴着一顶黑色小扁帽，大小和茶碟差不多。这种帽子尺寸很小，对于遮盖头部并没有什么用处，同时也说不上有什么装饰的作用；头发并不分开，就从帽檐底下垂到额部中间，周围剪得整整齐齐；颈部围着一条像牧师系的那种宽领带；身上穿着一件紧身的蓝色长袍，一直垂到膝部，或是更低；又长又宽的袖子；红色的宽腰带；鲜黄色的长袜子，袜带系在膝部以上；短筒鞋，鞋上有大颗的金属鞋扣。这种服装真是够丑陋的。

孩子们停止了玩耍，围拢在王子身边，王子以天生的高贵神气说：

“好孩子们，去告诉你们的所长，就说皇太子爱德华要和他谈话。”

孩子们一听这话，大嚷了一阵，有一个粗鲁的小家伙说：

“哎呀哈，你是殿下的差人吗，叫花子？”

王子气得脸色通红，他马上就伸手到腰下去摸，可是腰下什么也没有。孩子们又大声哄笑了一阵，有一个孩子说：

“瞧见了吗？他还当是有一把剑哩——说不定他本人就是王子哪。”

这一句俏皮话又引起了一阵大笑。可怜的爱德华高傲地挺直身子说道：

“我就是王子。你们受了我父王的恩惠，反而这样对待我，未免太不懂礼。”

孩子们听了这话又觉得非常有趣，这可以由他们的一阵大笑看得出来。首先说话的那个小伙子对他的同伴们嚷道：

“嗬，你们这些畜生、奴才，靠太子殿下的父王施恩养活的家伙，怎么这么无礼？你们这些贱骨头快跪下，一齐跪下，瞻仰太子殿下的威仪和他这套皇家的破烂衣裳吧！”

大家在一阵狂笑中一齐跪下，以开玩笑的态度向他们作弄的对象致敬。王子一脚猛踢最靠近的那个孩子，暴怒地说：

“先赏你这一脚，且等明天我再给你搭起一个绞架来！”

哎呀，这可不是闹着玩的——简直超出开玩笑的范围了。笑声立刻停止，转成愤怒了。十几个孩子嚷道：

“把他拉走！拉到洗马池[1]那儿去！狗在哪儿？嗬，来吧，狮子！嗬，獠牙！”

随后就发生了英国从来没有见过的一桩事情——皇太子的御体被老百姓的手粗暴地殴打，并且他们还唆使恶狗去袭击和撕咬他。

那天夜幕渐渐降下的时候，王子来到了城内房屋稠密的地区。他已遍体鳞伤，手上在流血，一身破衣服沾满了污泥。他继续往前游荡，走了又走，心里越来越慌张；他疲倦无力到了极点，以至于两条腿简直有些拖不动了。他再也不向人探询，因为他问话问不出消息，反而引起人家对他的侮辱。他老是自言自语地低声说：“垃圾大院——就是这个地名，我要是不精疲力竭，倒在地上，就能找到这个地方，那我就得救了——因为他家里的人会把我带到王宫里去，证明我不是他们这家的人，而是真正的王子，那么我就可以恢复我的身份了。”他心里时时回想起基督教养院里那些粗野的孩子对待他的情形，于是他就说：“等我当了国王的时候，他们就不仅会得到面包和住处，还要读书受教育。因为只吃饱肚子，脑子里却闹饥荒，心灵也得不到营养，那是没有什么价值的。我要把这个随时牢记在心里，不忘掉今天所受的教训，以免我的百姓因此而吃苦；因为学问可以使人变得温和，培养文雅和仁爱的品质。”

各处的灯光渐渐地闪烁起来，天上也下起雨来了，随即又刮起了风，于是狂风暴雨之夜就开始了。那落魄的王子，无家可归的将要继承英国王位的太子仍旧在往前走，越来越深入那些迷宫似的肮脏小巷，那是一些又穷又苦的人家像密集的蜂窝似的聚居在一起的地方。

---

① 洗马池一般是洗马和饮马用的，但被众人厌恶的人有时也被丢到洗马池去，叫他吃苦头。

忽然有一个高大的醉汉一把揪住他说：

“又是一出去就到这会儿还不回家，我看准还是一个铜子儿也没带回来！要真是这样的话，我要不把你这一身瘦骨头全给打断，那我就情愿改个姓，不算是约翰·康第了。”

王子把身子一扭，摆脱了那个人，还不知不觉地把他那被玷污了的肩膀拍拍干净，然后迫切地问道：

“啊，原来你就是他的父亲，真的吗？多谢老天，但愿如此——那么你去把他带走，让我恢复身份吧！”

“他的父亲！我不懂你这是什么意思，我只知道我是你的父亲，你回头就会……”

“啊，莫开玩笑，莫说废话，莫耽搁工夫！——我累了，我受了伤，我再也熬不下去了，你把我带回我父王那里去，他会让你大阔特阔，你做天大的梦也想不到的。相信我吧，喂，相信我吧！——我不说谎，我说的都是实话！——你伸出手来救我一把吧！我的确是太子！”

那个人愣住了，他低下头瞪着眼睛望了望这孩子，然后摇摇头，嘟哝着说：“你发疯了，简直和疯人院里的疯子一样！”然后又把王子揪住，一面发出粗俗的笑声和咒骂，说道，“可是不管你疯不疯，我和你奶奶回头就会弄清楚你这身贱骨头哪儿最软，要不然我就不算好汉！”

他说完这话，就把那气得发疯的、拼命挣扎的王子拽着走，拽进房屋前面的一条窄巷，背后跟着一群很感兴趣的、乱哄哄的闲人。

第五章　汤姆当了王子

汤姆·康第独自留在王子的私室里，充分利用这个机会，欣赏了一番。他站在大镜子前面，把身子左右转动，欣赏他那一身华贵的衣裳；然后又走开，一面模仿王子那种出身高贵的风度，一面在镜子里观察着效果。然后他就抽出那把漂亮的剑来，鞠一个躬，吻一吻剑，再把它横放在胸前，这些姿势是他五六个星期前，从所看见的一位高贵的爵士那儿学来的。那时候这位爵士押解着诺阜克和索利那两个大勋爵，把他们移交给伦敦塔的副官看管时，就是这样给他敬礼的。汤姆还抚弄着大腿旁边挂着的那把镶着宝石的短刀，又仔细察看屋子里那些贵重和精致的装饰品；他试坐每一把豪华的椅子，心里想着，假如垃圾大院那一群野孩子也能往里面偷看一下，瞧见他这副威风十足的样子，他该会多么得意。他怀疑他回家之后给他们叙述这段经过，他们会不会相信他这个神奇的故事，是不是会摇摇头，说他那想入非非的脑子幻想过度，终于使他丧失理智了。

过了半小时，他忽然想起王子已经出去很大工夫了，于是他立刻就觉得寂寞起来；不久他就开始静听和盼望，再也不玩弄他身边那些漂亮东西了；他渐渐感到不安，然后又感到焦急，再往后就感到苦恼。万一有人进来，发现他穿着王子的衣服，而王子又不在这儿，那岂不糟糕！难道他们不先把他处以绞刑，然后再来调查这桩事情的真相吗？他曾经听说过大人物处理小事是说做就做的。他的恐惧越来越高涨，于是他战战兢兢地悄悄打开通往外面那个房间的门，决定跑出去寻找王子，希望从他那里获得保护和解脱。六个穿着华丽的御仆和两个穿得像蝴蝶似的高级小侍突然一齐站起，在他面前深深地鞠躬致敬。他连忙后退，把门关上。他说：

“啊，他们和我开玩笑！他们会去报告。啊！我为什么要上这儿来送死呢？”

他在屋里走来走去，心中充满了无名的恐惧，一面静听着，每逢有点儿小声音他就大吃一惊。随后那扇门忽然打开，一个穿绸衣服的小侍说：

“洁恩·格雷公主驾到。”

门又关上了，于是有一个穿得很阔气的可爱的年轻姑娘向他蹦蹦跳跳地走过来。可是她忽然站住，用焦急的声调说：“啊，您怎么了，不舒服吗，殿下？”

汤姆吓得几乎要断气了，可是他勉强撑持着吞吞吐吐地说：“哎呀，请您开恩！老实说我并不是什么殿下，不过是城里垃圾大院可怜的汤姆·康第罢了。请您让我见到王子，他就会开恩把我的破衣服还给我，并且还放我走，不叫我吃亏。啊，请您大发慈悲，救救我吧！”

这时候汤姆已经双膝跪下，同时用眼睛和举起的双手帮助着唇舌恳求。那年轻的姑娘似乎是被吓得魂不附体了。她大声喊道：

“啊，殿下，您怎么下跪？——怎么向我下跪呀！”

于是她惊惶地逃跑了；汤姆因绝望而痛苦不堪，他瘫倒在地上，喃喃地说：

“无可挽救了，无可挽救了。这下子他们准会来把我抓去呀。”

他在那儿躺着因恐惧而失去知觉的时候，可怕的消息在宫中飞快地传播开了。这个消息由大家用耳语传播着——因为宫廷里照例是用耳语传播消息的——这个奴仆告诉那个奴仆，官臣告诉贵妇，顺着所有的长廊一直传播过去，这层楼传到那层楼，这个花厅传到那个花厅，“王子发疯了，王子发疯了！”不久，每个花厅、每个大理石的大厅，都聚集了成群的光彩夺目的官臣和贵妇，还有成群的服饰耀眼的其他次要人物，大家都在一起关切地低声谈论着，各人脸上都露出惊慌的神色。随后，一位衣着华丽的官员迈着大步走过这些人身边，发布庄严的公告：

以国王的名义：不准轻信此项无稽谣言，亦不得议论此事，或向外传布；违者处死。以国王的名义！

耳语的交谈突然终止了，好像谈论的人都一下子变成了哑巴似的。

过了一会儿，各处走廊上到处又有一片叽叽喳喳的声音，大家都说："王子！瞧，王子过来了！"

可怜的汤姆慢慢地走过来，经过那一群一群的深深鞠躬的人身边，想要鞠躬答礼而又不敢，同时他那双慌张的、可怜的眼睛畏畏缩缩地注视着周围那种稀奇的情景。大臣们在他两边走着，让他靠在他们身上，借此使他的脚步走得稳一些。他背后还跟着御医和几个仆人。

随后，汤姆发觉他自己到了宫里的一个豪华房间里，听见他背后有人把门关上了。他周围站着那些陪他一同来的人。

在他前面距离稍远的地方，有一个身材高大、长得很胖的人斜倚在床头，面孔宽大而多肉，脸色很庄严。他那头发是灰白的；他只在面孔周围留着络腮胡子，像一个镜框似的，胡子的颜色也是灰白的。他的衣服是用讲究的材料做的，可是有些地方已经旧了，而且稍有磨破的痕迹。他那一双发肿的腿有一条底下垫着一只枕头，上面捆着绷带。这时候没有人说话，除了这个人以外，所有的人都恭恭敬敬地低着头。这个表情严厉的病夫就是那威严的亨利八世。他说：

"我的爱德华王子，你好吗？你是不是故意调皮，和我开玩笑，叫我上当呢？我是你的父王，对你很疼爱、很体贴呀，你怎么这样淘气呢？”他开始说话的时候，脸上就显出温和的神色了。

汤姆有些迷乱，这些话的前半部分，他还极力镇定地倾听着，可是“你的父王”这几个字钻进他耳朵里的时候，他的脸色就发白了；他立刻就跪下来，好像腿上中了一枪似的。他举起双手，大声喊道：

“您就是国王陛下？那我的确是完蛋了！”

这话似乎使国王大吃一惊。他那双眼睛不由自主地望望这个的脸，又望望那个的脸，然后他就张皇失措地盯住他面前那个孩子。于是他以深感失望的声调说道：

“哎呀，我本来还以为谣言与事实不符，可是恐怕并非如此。”他深深地叹了一口气，又用温和的语调说，“孩子，到你父亲面前来吧，你有点儿毛病哩。”

汤姆被人扶着站起来，心虚而发抖地走到大英国王陛下跟前。国王用双手捧着那惊骇的面孔，关切而慈爱地注视了一会儿，好像希望在那上面发现一些理智恢复过来的迹象，然后他把汤姆那满头卷发的脑袋按在自己胸前，温柔地拍着。随即他又说：

“孩子，你认识你的父亲吗？不要叫我伤透老年的心呀，你说你认识我吧。你的确认识我，是不是？”

“认识，您是万民敬畏的国王陛下，上帝保佑您！”

“对呀，对呀——这很好——定定心，不用这么哆嗦，这里没有人来伤害你，这里没有一个人不爱你哩。你现在好些了，你的噩梦过去了——是不是？现在你也知道你自己是谁了吧——是不是？他们说你刚才把自己的名字弄错了，现在不会再弄错吧？”

“禀告国王陛下，我刚才说的是真话，请您开恩相信我。我是您的百姓当中最下贱的，生来是个穷叫花子，我是偶然遭了个意外的不幸才到这儿来的，不过这事情并不能归咎于我。我现在就死，未免太年轻了，您只要说一句话就能救我的命。啊，请您说吧，陛下！”

“死？不要说这种话吧，可爱的王子——你心里受了刺激，快安静安静吧——不会叫你死的！”

汤姆马上跪倒下来欢呼道：

“国王啊，您这样慈悲，上帝会给您好报的，祝您万寿无疆，恩泽四方！”然后他一下跳起来，满脸喜色地转向那两个侍从喊道，“你们听见了吧！不叫我死，这是国王说的！”除了大家都毕恭毕敬地鞠了一躬而外，没有人动弹，谁也没有说话。他有点儿心慌，迟疑了一会儿之后，胆怯地转向国王说：“现在我可以走了吧？”

“走？要是你想走，当然可以。可是你为什么不再待一会儿呢？你打算到什么地方去？”

汤姆把眼睛往下看，谦恭地回答说：

“恐怕是我弄错了，可是我的确以为我恢复自由了，所以就想回到那狗窝似的家里去；我是在那儿生来就受罪的，不过毕竟有我的母亲和两个姐姐住在那儿，所以那总算是我的家。这里的豪华富贵我可是不大习惯——啊，陛下，我求您让我走吧！”

国王沉思了一会儿，没有作声，他脸上露出越来越多的愁容和不安。随即他又说：

“或许他只在这一方面神经错乱，谈到别的问题，他的理智大概就没有什么毛病了吧。但愿上帝保佑，是这样才好！我们来试一试吧。”国王的声调里含着几分希望。

然后他用拉丁文问了汤姆一个问题，汤姆也说着蹩脚的拉丁文回答了他。国王很高兴，而且露出了这种神色。大臣和御医们也表示了满意。国王说：

“这与他所受的教育和才能还是配不上，可是足见他的心不过是有点儿病态，并不是受了什么致命伤。你觉得怎样，大夫？”

国王所问的御医深深地鞠了一躬，回答道：

“陛下的看法与小臣的愚见不谋而合，陛下，您推测得完全正确。”

国王得到这番鼓励，显得很欢喜，因为说这句话的人是个了不起的名医。于是他又兴高采烈地继续说道：

“大家注意，我们再来试他一下。”

他又用法文问了汤姆一个问题。汤姆因为那么多眼睛盯着他，觉得很窘，所以他站在那儿停了一会儿没有作声，然后才胆怯地说道：

“禀告陛下，我没有学过这种文字。”

国王在床上往后一倒。仆役们连忙去扶他，可是他挥手叫他们走开，说道：

“不用麻烦——我这不过是一阵坏血病引起的发晕。把我撑起来！对，这就行了。过来吧，孩子，好，把你那可怜的、混乱的脑袋靠在你父亲的胸前，安下心去吧。你不久就会好的，这不过是一阵暂时的神经错乱罢了。你不要害怕，你不久就会好的。”然后他转过脸去向着在场的人，他那温和的态度改变了，眼睛里射出很凶的闪电似的光来。他说：

“你们都听着！我这儿子是疯了，可是并不是永久发疯。这是念书太用功，还有点儿管制得太严的缘故。丢开他的书，不要他的老师！你们赶快遵办。让他痛痛快快地玩儿，想些好办法给他解闷，好叫他恢复健康。”他再把身子支起了一些，抖擞精神继续说道，“他疯了，可他毕竟是我的儿子，毕竟是英国的太子；无论疯与不疯，反正是要叫他登位！你们还要听清楚，并且要宣布：谁要是把王子有毛病的消息说出去，那就是危害全国的治安和秩序，准叫他上绞架！——拿点儿水给我喝——我心里发烧，这桩伤心事使我心力交瘁——喂，把杯子拿走——扶着我吧。哈，就这样好了。他疯了，是不是？即令他再疯一千倍，他也还是太子，我当国王的一定承认他。就在明天，我要让他按正式的古礼就太子位。赫德福伯爵，立刻传令下去吧。”

贵族当中有一位在御榻前面跪下来说：

“陛下知道英国世袭大典礼官现在已被褫夺了公权，关在塔里。您似乎不应该叫一个被褫夺了公权的人……”

“住口！不许拿他那可恨的名字脏了我的耳朵。这个人难道能永远活下去吗？我的旨意难道要受到阻碍吗？难道太子还要因为英国缺少一个犯叛国罪的典礼大臣给他上尊号，而耽误他就位的大事吗？不，这是万万不行的！通知我的国会，叫他们在明天日出之前把诺阜克处死，否则他们就要受到严厉的惩罚！”

赫德福伯爵说：

“国王的意志就是法律。”他说罢就站起来，回到他的原位。

老国王脸上的怒气渐渐消失了，他说：

“亲亲我吧，我的王子。喂……你有什么可害怕的？难道我不是你的慈爱的父亲吗？”

“伟大仁慈的国王啊，您对我太好了，我实在不配，这个我很懂得。可是——可是——我想起那将死的人就难受，我……”

“哈，你就是这样，你就是这样！我知道你的神经虽然受了刺激，你的心肠始终还是一样，因为你的天性向来是很宽厚的。可是这位公爵对你的荣誉是有妨碍的。我要另外找个不会玷污他的伟大职位的人来代替他。你尽管安心吧，我的王子。你千万不要把这桩事情放在心上，使你的脑筋受到搅扰吧。”

“可是国王陛下，这岂不是我催他快死？要不是为了我，他不是还可以活得很长久吗？”

“不要为他操心吧，我的王子。他是不值得你这么关心的。再亲亲我，就去开玩笑、寻开心吧；我的病使我很痛苦哩。我疲倦了，需要休息休息。你跟赫德福舅舅和你的侍从们去吧，等我身体好一点儿，你再来吧。”

汤姆被人从国王面前引着走开了，他心里感到沉重，因为他本来存着恢复自由的希望，现在国王最后的圣旨对他的这种希望却成了一个致命的打击。他又一次听见一阵阵低微的声音像苍蝇叫似的喊道:“王子，王子来了！”

他在两旁排列着的那些服饰耀眼的躬着腰的侍臣当中走过的时候，心情越来越沉重了；因为他现在看出了自己的确成了一个俘虏，也许永远会被囚禁在这个金漆的笼子里，做一个孤零零的、举目无亲的王子，除非上帝对他开恩，给他恢复自由。

无论他走到什么地方，似乎总看见那诺阜克大公爵被砍掉的头和他那副令人难忘的面孔在空中飘动，那双眼睛含着责难的神情盯着他。

从前他的梦想原是非常愉快的，而眼前的现实却是多么可怕啊！

第六章　汤姆习礼

大臣们把汤姆引到那陈列豪华的最大房间里，请他坐下——这是他不情愿做的事情，因为他身边有些年长的人和职位很高的人。他请求他们也坐下，可是他们只鞠躬致谢，或是小声地表示谢意，大家仍旧站着。他本想再请他们坐，可是他的“舅父”赫德福伯爵对着他的耳朵悄悄地说：

“殿下，请您不要催他们坐，他们在您面前坐下是不合适的。”

这时候有人通报圣约翰勋爵求见。他向汤姆鞠躬致敬，然后说道：

“臣奉国王之命来此，有要事禀告，需要保守机密。可否请殿下吩咐侍从人等暂行回避，仅留赫德福伯爵一人？”

赫德福看出汤姆似乎不知道应该怎么办，就悄悄地告诉他做个手势，如果不想说话，尽可以不必开口。侍从和臣子们退出之后，圣约翰勋爵说：

“国王陛下命令，因为关系到国家安危，王子殿下应尽其所能，多方注意隐瞒自己有病的消息，直到健康恢复，一切如常。殿下万不可向任何人否认自己是真正的王子，应继承大英王位；同时必须保持王子的尊严，接受符合历来习惯的敬礼和仪式，不得用语言或手势表示拒绝；王子由于幻想过度，以致损害健康，影响了理智的健全，因此信口乱说出身寒微、生活卑贱，今后务须注意，万勿失言；王子对于一向熟识的面孔，务须极力回忆——万一记不起来，也要保持缄默，切勿表示惊讶，或做其他表示遗忘的举动；凡关国家大事，如有疑难，不知应采取何等措施，或出言不知如何措辞，切勿显露慌张神色，使好奇的旁观者看出破绽。凡遇此种情况，王子应采纳赫德福伯爵或小臣的意见；我等奉国王之命，为殿下随时效劳，直至圣命取消时为止。国王命令如此，钦命向王子殿下致意，并祝上帝赐福，使殿下早日健康，永获天佑。"

圣约翰勋爵鞠躬致敬，退到一边站着。汤姆无可奈何地回答道：

"国王说了这样的话，当然无人敢于玩忽，纵有困难，也不能随意搪塞，只求省事。圣命必须遵守。"

赫德福伯爵说：

"国王有命，王子殿下暂勿读书，或做其他劳心之事。殿下不如多多娱乐，消遣时间，以免赴宴时感觉疲劳，乃至有伤尊体。"

汤姆脸上显出怀疑的惊讶神色；他发现圣约翰勋爵忧愁地转过眼睛来注视着他的时候，就不由得脸红起来。勋爵说：

"殿下的记忆力还是不济事，所以又表示了惊讶——不过您不用为这点小事烦心，因为这种毛病是不会长久的，自然会随着尊恙的痊愈而消失。赫德福伯爵所说的是两个月以前国王答应让殿下幸临的京城大宴会，现在您想起来了吗？"

"我很遗憾，不能不承认实在是记不起来了。"汤姆用迟疑的声调说着，又涨红了脸。

这时候有人通报伊丽莎白公主和洁恩·格雷公主来了。两位爵士互相使了个意味深长的眼色，赫德福赶快向门口走过去。那两个年轻的姑娘走过他身边时，他就低声嘱咐她们说：

"公主们，请你们对他的怪脾气故意装作没有发现，他的记忆力不济的时候，你们也不要表示惊讶——每一桩小小的事情他都要想半天，真叫人看了难受哩。"

同时圣约翰勋爵凑近汤姆耳边说道：

"殿下，请您牢记国王陛下的愿望。您要尽量回忆一些事情——其他一切也要装出记得的样子。千万不要让她们看出您比过去有多大变化，因为您知道这两个老玩伴心里对您多么亲切，要是知道您不好，她们该会多么难受。殿下，您愿意我留在身边吗？——还有您的舅父？”

汤姆做了个手势，还低声说了个“好”字，表示同意，因为他现在已经在学着应付了，他那天真的心里已经打定了主意，要极力按照国王的命令行事。

虽然多方小心谨慎，这几个年轻人之间的谈话，有时候还是不免有些窘。事实上，有好几次汤姆都几乎撑持不住了，就要承认他自己扮演这么一个重要角色是不胜任的；还好伊丽莎白公主的机智总是能给他解围，要不就是那两位细心照应的爵士之中有一位故意装作随意说出的神情，插进一句能够产生同样效果的圆场的话。有一次洁恩小公主转过脸去向着汤姆，问了这么一个使他慌张的问题：

“殿下，您今天给王后殿下请过安吗？”

汤姆迟疑着没有回答，露出苦恼的神色，他正想信口胡诌地支吾一下，这时候圣约翰勋爵就连忙插嘴，替他回答，他说得非常自然流利，正符合一个惯于应付微妙的难关、善于临机应变的大臣的从容和优雅的风度：

“公主，他去请过安了，谈到国王陛下的病况时，她还大大地给他说了一番宽心的话，是不是这样，殿下？”

汤姆含糊地说了一句什么话，听上去像是表示同意，可是他觉得这实在是有些冒险。又过了一会儿，两位大臣提起汤姆暂时要停止读书，于是小公主就惊喊道：

“这真是可惜，真是太可惜了！您本是进步很快的。不过您尽管耐心等待一些时候，绝不至于耽误太久的。我的殿下定会博学多才，就像您父亲一样，并且还会像他那样，精通许多种语言。”

“我的父亲！”汤姆一时猛不提防，又说漏了嘴，“我想他连本国话也说不清楚，只有在猪圈里打滚的猪才懂得他的意思。至于说到什么学问的话……”

他抬头望了一下，看到圣约翰勋爵眼睛里有一种庄严的警告的神情。

他停住了，又是一阵脸红，然后郁郁不乐地低声继续说道：“哎呀，我的病又来作弄我，我又精神恍惚起来了。我并不是有意对国王陛下不敬哩。”

“我们知道，殿下，”伊丽莎白公主以尊敬而又亲切的态度，双手把她“弟弟”的手按在掌心当中，温柔地说道，“关于这点，您不用着急。过错不在您，只怪您的尊恙。”

“亲爱的公主，你真是性情温和、善于安慰人哩，”汤姆感激地说，“我心里很受感动，愿意向你道谢，希望你莫嫌我冒昧。”

有一次，那轻浮的洁恩小公主脱口而出向汤姆说了一句简单的希腊话，伊丽莎白公主那双敏锐的眼睛马上就看出对方脸上那副茫然的神情，知道洁恩公主这一招做错了；于是她就帮汤姆的忙，从从容容地用响亮的希腊话叽里咕噜地回答了她，然后马上又把谈话转到别的问题上去了。

时光愉快地度过，而且大体上过得相当顺利。暗礁和沙洲越来越少见了，汤姆越来越感到自然，因为他看到大家都对他很亲切，一心一意来帮助他，并不理会他的错误。后来，他听说那两位小公主将要在那天晚上陪他去赴市长的宴会时，他心里马上感到轻松愉快，欢喜得跳起来，因为他觉得现在不怕在那无数的陌生人当中没有朋友了；要是在一小时之前，一听到她们要陪他一同去，那就不免会使他感到无法忍受的恐怖了。

在这次谈话中，给汤姆担任守护神的两位爵士不像另外那两位在场的角色那么安心。他们觉得那简直就像在一条危险的河流里驾驶一艘大船一般：他们老是提心吊胆，谨防意外，感觉到他们的任务实在不是儿戏。因此后来当那两位公主的拜见将告结束的时候，有人通报吉尔福·杜德来勋爵求见，这两位大臣不但觉得他们所照料的这个活宝贝已经受够了洋罪，而且他们自己也不大有精神来把他们那艘船驾回原处，再来提心吊胆地航行一次了。所以他们就很恭敬地劝汤姆借故不接见杜德来勋爵，汤姆也正乐于这么办；不过洁恩公主听说那个华贵的年轻小公子被挡驾，她脸上也许是稍微露出了一点失望的神色。

这时候大家沉默了一阵，这是一种有所期待的静默，汤姆却不了解它的意义。他向赫德福伯爵瞟了一眼，圣约翰勋爵就给他做了一个手势——可是他连这个也还是不懂。脑筋灵活的伊丽莎白又以她那惯有的从容优雅给他解了围。她行了个鞠躬礼，说道：

“王弟可以开恩让我等告辞吗？”

汤姆说：

“当然，两位公主凡有所求，我无不乐于同意；但眼看两位离去，不免顿失光彩，只可惜我别无上策，不能继续挽留你们。祝你们两位晚安，愿上帝保佑你们！”随后他暗自在心中笑道，“幸亏我在书本里和王子们相处过，还学会了他们那种文雅和优美的言谈，懂得了一点他们说话的习惯！”

那两位光彩非凡的少女走了之后，汤姆疲倦地转过脸去向着他那两位监护人说：

“请问两位大臣，可否容许我去找个安静地方休息休息？”

赫德福伯爵说：

“禀告殿下，您凡事尽管随意吩咐，臣等无不遵命。殿下应当休息，实属急需之事，因为您稍待须发驾进城。”

他敲了一下铃，马上就有一个小侍进来了，伯爵吩咐他去把威廉·赫伯特爵士请来。爵士立刻就来到了，他把汤姆引进一个里面的房间。汤姆到了那里面，第一个动作就是伸手去取一杯水；可是有一个穿着绸子和天鹅绒衣服的仆役接过杯子来，跪下一膝，把它用金托盘端着侍奉给他。

随后这个疲倦的俘虏坐下来，正想脱下他的短筒靴，一面怪害臊地瞟过眼睛去征求同意，可是另外一个穿绸子和天鹅绒衣服的讨厌鬼又跪下来替他做了这桩事情。他再试了两三次想自己动手，可是每次都让别人抢先干了，所以他最终放弃了他的企图，无可奈何地叹了一口气，嘟哝着说："该死！我不知道他们为什么不干脆连呼吸也给我代办了呀！"他被人服侍着穿好了睡鞋，披上了一件华丽的长袍，终于躺下来休息，可是无法睡着，因为他脑子里充满了各种念头，屋子里的人也太多了。他无法排遣他的心事，所以那些念头就在他脑子里停留着；同时他又不知道怎样打发那些人，所以他们也就在屋子里站着不走，这使他很懊恼——他们也茫然不知所措。

汤姆走了之后，就剩下了他那两位高贵的监护人在一起了。他们沉思了一会儿，一面不住地摇头，还在屋子里踱来踱去，然后圣约翰勋爵说道：

"老实说，您觉得怎样？"

"老实说，是这样：国王眼看就快去世了，我的外甥又发了疯，疯子要登王位，疯子要留在王位上。既然英国需要这样，那就但愿上帝保佑我们这个国家吧！"

"的确会是这样。可是……难道您不怀疑吗？关于……关于……"

圣约翰勋爵迟疑了，他终于住了口，没说下去。他显然是觉得有些为难。赫德福伯爵在他面前站住，用明朗和坦率的眼光望着他的脸，然后说道：

"往下说吧——除了我就没有别人听见。为什么事情要怀疑？"

"我很不愿意把心里的话说出来，伯爵，您和他血缘关系这么近，我不便说。可是我要是有所冒犯只好请您原谅；您说是否有点儿奇怪，疯癫居然能使他的举动和态度改变得这么厉害！他的举动和谈吐固然还是有王子的风度，可是有些无关紧要的小事，他的表现又和他从前的习惯确实有些不同。疯癫竟使他连他父亲的相貌也记不起来了；他身边的人对他照例要遵行的仪式和礼节，他也忘记得干干净净；还有拉丁文他还记得，希腊文和法文他却都忘了，您说这岂不奇怪？伯爵，您不要生气，还是请您给我说明一下，让我好放心吧，那我就很感激您了。他说他不是王子，这事情老在我脑子里转来转去，所以……”

“住口，阁下，您说的话是犯叛国罪的！忘了国王的命令了吗？我要是听您说这些话，您犯的罪也就有我的份了。”

圣约翰脸色发白，连忙说道：

“我老实承认我犯了错误。请您不要告发我，请您帮帮忙，给我这个恩惠吧，以后我再也不想这桩事情，再也不谈它了。您千万别跟我过不去，否则我就完蛋了。”

“我同意，阁下。只要您承诺不再犯，无论是在这里，或是跟别人谈话的时候，您都当作根本没有说过这些话吧。不过您不用担心。他是我姐姐的儿子，他的声音、他的面貌、他的身材，难道不是我从他睡在摇篮里的时候就熟悉的吗？您看见他做的那些古怪的矛盾的事情，都是可以由疯癫产生的，有时候还更厉害。您不记得吗，马雷老男爵发疯的时候，他连自己那熟识了六十年的面貌都忘记了，硬说是别人的；还不止这样，他甚至说他是马利亚·抹大拉[①]的儿子，还说他的头是西班牙的玻璃做成的；真是，他还不许任何人接触它，唯恐不凑巧，会有粗心的人把它打碎。好心的勋爵，您不必怀疑吧。这正是王子，我认得很清楚——不久他就会当您的国王了；您把这个记在心里比较有好处，多想想这个，比您刚才那些念头强些。”

他们又谈了一会儿，圣约翰勋爵再三声明，他现在的信心是有充分根据的，决不会再被任何怀疑干扰了，借此掩饰他刚才所犯的

① 《圣经·新约》里所说的耶稣的忠实女信徒。

错误。随后，赫德福伯爵就叫他这位同来侍奉王子的大臣先去休息，他自己坐下来担任看守之责。不久他也就转入深思了。显然他想得越久，心里就越加烦躁。后来他就开始在屋里走来走去，自言自语地低声说：

“得了吧，他非是王子不可！难道还会有人说，英国竟有两个血统不同、出身不同的角色和双生子似的相像得这么出奇吗？而且即令有这种事，居然会有意外的机缘，让其中的一个来代替了另外那一个，那就更加是不可理解的奇迹了。不会的，那简直是荒唐的想法，太荒唐、太荒唐了！”

随后他又说：

“假设他是个骗子，自称为王子，那么也还自然，也还近情近理。可是世界上何曾有过这样的骗子，国王把他叫作王子，朝廷上也把他叫作王子，人人都把他叫作王子，他本人却偏要否认这个尊贵身份，极力恳求不要把他升为王子？不对！无论如何，绝不会有这种事！这的确是真正的王子发了疯！”

第七章　汤姆的初次御餐

下午一点钟稍过了一会儿，汤姆听天由命地受了一场活罪，任凭人家给他打扮起来，准备进御餐。他发现自己还是穿得像以前那样讲究，可是一切都不同了，从绉领一直到袜子，一切都变换了。他随即就被引导着派头十足地走进一个宽大而华丽的房间里，那儿已经摆好了一桌给一个人吃的筵席。屋里的陈设都是大块大块的黄金做的，上面还有许多图案，几乎使这些家具成为无价之宝，因为那都是本汶努图的作品。那些穿戴华丽的仆役占了半个房间。有一个牧师致了餐前祷词；汤姆因为一向就和饥饿分不开家，非常嘴馋，他正想开始取食，却被柏克莱伯爵阻止了，给他颈上系了一条餐巾；因为专给皇太子管手巾的要职是由这位贵族家里世袭的。汤姆的司酒也在场，每逢他想要自己斟酒喝，司酒就抢先给他斟了。太子的试食官也在场，随时准备冒着被毒死的危险，遵命尝食任何可疑的菜肴。这一次他只是一个装点场面的人物，汤姆很少吩咐他执行他的职务。可是不知多少年以前，曾经有过一些时候，试食官的职务是有危险的，因此并不是一个人人羡慕的职位。为什么不用狗或是流浪儿来试验，似乎有些奇怪，可是王室的一切作风都是奇怪的。宫中第一侍从官达赛勋爵也在场，天知道他是干什么事的；可是他反正是在那儿——那就随他吧。总膳司也在场，他站在汤姆背后，受站在近处的皇家事务大臣和御厨总管大臣指挥，监督王子进餐的隆重仪式。除此而外，汤姆还有三百八十四个仆人；可是他们当然并不都在这间屋子里，连四分之一都不到；而且汤姆根本还不知道他有那么多用人。

所有到场的人都在不到一个钟头以前受过严格训练，要记住王子暂时有些神经错乱，当心不要在他有什么荒唐举动的时候表示惊讶。这类“荒唐举动”不久就在他们面前表演起来了，可是这只引起大家的惋惜和忧虑，而没有使他们发笑。他们看见亲爱的王子有了这种毛病，真是感到深重的痛苦。

可怜的汤姆主要是用手指抓饭吃，可是谁也没有笑他，甚至还故意装作没有看见的样子。他好奇地细看他的餐巾，很感兴趣，因为那是用很讲究、很漂亮的材料做的。后来他天真地说道：

“请把这个拿开，免得我不当心的时候把它弄脏了。”

世袭的手巾大臣恭恭敬敬地把它拿开，他一声不响，也没有任何反对的表示。

汤姆很感兴趣地把萝卜和莴笋仔细看了一阵，然后问问那是什么东西，是不是可以吃的；因为这两种菜从前都是作为奢侈品从荷兰输入的，最近才有人在英国种植。他的问题有人非常恭敬地给他回答了，谁也没有表示惊讶。他吃完饭后的点心之后，就在口袋里装满了栗子；大家都装作根本没有发觉他这个举动，谁也没有因此而吃惊。可是他自己反而马上就为这桩事情烦恼了，而且表现出局促不安的神气；因为他吃这顿饭的时候，只有这桩事情是人家让他亲手干的，所以他就知道自己毫无疑问地做了一桩极不礼貌、极不合王子身份的事情。这时候他鼻子上的肌肉开始搐动起来，鼻尖也往上翘，并且皱起来了。这种情形继续下去，汤姆渐渐表现出越来越大的痛苦。他以恳求的态度望望身边这个大官，又望望那个大官，眼睛里不由得流起泪来了。这些大官的脸上露出慌张的神色，连忙走到王子跟前，请问他有什么不舒服。汤姆十分苦恼地说：

“请你们不要见怪，我的鼻子简直痒得要命。遇到这种紧急情况，依照惯例应该怎么办？请快说，因为我实在不能再熬多大工夫了。”

谁也没有笑，可是大家都觉得不知所措，彼此互相张望，为了急于要给王子出个主意而苦恼不堪。哎呀，这可真叫大家碰壁了！英国历史上从来没有任何记载，可以帮助他们渡过这一关。掌礼官又不在场，没有人敢于大胆地冒险在这没有航行标志的大海上通行，擅作主张来解决这么重大的一个问题。真糟糕！可惜没有一位世袭的抓痒官。就在这段时间里，汤姆的眼泪已经流出眼眶外面来，开始顺着脸往下流了。他那搐动的鼻子比之前更加迫切地恳求脱离痛苦。最后还是本能突破了礼仪的藩篱，汤姆自己动手在鼻子上抓痒，他暗自在心中祈祷，如果他做得不对，希望上帝饶恕他。这么一来，也就使他那些臣子们沉重的内心获得了解脱。

这一顿饭吃完之后，就有一位大臣进来，在汤姆面前端着一只大而浅的金盘子，里面盛着很香的玫瑰水，给他漱口和洗手指；专管手巾的世袭大臣站在一边，手里拿着一条餐巾供他使用。汤姆不知所措地瞪着眼睛对那只盘子望了一会儿，然后把它端到嘴边，郑重其事地喝了一口。然后他把盘子交还给那伺候着的大臣，说道：

“不，阁下，我不喜欢喝这个；这种酒味道倒是很香，可是太没有劲头。”

王子的病态心理又有这种古怪的表现，这使得他身边的人都心痛了，可是这种不幸的情景没有引起任何人发笑。

汤姆接下来的一个不自觉的错误，就是正当牧师在他椅子后面刚刚站定，举起双手，闭上眼睛，抬起头来正要开始祝福的时候，他却站起来离开了餐桌。可是，大家还是装作没有看出王子干了什么反常的事情。

随后由于汤姆自己的要求，他被引到他的私室里去了，陪送他的人把他独自留在那儿，让他自由自在。那橡木壁板上的钩子上有一副亮晃晃的钢制盔甲，一件件分开挂着，上面都是镶金的精致的美丽图案。这套武士的甲胄是属于那个真王子的——这是王后巴尔夫人新近送他的礼物。汤姆穿上胫甲、臂铠，戴上插着羽毛的头盔，还有他不要别人帮助就能穿上的其他部件，随后他就想要叫人来帮忙，把其余的东西都穿上。可是他又想起了吃饭的时候带回来的栗子，觉得现在可以自由自在地拿出来吃，没有那一大堆人看着，也没有那些世袭的大官来帮他的忙，惹他厌恶，那该是多么好玩儿；所以他就把那几件漂亮东西归还原处，接着就砸起栗子来了。这是他以为他有罪、被上帝罚他当了王子以来，几乎第一次感觉到的自自然然的快乐。栗子通通吃完之后，他就东翻西找地在一个壁橱里找到了几本有趣的书，其中有一本是关于英国宫廷礼节的，这是个宝贝。他就在一张豪华的长睡椅上躺下，全神贯注地开始研究礼节了。现在我们就让他在那儿待着，暂时不再谈他吧。

第八章　玉玺的问题

大约在五点钟，亨利八世从一场不大舒服的午睡中醒过来，自言自语地嘟哝着："噩梦呀，噩梦呀！我的末日快到了，从这些预兆可以看得出；还有我的脉搏很弱，也足以证明。"随后他眼睛里射出邪恶的光来，嘟哝着说，"可是我要叫'他'先完蛋，然后我自己再死才行。"

他的仆人看见他已经醒了，就有一个人告诉他说，大法官在外面等候朝见，问他意思怎样。

"让他进来，让他进来！"国王急切地大声喊道。

大法官进来，跪在国王床前说道：

"我已经把命令传达下去，现在上院的贵族遵照国王的指令，都穿着礼服，站在上院的特别法庭里；他们在那里判定了诺阜克公爵的死刑之后，正在恭候陛下对此事做下一步的指示。"

国王听了很高兴，他脸上露出一阵狂喜。他说：

"把我扶起来！我要亲自到国会去，亲手在执行令上盖上玉玺，了结我这……"

他的声音接不下去了，一片灰白的惨色扫除了他脸上的红晕；仆人们扶着他仍旧靠在枕头上，连忙拿些强心剂来挽救他。随后他就悲伤地说：

"哎呀，我多么渴望着这个时刻来到！哎，可惜来得太晚了，我坐失了这个向往已久的机会。可是你们要赶快，你们要赶快！我既不能干这桩痛快事情，就让别人去干吧。我要把玉玺委托给几位大臣，你们快把负责的人选出来，替我去办这桩事。喂，赶快呀！不用再过一昼夜，现在就要把他的头拿来给我看。”

“谨遵圣旨，定当照办。可否请陛下吩咐将玉玺交给我，以便我赶快去办这桩事情？”

“玉玺！难道不是你，还有别人保存着玉玺吗？”

“禀告陛下，两天以前您就从我手里拿去了！您说非等您亲手把它盖在诺阜克公爵的死刑执行令上，不许再拿它做别的用途。”

“噢，我的确是这么说过，我记得很清楚……我是把它怎么安置的……我非常衰弱了……这些天来，我的记忆力老是不济事，专跟我捣蛋……真奇怪，真奇怪——”

国王口齿不清地自言自语起来，时时软弱无力地摇着他那灰白的头，摸索似的想要回忆起他把玉玺放在了什么地方。最后赫德福伯爵大胆地跪下来，报告玉玺的下落：

“陛下，恕我冒昧，这里有几个人都记得您把玉玺交给了太子殿下保存，准备……”

“不错，一点儿也不错！”国王打断他的话说，“快去拿来！快去！时间过得太快了！”

赫德福伯爵飞跑到汤姆那儿，可是他不久就空着手焦急地回到国王这里来。他说了下面这么一段话：

“国王陛下，我给您带来这么沉重和讨厌的消息，真是抱歉；可是王子的病还没有好，天意如此，无可奈何；他竟想不起曾经接受过玉玺这回事。所以我赶快回来禀报，因为如果在王子殿下所在的那一长排房间和花厅里进行搜寻，我觉得那不免浪费宝贵的时间，而且还毫无……”

伯爵说到这里，国王呻吟了一声，把他的话打断了。过了一会儿之后，国王陛下才以含着忧愁的声调说道：

“不要再去打搅他吧，可怜的孩子。上帝在严厉地责罚他，我心里对他不胜爱怜，只可惜我这饱经忧患的衰老的肩头不能替他承担罪孽的担子，使他获得平安。”

他闭上眼睛，低声自言自语了一阵，忽然又沉默了。过了一会儿工夫，他又睁开眼睛，茫然地向四周张望；后来他一眼瞟见了跪着的大法官，立刻就怒气冲天地涨红着脸说道：

“怎么，你还在这里！我对天发誓，你如果不去把那个叛徒的事情办好，你自己的脑袋明天就要搬家，你的帽子也就要休假了！”

吓得发抖的大法官回答道：

“陛下圣明，小臣恳求您开恩！我是在此等候玉玺的。”

“呸，你疯了吗？我从前时常随身携带着的那颗小玉玺在我宝库里放着哩。大玉玺既然不见了，就用这个不行吗？你疯了吗？快滚！你听着——不把他的头带来，就不许你再进宫。”

可怜的大法官赶紧离开了这个危险的地方；被推选负责处理这件案子的大臣们也连忙奉圣命去批准国会里那帮奴颜婢膝的人的决议，下令第二天就执行英国头等贵族、不幸的诺阜克公爵的死刑。

第九章　河上的盛况

晚上九点钟，王宫前面整个河滨大马路上都是一片灯火辉煌的景象。河里向城内那一面，凡目力所及的地方，水面上都挤满了船夫们的船和游玩的彩船，船边上都挂着彩色灯笼，被波浪轻柔地摇荡着，看去就好像是一片无边无际的百花怒放的花园，被夏天的微风吹得微微动荡一般。那一直通到河边的雄伟的石阶，宽大得足以容纳一个日耳曼公国的军队在上面排队；这时候那上面站着一排一排的穿着亮晃晃的盔甲的皇家戟兵，还有一队一队打扮得非常漂亮的仆人上下跑动，来来往往，忙着准备这桩大事。这真是一个热闹场面。

随后有一道命令传达下来，马上一切的生物都从石阶上走开，无影无踪了。于是空气中就充满了焦急和期盼的静默气氛。要是有人一眼望去，就可以看见那些船上成千上万的人都站起来了，大家把手搭到眼睛上面遮住灯笼和火炬的强烈光线，向王宫那边注视着。

四五十只华丽的御船排成一行，向石阶靠拢。这些豪华的大游船都漆着富丽的金色，它们那高起的船头和船尾都雕刻着精致的花纹。有几只船上还装饰着飘扬的旗幡；另有几只挂着金丝锦和绣着纹章的花帷；还有些船上飘着绸子的旗帜，旗上系着无数小银铃，每逢微风一吹，这些银铃就发出一阵一阵的悦耳声音；另外还有一些排场更大的船，因为是属于那些侍奉在王子身边的贵族的，所以两旁都用盾牌卫护着，盾牌上还雕刻着华丽的纹章。每只御船都用一只差船拖着，这些差船上除了划船的水手而外，每一只上面都载着一些头戴亮晃晃的钢盔、身披胸甲的兵士，还有一队乐师。

期待中的游行队伍的前卫这时候在大门口出现了，那是一队戟兵。他们下半身穿着黑色和茶色相间的条纹紧身裤，头戴两边镶着银色玫瑰花的天鹅绒帽子，上身穿着暗红和蓝色料子的紧身衣，前后都绣着三根用金线编织的羽毛，代表王子的纹章。戟柄都裹着深红色的天鹅绒，用镀金的钉子钉住，还有金色的穗子装饰着。他们向左右两边分成两队前进，排成了两个很长的单行，一直从宫殿的大门口排到河边。然后有王子的仆人，身穿金红两色相间的号衣，把一幅带条纹的厚毡子或是地毯摊开，铺在这两排戟兵之间。这一着完毕之后宫殿里面就奏起了一阵响亮的号声，河上的乐师们又奏了一首生气勃勃的前奏曲。于是有两个拿着白色指挥棒的前导官从门口迈着缓慢而庄严的步子前进。他们后面跟着一个手执权杖的官员，他背后又来了一个捧着城市之剑的官员；再后面是城市护卫队中的几位军士，他们都是全副武装，袖子上都佩戴着徽章；随后是身穿制服的嘉德纹章局长；再后面是几个巴斯级的骑士，每人袖子上都缠着一条白丝带；然后是他们的扈从；然后是身穿红袍、头戴白帽的法官；然后是英国大法官，他穿着深红色礼服，前面敞开，镶着白毛皮的边；然后是穿红袍的京都市参议会代表团；然后是穿着礼服的各市民团体的领袖。跟在他们后面的是十二个法国贵族的侍从，他们穿的华贵礼服包括白色锦缎上用金线配着线条的夹衣、镶着蓝紫色线缎里子的艳红色天鹅绒短斗篷和淡红色的灯笼裤；他们顺着石阶往下走。这十二个人是法国大使的随从，他们后面跟着十二个穿着毫无装饰的黑天鹅绒礼服的西班牙大使的随从骑士。跟在这些人后面的是几位英国大贵族，还带着他们的随从人员。

宫里又传出一阵号声，王子的舅父、未来的桑莫赛大公爵从大门里出来了。他穿着一件黑底子金丝缎的紧身衣，一件深红色缎子的长袍，上面绣着金花，还用银色的网纹镶着边。他转过身去，脱下那插着羽毛的帽子，非常恭敬地弯下身去，开始往后退，每走一步就行一个鞠躬礼。随后有一阵很长的号声和一声呼喝："赶快回避，太子爱德华殿下驾到！" 宫殿的墙头高处有一长排通红的火舌向前跳动，伴随着雷鸣般的一声炮响，河面上聚集的人群轰轰地发出一阵欢迎的吼声；这一宏大场面的主人公汤姆·康第出场了，他只微微地把他那高贵的头点了一下。

他穿着一件华丽的白缎子紧身衣，胸前配着一块紫色的金丝缎，那上面嵌着许多宝石，镶着貂皮的边。他在这上面披着一件白底金丝缎的斗篷，斗篷顶上是一个三根翎毛的顶饰，里子用的是蓝色缎子，斗篷上嵌着珍珠和宝石，前面用一个钻石别针扣着。他颈上挂着嘉德勋章和几个外国的王子勋章，凡是有光线射到他身上的地方，都有宝石反射出耀眼的光芒。啊，汤姆·康第，他不过是个小破房子里出世的穷孩子，在伦敦的贫民窟里长大的，一向与破烂、肮脏和苦难结下了不解之缘，现在这番景象却是多么煊赫啊！

第十章　落难的王子

我们上次说到约翰·康第拖着真正的王子往垃圾大院里去，后面跟着一群嘈杂而高兴的闲人。只有一个人替被抓的孩子求情，但是没有人理睬他：吵闹声太大了，他的声音连听也没有人听见。王子继续挣扎，企图脱身，并且对他所遭的侮辱大发脾气。直到后来，约翰·康第简直忍耐不住了，他忽然暴怒起来，把他那根橡木棍举到王子头上。唯一替那孩子求情的人一下子跑过去挡住康第的胳臂，于是打下来的一棍就落在这个人的手腕上了。康第大声吼道：

“你来管我的事吗，是不是？那就叫你尝尝滋味吧。”

他的棍子在那管闲事的人头上狠狠地敲下去，于是随着一声惨叫，就有一个模糊的人影倒在人群的脚下，随即他就在黑暗中独自躺在地上了。闲杂的人群又拥挤着前进，他们的兴致丝毫也没有因这一幕插曲而受到打搅。

随后王子就发现他自己已经到了约翰·康第家里；约翰关上了门，把那一群人关在外面。王子在一支插在瓶子里的蜡烛的微弱光线之下看出了这个令人作呕的狗窝的大致轮廓，也看出了屋里那些人的模样。两个邋遢的女孩子和一个中年妇人在一个角落里靠着墙哆嗦，她们那样子就像几个受惯了虐待的畜生，现在也正在战战兢兢地等待着虐待。在另一个角落里，有一个衰老的母夜叉披着灰白的头发，瞪着一双凶恶的眼睛，悄悄地走过来。约翰·康第对她说：

“等一等！这儿有一出怪有趣的滑稽戏。您别打搅，先开开心再说，完了之后您爱怎么使劲就怎么使劲打。站过来吧，小伙子。现在你再把那一套傻话说一遍吧，要是你没有忘记的话。先说你的名字吧，你叫什么？”

因受辱而激起的血液又涨到王子脸上来了，他抬起头来，愤怒地定睛注视着那个人的脸说道：

“像你这种家伙居然吩咐我说话，真是太无礼了。刚才我就告诉过你，现在再给你说一遍吧：我就是太子爱德华，不是别人。”

这个令人震惊的回答使得那母夜叉牢牢地在原地站住，好像脚底下钉了钉子一般，她几乎连气都透不过来了。她瞪着眼睛盯住王子，显出一种傻头傻脑的惊讶神情，这使她那坏蛋儿子大感兴趣，因此他发出了一阵响亮的笑声。汤姆·康第的母亲和两个姐姐的反应却不同，她们害怕汤姆挨打的恐惧心理马上就变为另一种痛苦了。她们脸上露出悲痛和惊惶的神色，连忙跑向前去惊喊道：

“啊，可怜的汤姆，可怜的孩子！”

母亲在王子面前跪下，伸手按在他肩上，眼眶里含着泪，爱怜地注视着他的脸。然后她就说：

“啊，可怜的孩子！你傻头傻脑地念那些书念入了迷，终归遭了殃，弄得发疯了。哎，我早就警告过你，叫你不要念，你为什么偏要念呢？你简直把你妈妈的心伤透了。”

王子注视着她的脸，温和地说：

“好心的太太，你的儿子并没有毛病，并没有发疯。你放心吧，他在王宫里，你让我回宫里去，我的父王马上就会把他交回给你。”

“你说国王是你的父亲呀！啊，我的孩子！千万别这么胡说吧，你说这种话是要治死罪的，你的亲人也会遭殃。你醒一醒吧，别再做这种可怕的梦了。把你那颗可怜的野马似的心叫回来，想想从前的事情呀。望着我吧，难道我不是生你和爱你的母亲吗？”

王子摇摇头，怪不情愿地说：

“上帝知道我不愿意伤你的心，可是我实在是从来没有见过你的面哩。”

那女人晕了，往后一倒，坐到地板上。她用双手蒙着脸，不由得伤心痛哭起来。

“让这出戏再演下去吧！”康第嚷道，“怎么啦，南恩！怎么啦，白特！好不懂礼的死丫头！你们怎么胆敢在王子面前站着？快跪下，你们这些穷骨头，快给王子磕头！”

他说完这话又粗声大笑了一阵，两个女孩开始胆怯地替她们的弟弟告饶。南恩说：

“爸爸，您要是让他去睡觉，他只要休息休息，睡上一觉，疯病就会好的；求求您，让他睡吧。”

“让他睡吧，爸爸，”白特也说，“他今天比平常更疲倦哩。明天他的脑子就醒过来了，他一定拼命去讨钱，不会再空着手回来的。”

这句话使她的父亲头脑清醒过来，不再穷开心了，他认真想起了正经事情。于是他转过脸来向着王子，很生气地对他说：

“明天咱们一定要给这个破房子的房东两个便士，两个便士，记住呀——这些钱是给他付半年房租的，要不然咱们就得滚蛋。你这懒骨头，讨了一天到底讨到多少钱，都给我拿出来吧。”

王子说：

“你别说这些肮脏的事情，叫我生气了。我再告诉你一遍，我是国王的儿子。”

康第伸出宽大的手掌在王子肩膀上“啪”的一声打了一掌，把他打得东歪西倒，他倒在康第大婶怀里，她就把他抱在胸前，用自己的身体挡在两人中间，顶住康第像急雨般的拳头和巴掌。

那两个女孩吓得退回她们的角落里去了，可是她们的祖母急切地走上前来，帮助她的儿子。王子从康第大婶怀里挣扎出去，大声喊道：

“你不用替我吃苦头，太太。让这两个畜生尽量在我一人身上打个够吧。”

这句话更惹得那两个畜生大怒，于是他们就加紧干起来。他们两人互相帮忙，把那孩子痛打了一顿，然后又打那两个女孩和他们的母亲，为的是她们不该对那受难的孩子表示同情。

“好吧，”康第说，“你们都去睡觉，这番款待，简直把我累坏了。”

随后就熄了灯，全家都睡觉了。当那一家之主和他母亲的鼾声表示他们已经睡着了的时候，那两个女孩马上就爬到王子躺着的地方，温柔地把干草和破絮盖在他身上，不叫他受凉；她们的母亲也爬过去，抚摸他的头发，对他哭起来，同时还对着他的耳朵悄悄地说了些安慰和爱怜的话。她还给他留下了一口吃的东西，可是这孩子因为痛得太厉害，一点儿食欲都没有——至少对这点无味的黑面包皮是没有胃口的。他为了她那样勇敢而不惜牺牲地保护他，为了她对他的怜恤大受感动；于是他用很高贵的、王子派头的口吻向她道谢，请她去睡觉，把她的苦恼忘掉。此外他还说，他的父王不会辜负她这番忠心的好意和热忱，一定会酬谢她。他这样再发“疯癫的毛病”又使她大为伤心，于是她再三把他使劲在怀里拥抱了一阵，才满脸流着眼泪回到她的“床上”去了。

在她躺着想心事和悲伤的时候，她心里渐渐起了一个念头，她觉得这个孩子无论是否发了疯，反正是有一种汤姆·康第所没有的、难以说明的特点。她无法形容这个特点，也说不出究竟是怎么回事，可是她那母性的本能似乎是察觉得到这点区别的。万一这孩子果真不是她自己的儿子，那可怎么办？啊，真是胡思乱想！她虽然又发愁，又着急，可是她想到这里还是几乎发笑了。不过尽管如此，她还是觉得这个念头不肯“甘休”，偏要在她脑子里打转。它纠缠着她，折磨着她，老萦绕在她的心头，不让她忘却，或是置之不理。后来她终于看透了，非等她想出一个测验的方法来，清清楚楚地、毫无疑问地证明这个孩子究竟是不是她的儿子，借此消除那些恼人的疑团，否则她心里就永远也不会太平。哈，对啦，这才分明是解决困难的正当办法，因此她就立即开动脑筋，要想出一个测验的方法来。可是一桩事情总是想着容易做起来难。她心里翻来覆去地想，考虑了一个又一个可能灵验的测验方法，可是最终不得不把它们通通放弃——这些方法没有一个是绝对有把握和绝对妥当的，而一个不大妥当的方法又不能使她满意。她显然是极费心机——她似乎是很明显地不得不放弃这个打算。当她心里转着这种丧气念头的时候，耳朵里忽然听见那孩子均匀的呼吸声，于是她知道他已经睡着了。她再一听，就听出那平稳的呼吸声被一种轻微的惊喊声所打断，这种喊声是做噩梦的人所常发出来的。这件偶尔发生的事情立刻就给她提供了一个很好的办法，那比她煞费苦心所想的那些测验方法合到一块还强。她马上就狂热却不声不响地动手把蜡烛再点着，一面低声自言自语："刚才他说梦话的时候，我要是瞧见他，那我就准明白了！自从他小时候火药在他面前炸开的那一天起，他每逢忽然从梦中惊醒，或是正在想事的时候惊醒过来，总是伸手挡在眼睛前面，就像他那一天那样。可是他伸出手去的姿势和别人不同，不是把手掌向里，而是把手掌转向外面——我瞧见过无数次了，从来没有两样，也没有不做这个举动的。不错，现在我马上就可以明白了！"

这时候她已经用手遮住蜡烛的光，悄悄地摸到那酣睡的孩子身边。她小心谨慎地在他身边弯下腰去，抑制着兴奋的情绪，几乎停止了呼吸；然后她突然把蜡烛的光照到孩子脸上，同时在他耳边用指节敲着地板。孩子马上就把眼睛睁得很大，惊骇地瞪着眼睛向四周张望了一阵，可是他并没有用手做出什么特别的动作。

这可怜的女人突然遭到惊讶和懊恼的袭击，几乎不知如何是好；可是她极力把她的情绪隐藏起来，还是哄着那孩子再睡觉，然后她悄悄地走到一边，很懊丧地暗自思量着她这次测验的不幸结果。她极力想要相信那是汤姆的神经错乱放弃了他这种习惯的动作，可是办不到。“不对，”她说，“他的手并没有疯，绝不会在这么短的时间内忘掉这么长久的一种老习惯。啊，这真是个叫我难受的日子！”

但是现在她还是顽强地保持着希望，正像她原来抱着怀疑那样。她简直不能使她自己相信那次测验的判断，她必须再试一次——第一次的失败想必只是偶然的事情，所以她稍隔一会儿又把那孩子从睡梦中一次又一次地搅醒——结果还是和第一次的测验一样——然后她拖着疲乏的身子回到床上，伤心地睡着了。她临睡时还说：“可是我还是不能放弃他——啊，不行，我不能，我不能——他非是我的孩子不可！”

后来王子因为不再被这可怜的母亲打搅，他的痛楚也渐渐失去了搅扰睡眠的力量，于是极度的疲劳终于封住了他的眼睛，使他安静地酣睡了。时间一小时又一小时地溜过去，他仍旧睡得像死人一样。四五个钟头的工夫就这样过去了。然后他的睡意开始减轻，不久，他就在半睡半醒的状态中含糊地喊道：

“威廉爵士！”

过了一会儿又喊道：

“嗬，威廉·赫伯特爵士！你快来，听听这个荒唐的梦，我从来没有……威廉爵士！你听见了吗？嗨，我还以为我真变成了一个叫花子哩，还有……嗬，听着！卫队！威廉爵士！怎么的！难道没有宫中侍从官在这里吗？哎呀，真该收拾一下这些……”

“你怎么了，不舒服？”他身边有人悄悄地问道，“你在叫谁？”

“叫威廉·赫伯特爵士。你是谁？”

“我？我不是你的姐姐南恩，还会是谁？啊，汤姆，我忘了！你还在发疯哪——可怜的孩子，你还在发疯哪，我还不如根本没有醒，免得听到你这些疯话！可是千万请你别再胡说，要不然咱们都得挨打，一直到被打死才算完事！”

大吃一惊的王子稍稍翻身坐起来，可是他那些发僵的伤处忽然感到一阵剧痛，使他清醒过来。于是他就在那一团肮脏的干草当中往回卧倒，一面呻吟着，不由自主地喊叫道：

“糟糕，那么原来还不是个梦呀！”

片刻之间，睡眠已经替他消除了的深沉的悲伤和苦痛又全部涌上心头，他发觉他已经不是宫中的一个娇生惯养的、为全国的人爱慕的眼光所注视的王子了，而是一个穿得破破烂烂的叫花子、流浪儿，一个被关在只配给畜生住的窝里的俘虏，跟乞丐和小偷混在一起了。

在这一阵悲伤之中，他开始听到外面有些欢腾嘈杂的喊声，好像只相隔一两排房子的距离。又过了一会儿，门口就有几声很响的敲门声。约翰·康第停止了打鼾，问道：

“谁敲门呀？你来干什么？”

有一个声音回答：“你知道昨晚上你的棍子打着的是谁？”

“我不知道，也不关心。”

“恐怕你回头就得改变个说法吧。你要是打算留下你这条命，那除了逃跑就没有别的办法。那人现在已经断气了，他就是安德鲁神父呀！”

“我的天哪！”康第惊喊了一声。他把全家人叫醒，粗声粗气地命令道：“你们都快起来，赶紧逃跑——要不然就待在这儿等死！”

还不到五分钟，康第这一家人就到了街上，慌忙逃命。约翰·康第揪住王子的手腕子，拉着他在黑暗的路上往前急跑，同时低声给了他这么一个警告：

“你这疯头疯脑的傻子，千万不许乱说，也别说出咱们的姓名。我马上就要改个新名字，叫当差的那些狗东西找不着抓我的线索。可不许乱说呀，我告诉你！”

他又凶狠地对家里其余的人说：

“万一咱们走散了，大伙儿就上伦敦桥那儿去，谁要是走到了桥上最后的那家麻布店那儿，就站住等着别人来到，然后咱们就一同逃到南市去。”

这时候这伙人忽然从黑暗中冲到光亮的地方了，而且不但是到了光亮的地方，还到了聚集在河边上唱歌、跳舞和呐喊的成千上万的人当中。尽目力所及地望过去，只见泰晤士河的下游沿岸到处都是火，伦敦桥也被灯光照得很亮，南市桥也是一样；整个的河上都被闪烁而辉煌的彩色灯光照得通红，花炮不断的爆炸使天空充满了四处放射、缤纷交织的光辉和密雨似的耀眼的火花，几乎使黑夜变成了白昼，到处都是狂欢的人群；伦敦全城似乎都在任意胡闹一般。

约翰·康第暴怒地咒骂了一声，命令大家撤退，可是已经来不及了。他和他那一家人被那万头攒动的人群所吞没，马上就无可奈何地被冲散了。我们并没有把王子当成他家里的一分子，可康第仍旧揪住他没有放手。王子的心这时候被脱逃的希望激动得剧跳起来。康第拼命地挤，企图从人群中钻出去，于是他粗鲁地把一个健壮的水手猛推了一把。这个水手或许是喝醉了酒，兴致很高，他伸出一只大手按在康第肩膀上说：

“嘿，伙计，你跑得这么快，要上哪儿去？所有的老实人都在痛痛快快地庆祝，难道你脑子里还在为一些肮脏的事情转念头吗？”

“我自己的事情自己管，用不着你瞎操心，”康第粗鲁地回答道，“你快撒手，让我过去吧。”

“你的脾气这么坏，我偏不让你过去，非叫你先喝一杯酒给太子祝贺不行，我告诉你。”那水手坚决地挡住去路，说道。

“那么，把杯子给我吧，快点，快点！”

这时候，别的喝贺酒的人也对他们感兴趣了。大家喊道：

“拿爱杯[①]来，拿爱杯来！叫这个怪脾气的坏蛋喝爱杯，要不咱

---

① 爱杯是一种有好几个柄的大酒杯，可以几个人用来轮流喝酒。

们就把他推到河里去喂鱼。”

于是有人拿过一只很大的爱杯来，那水手用一只手抓住杯子的一个把柄，另一只手捏着一条想象中的餐巾，按照正式的古礼把爱杯递给康第；康第也就不得不按照历代相传的仪式，用一只手握住爱杯另一边的把手，另一只手揭开杯盖。这么一来，当然就使王子暂时没有被人揪住。他不失时机，马上就往身边那些树林似的人腿当中一钻，逃得无影无踪了。转瞬之间，他就沉没在那动荡的人海里，要想寻找他，就像从大西洋里寻找一枚六便士的银币那么困难。

他不久就明白了这种情况，马上就忙着干他自己的事情，再也不往约翰·康第身上想了。另外他还很快地明白了一桩事情，那就是：有一个假太子冒充着自己，正在受全城人民的宴饮祝贺。他很容易推断出那就是贫儿汤姆·康第有意利用他那千载一时的机会，成了一个僭位的角色。

因此王子只有一条路可走——找到市会厅[①]去，宣布自己的身份，揭露那个小骗子。他还打定了主意，让汤姆有一段相当的时间忏悔祈祷，然后按照当时惩治叛国罪的法律和惯例，处以绞刑，挖出肠肚，肢解尸体。

① 市会厅是伦敦市举行各种盛大集会的公共会场。

第十一章　市会厅的盛会

御船由那一队豪华的舰队陪伴着，庄严地从一片无边无际的灯火辉煌的船当中穿过，顺着泰晤士河往下走。空中飘荡着音乐，河边到处升起庆祝的火焰；远处有无数视线以外的篝火把天空照得通红，城内就笼罩在它们那柔和的火光之中；城市的上空高耸着许多细长的尖塔，上面都镶饰着闪烁的灯笼，因此远远地看去，它们就好像投向高空的镶着宝石的标枪一般；舰队飞快地划过去的时候，两岸就有不断的大声欢呼、不停的礼炮的火光和轰隆轰隆的响声向船上表示欢迎致敬。

汤姆·康第靠在他那些绸缎的腰枕当中，身子几乎埋掉了一半。在他看来，这些声音和这番盛况实在是一种无法形容的庄严和惊人的奇迹。但是在他身边的两位小朋友伊丽莎白公主和洁恩·格雷公主的眼中，这一切都算不了什么稀奇。

舰队到了杜乌门之后，就被拖进清澈的华尔河（这条河的河道现在早已覆盖在一大片房屋底下，有两世纪之久了），一直开到巴克勒斯伯里，沿途经过的一些房屋和桥梁下都拥挤着狂欢的人，而且都点着光辉灿烂的灯火，最后船队终于在伦敦旧城中心的一个小湾里停住了，这就是现在的御船场所在的地方。汤姆下了船，他和他那些威武的侍从穿过契普赛街，再经过老犹太街和碑信浩街走了一段短路，就到了市会厅。

汤姆和那两位小公主都由戴着金链子、穿着大红礼服的伦敦市长和市参议员们按照正式礼仪出来迎接；再由传令官做前导，一路报告王子殿下驾到；还有侍卫拿着权杖和宝剑在前面走，引着他们到大会厅上首的一个富丽堂皇的华盖下面。伺候王子和他那两个小朋友的贵族和贵妇人都到他们的座位后面站着。

在下面一点儿的一桌席上，朝中大臣和其他显要贵宾同城中的富豪坐在一起；下议院议员们都在大会厅当中那许多席位上坐下了。那自古以来的伦敦城守护神——巨人戈格和麦戈格，居高临下地玩味着他们下面这一番盛况，他们那两对眼睛已经在不知多少年间看惯了这套把戏了。随后一声号响，跟着就有人传令，一个胖胖的膳司在左边墙里一个高处出现，后面跟着他的下属们，一本正经地抬着一盆冒着热气、准备切下来吃的御餐牛腰肉走来。

祈祷谢饭之后，汤姆就站起来（这是随侍的大臣教给他的）——全厅的人也跟着站起来——他和伊丽莎白公主从一只金质大爱杯里各自喝了一口酒，随后酒杯就递给了洁恩公主，再从她那里递给全体在座的人都喝了一遍。御宴就这样开始了。

半夜里，宴饮的狂欢到了高潮。这时候，出现了当时大受赞美的生动场面之一。亲眼看到这场热闹的一位史官曾经留下了一段古雅的记载，至今还可以查考得到：

“大厅里腾出了一片空地，随即进来了一位男爵和一位伯爵，他们都仿照土耳其的服装，穿着洒金的锦缎长袍；头戴艳红色天鹅绒帽子，上面配着金丝缎的大卷边；身边挂着两把短弯刀，都用金色的粗丝带系着。随后又来了一位男爵和一位伯爵，他们仿照俄国的式样，身穿黄缎长袍，上面镶着白缎子的横条，每条白色缎带子当中还配着一条大红缎带；头戴灰色皮帽；他们两人各自手里都拿着一把斧头；靴子前头都有向上翘起的一英尺长的尖头。他们后面又来了一位骑士，再后面是海军大臣，还有五个贵族和他同行。他们穿的是深红色天鹅绒的紧身衣，颈项前后都露在外面，胸前贴着银色丝带；紧身衣上面披着大红缎的短袍；头上戴的是舞蹈式的帽子，上面插着野鸡毛。这些人是仿照普鲁士人打扮的。人数有一百左右的火炬手紧跟而来，穿着大红和绿色缎子的衣服，像摩尔人那样，脸上也涂黑了。他们后面进来了一个演哑剧的人。然后化装的歌手们跳起舞来，贵族和贵妇人也跟着狂舞，那真是叫人看了很痛快的场面。”

汤姆高高地坐在上位，注视着这场“狂欢的”舞蹈，一心望着下面那些衣着华丽的人像旋风似的舞动着，呈现出那种耀眼的千变万化的色彩混成一团的奇景。正在这时候，那穿着破衣服的真正的太子却在市会厅门口宣布他的权利和不幸的遭遇，他揭露了那冒充的太子，大吵大闹地要进来！外面的人群对这场风波极感兴趣，大家拼命挤上前去，伸长脖子来看这个小捣乱鬼。随后他们开始辱骂和嘲笑他，故意逗得他更加愤怒，更加使他们开心。耻辱激起的眼泪涌出眼眶，可是他坚持着站住不动，以十足的皇家气派对抗着那群暴徒。跟着又是一阵辱骂，新的嘲笑刺痛着他，于是他大声喝道：

“我再给你们说一遍吧，你们这群无礼的恶狗，我是太子！我现在虽然举目无亲，没有人给我说句公道话，或是在我遭难的时候救救我，可是我决不能让你们赶走，还是要坚持站在这里！”

“无论你是不是王子，反正都一样，你真是个有骨气的孩子，而且也不是没有朋友！我就站在你身边，可以证明这句话不假。我告诉你吧，我迈尔斯·亨顿给你做个朋友虽然算不了什么，可是用不着你到处去寻找。你且不用再开口吧，孩子，我会说这些下贱的小畜生所说的话，就像是一个本地人说的一样。”

说话的人的服装、气派和态度都表明他是个落魄的王族后代。他身材高大，体形端正，壮健有力。他的紧身衣和短裤都是用讲究的材料做的，可是已经褪了色，穿得露出了底线，那上面镶的金丝带也变得颜色晦暗了；他的绉领已经皱得不成样子，而且破了；他那垂边帽上插的翎毛已经断了，显出一副狼狈不堪的寒碜相；他腰间带着一把轻巧细长的剑，插在一只锈了的铁鞘里；他那架子很大的派头却又表明他是个惯于吹牛的风尘人物。这个狂妄角色所说的话遭到一阵讥讽和耻笑。有人喊道："这又是一个乔装的王子！""当心点儿，别乱说吧，朋友，也许他这人是很凶的！""可不是吗，看他那神情的确像是那样——瞧他那双眼睛！""把那孩子从他那儿抢过来吧——抓着这小畜生丢到洗马池里去！"

立刻就有人受了这个妙计的鼓动，伸手去抓王子；那位陌生人也来得快，他马上就抽出了他那把长剑，用剑面噼啪地猛敲了一下，就把那多事的人打倒在地了。随后就有许多人齐声嚷道："揍死这个狗东西！揍死他！揍死他！"一大群暴徒向这位武士围拢，他就把背靠着墙站着，像个疯子似的向周围挥动他的长剑。挨了剑的人一个个东倒西跌，可是暴徒们像潮水似的从那些扑倒的身体上继续涌上前来，愤怒不息地向这位勇士猛冲。他似乎是再也支持不下去了，势必性命难保。偏巧这时候忽然响起了号声，有人嚷道："快让路呀，国王的传令官来了！"随即就有一队骑兵向那群暴徒急冲过来，大家只好亡命地飞跑，逃脱危险。那勇敢的陌生人把王子抱在怀里，不久就远离人群，逃出险境了。

我们现在再回到市会厅里面来吧。忽然有一阵响亮的号声压倒了那庆祝的狂欢中欢声雷动的声音，大家立刻就静默下来，鸦雀无声了；然后有一个人高声说话——那是王宫里派来的传令官——他开始扯着尖嗓子宣布一个公告，所有的人都肃立静听着。最后的一句话念得特别严肃，那就是：

"国王驾崩！"

在场的人全体一致把头垂到胸前，大家把这种姿势保持了几分钟，一片沉寂；然后全体同时跪下，向汤姆伸出手去，发出一阵洪亮的呼声：

"国王万岁！"这声音似乎把屋宇都震动了。

可怜的汤姆望着这个惊心动魄的场面，不由得用他那双迷茫的眼睛东张西望，最后他恍恍惚惚地向跪在他身边的两位公主望了一会儿，然后又望着赫德福伯爵。他忽然动了一个念头，脸上也露出了欢喜的神色。他靠近赫德福勋爵的耳边，低声说道：

“请你凭良心说话，老老实实地回答我！我想要颁布一道命令，那是除了国王以外谁也没有权力颁布的；要是我把它颁布出来，大家会不会服从？该不会有人反对吧？”

“不会，陛下，全国都不会有。陛下是英国的一国之主，您是国王——您说的话就是法律。”

汤姆用坚定而诚挚的声音，兴高采烈地回答道：

“那么从今以后，国王的法律就是仁慈的法律，再也不是血腥的法律了！快起来，到塔里去，宣布国王有令，诺阜克公爵免死！”

这几句话立刻就被别人听见了，于是大家口口相传，很快就在大会厅里传遍了。赫德福急忙从御前走开的时候，又有一阵异常洪亮的欢呼爆发了：

“血腥的统治完结了！大英国王爱德华万岁！”

第十二章　王子和他的救星

迈尔斯·亨顿和小王子摆脱了那一群暴徒之后，马上就穿过一些背街小巷，匆匆向河边奔逃。他们在路上没有受到阻挡，一直跑近了伦敦桥，然后他们又在万人攒动的人群中挤着往前走，亨顿紧紧地握着王子的手——不，国王的——手腕子。那惊天动地的消息已经四处传开，这孩子同时从无数的人声中听到了——“国王驾崩了！”这个不幸的消息使这漂泊无依的孩子心头打了个寒战，浑身发抖。他体会到他所遭的损失有多么大，心中充满了深切的悲恸；因为那位威严的暴君虽然对别人横暴无比，对他却向来是很慈爱的。热泪涌到他眼眶里来，使他视线朦胧，一切都看不清楚了。在那一刹那间，他感到自己是上帝的生灵中最孤苦伶仃、举目无亲、没人理睬的了——这时候又有另一阵呼声像响雷似的震动了夜空：“爱德华六世国王万岁！”这使他高兴得眼睛里发亮，一股得意的情绪立刻渗透全身，连手指尖上都感觉到了。“啊，”他心里想，“这显得多么庄严而又神奇呀——我当了国王！”

我们这两位朋友在桥上从人群中穿过，慢慢地往前走。这座存在了六百年的桥在那些年代里一向都是一条熙熙攘攘的通道，它是座稀奇的建筑物，两旁紧密地排列着许多商店，楼上尽是些住家的房屋，从河的一边一直延伸到对岸。这座桥本身就可以算是一个市镇：那上面有小客栈，有啤酒铺，有面包房，有服饰杂货店，有食品市场，有手工业工场，甚至还有教堂。在它的心目中，它所连接起来的两个邻区——伦敦和南市——如果作为郊区，还算不坏，但此外就没有什么特别了不起了。这个地方可以说是一个生息相关的小天地，它是一个狭窄的市镇，只有一条五分之一英里长的街道，它的人口只够一个村镇的人数，那里面的居民个个都和他们所有同镇的人熟识，并且还认识他们的父母和祖先——连他们的家庭琐事也都一清二楚。这个地方当然也有它的贵族阶级——那些上流的屠宰世家、面包世家等，应有尽有，他们在那些古老的房屋里已经住了五六百年，对这座桥的悠久历史从头到尾都知道得清清楚楚，还知道它的一切稀奇的传说。他们说的老是桥上的事情，想的老是桥上的念头，说起瞎话来总是很冗长，语调平匀，直截了当，内容丰富，自有一种桥上的派头。这种地方的居民必然是狭隘、无知而又自负的。孩子们都是在桥上出生，在桥上长大，在桥上活到老年，然后在桥上死去；他们除了这座伦敦桥以外，一生一世从来不曾踏足到其他任何地方。日日夜夜，络绎不绝的行人车马的巨流从这条街上穿过，经常有乱嚷乱叫的人声，还有马嘶、牛吼、羊叫，再加上那些兽蹄嘚嘚的响声，真是热闹极了；那些住在桥上的人自然认为这番景象是人间唯一的奇观，把他们自己多少当成这种奇观的专利者。而事实上也的确如此——至少他们可以从窗户里展示这种奇观，每逢有一位回朝的国王或是英雄人物临时给这种奇观添上一层光彩的时候，他们就果然享受到他们的特权，因为要想从头到尾、清清楚楚、一直不断地看到那些威武的行列，再没有像桥上这么好的地方了。

在桥上出生和成长的人们无论到什么别的地方，都觉得生活空虚无聊，简直无法忍受。历史上曾经记载过这么一个人，他在七十一岁的时候离开了伦敦桥，退休到乡间去了。可是他只能在床上辗转反侧，心烦意乱，他简直睡不成觉，因为他觉得那万籁无声的寂静太讨厌、太可怕、太沉闷了。后来他终于厌弃了那种环境，还是逃回了他的老家；这时候他已经熬成了一个消瘦而憔悴的幽灵，一回到老家，就在那激荡的流水拍岸的声响和伦敦桥上的人声、车声、蹄声的催眠合奏中，怪舒适地获得了安息，恢复了甜蜜的美梦。

在我们所写的那个年代，这座桥给当时的儿女们提供了英国历史的“实物教学”材料——那就是，桥头的拱门顶上钉着一些尖头长铁钉，那上面挂着一些有名人物的惨白的腐烂的头颅。可是我们现在且不谈这个吧。

亨顿的住处就在这座桥上的小客栈里。他带着他那位小朋友走近门口的时候，有一个粗暴的声音说：

“好，你总算又来了！我老实告诉你，这回可别想再逃跑了；要是把你这一身贱骨头捣成肉酱就能叫你得点教训的话，下回也许你就不会让我们这么老等了。”——约翰·康第一面说着，一面就伸出手去，要抓住这个孩子。

迈尔斯·亨顿把他挡住，说：

“先别忙动手吧，朋友。我看你大可不必这样粗鲁，这孩子是你什么人？”

“你要是专门爱找麻烦，爱管别人的闲事的话，你得知道他是我的儿子呀。”

“胡说！”小国王愤怒地喊道。

“说得好，有胆量，不管你那小脑袋是正常的，还是不清醒，我都相信你。可是这个浑蛋流氓究竟是不是你的父亲，那反正没有关系；只要你情愿跟我在一起，我就不许他把你抓去打骂，他吓唬你的话算是白说。”

“我愿意跟你在一起，我愿意——我不认识他，我讨厌他，我宁死也不跟他去。”

“那就这么决定了吧，别的话再没什么可说的了。”

“你说得好呀，我倒要看看你能怎么样！”约翰·康第大声说道，一面迈着大步走过亨顿身边，要去抓那孩子，“我要强迫他……”

“你这人面畜生，你要是胆敢碰他一下，我就把你一剑戳穿，就像戳一只鹅那样！”亨顿挡住他，一面把手按在剑柄上，一面说。康第把手缩回去了。“你听着吧，”亨顿继续说，“刚才有一群像你这样的暴徒想要虐待这个孩子，也许还想要他的命，我保护了他；难道你以为现在我会不管他，让他遭到更坏的命运吗？——无论你是不是他的父亲——说老实话，我想你是撒谎——像他这么个孩子，即便堂堂正正地让人家很快就弄死，也比落到你这种畜生手里受活罪强得多。好吧，滚开，还得滚快一点儿，因为我这个人生来没有多大耐性，不爱跟人家多费口舌。”

约翰·康第一面嘟哝着说些威胁和咒骂的话，一面走开，随后就消失在人群中，不见踪影了。亨顿叫了一顿饭，让茶房给他送上楼去，然后带着他所保护的孩子，爬上三层楼梯，到了他的房间。那是个简陋的屋子，里面有一张破床和几件零七碎八的旧家具，点着两支暗淡的蜡烛，光线相当微弱。小国王拖着脚步走到床边，卧倒在那上面，他因饥饿和困乏，几乎是筋疲力尽了。现在已经是清早两三点钟，他将近有一天一夜的工夫，一直都在站着走着，并且还没有吃过一点儿东西。他困倦地低声说道：“开饭的时候请你叫我一声。”马上就酣睡起来了。

亨顿眼睛里闪过一些微笑，他自言自语道：

“真是，这个小叫花子上人家屋里来，占据了人家的床铺，他可是若无其事，心安理得，好像什么都是归他所有似的——根本就不说一声对不起或是请不要见怪这类话。他发起神经病来，胡说八道的时候，居然自称为太子，并且还把这个角色扮演得很妙哩。可怜的、无依无靠的野孩子，不消说，他一定是因为受的折磨太多，弄得神经错乱了。好吧，我要做他的朋友；我救了他，这就使我对他产生了深厚的感情；我已经很喜欢这个敢说大话的小坏蛋了。他反抗那些肮脏的暴徒，用他那种高傲的藐视态度向他们还击，真是十足的军人气概！睡眠的魔力把他脸上的愁容和悲伤都消除了，他这张面孔显得多么清秀、多么可爱、多么温柔啊！一定要教他，我一定要治好他的创伤；是呀，我还要做他的哥哥，还要照顾他、保卫他；谁要是打算欺负他或是伤害他，那就得叫那个家伙赶快给他自己准备寿衣，因为我哪怕是为这事情遭火刑，也非要那个人的命不可！”

他弯下腰去望着这孩子，以慈祥和爱怜的眼光打量着他，同时用他那棕色的大手温柔地轻拍着那孩子的脸蛋儿，把他那乱蓬蓬的卷发往后面抚平。一阵轻微的颤动掠过这孩子的全身。亨顿喃喃地说：

“你瞧，我这人怎么这样大意，居然让他躺在这儿，不给他盖点东西，这岂不要使他染上致命的感冒吗？那么我怎么办呢？要是把他抱起来，放到床铺里面去，就会把他弄醒，可是他又非常需要睡眠。”

他向四周张望，想找到一点多余的被盖，可是没有找到，于是他就把自己身上的紧身上衣脱下来，给这孩子裹上，一面说：“我已经受惯了刺骨的寒风，穿惯了单薄的衣裳，我是不大怕着凉的。”随后他就在屋子里来回走动，使血液流通，一面仍旧在自言自语：

“他那受了创伤的心灵使他相信自己是太子；要说现在我们居然还有一个太子的话，那未免是件怪事，因为原来是太子的，现在已经不是太子，而是国王了。这颗可怜的心只怀着那么一个幻想，不肯把道理想清楚，看不出现在应该抛弃王子的称号，自称国王……我在国外坐了七年地牢，一直没有得到过家里的音信，如果我父亲还在世的话，他一定会看在我的面上，欢迎这可怜的孩子，给他慷慨的接待；我那好心肠的哥哥亚赛也会欢迎他；我的兄弟休吾……可是他要干涉我的话，我就要敲破他的脑袋，这个狡猾的、坏心肠的畜生！对，我们就往那儿去吧——马上就走。”

一个茶房端了一份冒热气的饭菜进来，把它放在一张小松木桌子上，再摆好椅子，就出去了；像这样的穷房客得自己伺候自己了。他出去的时候，还把门使劲一带，“砰”的一声把那孩子惊醒了；他一翻身就坐起来，挺愉快地向四周扫了一眼；随后他脸上又布满了愁容，他长叹了一声，喃喃地自言自语：“哎呀，原来是一场梦。我真伤心啊！”后来他又看见了迈尔斯·亨顿的紧身上衣，他把视线从这件衣服移到亨顿身上，明白了这位好心人为他而牺牲了自己的温暖，于是他就温柔地说：

“你对我很好，真的，你对我太好了。拿去穿上吧——现在我不需要它了。”

然后他就站起来，走到角落里的脸盆架跟前，站在那儿等着。亨顿用愉快的声调说：

“现在我们可以痛痛快快地饱餐一顿了，饭菜样样都是又香又热的，还在冒气哪。你睡了个小觉，再好好地吃一顿，又会成个挺有精神的小伙子，你放心吧！”

那孩子没有回答，他只是定睛望着那带剑的魁梧武士，那种神情既有巨大的惊讶，又含着几分不耐烦的意味。亨顿感到莫名其妙，于是他说：

“怎么啦？”

“喂，我要洗洗脸。”

“啊，原来是这么回事呀！你爱干什么都行，用不着向我迈尔斯·亨顿请示。我的东西你尽管随便使用，你千万不要客气，我很欢迎你。”

那孩子仍旧站着不动，不但如此，他还把一只脚挺不耐烦地在地板上跺了一两下。亨顿简直不知是怎么回事，他说：

“哎呀，这是怎么回事？”

“请你把水倒上，不要多话！”

亨顿忍住了一阵大笑，心里想着，“天哪，这可真是扮得像！”于是他就敏捷地走上前去，做了那傲慢无礼的小家伙所吩咐的事情；然后他就站在旁边，不禁有些因诧异而发呆，直到后来，又是一声命令，“过来——给我毛巾！”这才把他猛然惊醒过来。他从那孩子的鼻子底下拿起毛巾，递了给他，可并没有表示什么意见。这时候他才动手把自己的脸也洗一洗，让它痛快痛快；他在洗脸的时候，他这个收养的孩子就在桌子跟前坐下了，准备着用餐。亨顿迅速地洗完脸，然后把另外那把椅子往后一拉，正待坐下来吃饭，可是这孩子愤怒地说：

“慢着！你竟敢在国王面前坐下吗？”

这个晴天霹雳使亨顿大吃一惊，甚至脚跟都受到了震动。他悄悄地自言自语说：“瞧，这个可怜虫的神经病真是跟上了时代呀！国家有了变故，他的神经病也跟着变过来了，现在他在幻想中居然成了国王！哎呀，我可得顺着他这个狂想才行——没有别的办法——真的，要不然他就要叫我上塔里去坐牢了！”

他打定了这个开玩笑的主意，心里很高兴，于是他把那把椅子从桌子前面搬开，在国王背后站着，尽他所能地按照宫廷礼节开始伺候他。

国王吃饭的时候，他那王室的尊严稍微减少了一点威风，他越吃越高兴，因此就乐于谈话了。他说：

“我记得你好像是说你叫迈尔斯·亨顿，我该没有听错吧？”

“是的，陛下，”迈尔斯回答说，然后他心里又这么想，“我要是非顺着这个可怜孩子的神经病不可，那我就必须称他为国王，必须称他为陛下，决不能弄得不三不四；既然扮演了这个角色，我就不能有任何顾虑，否则我就会扮演得不好，把这桩好心好意的事情也弄糟了。”

国王喝了第二杯酒，心里就更加有了兴致，于是他说：“我想要了解你这个人——你把你的来历告诉我吧。你的举动很有英勇的气概，而且有高贵的精神——你是贵族出身吗？”

“禀告国王陛下，我家忝列贵族之末。家父是个从男爵——较小的勋爵之一，称爵士衔[1]——他是理查·亨顿爵士，住在肯特郡僧人洲附近的亨顿府。”

“这个名字我现在记不起来了。再往下说吧——把你的来历都告诉我。”

“陛下，我的来历没有多少可说的，不过既然没有更开心的事情可说，我讲讲我的来历或许可以供您半小时的消遣。家父理查爵士是很富有的，而且生性非常豪爽。我还是个小孩子的时候，家母就去世了。我有两个弟兄：我的哥哥叫作亚赛，他的心肠正像家父一样；我的弟弟休吾是个卑鄙龌龊的家伙，他贪得无厌，诡计多端，心地狠毒，专爱暗算别人，是个卑鄙阴险的小人。他生下来就是那样，十年前我最后看到他的时候，他还是那样——他才十九岁就成了个十足的坏蛋，那时候我才二十岁，亚赛二十二岁。家里另外没有别人，只有我的表妹爱迪思小姐——那时候她才十六岁——相貌很美，性情温柔，心肠很好，是个伯爵的女儿，她家就只剩下她一个人，一笔很大的财产和那断嗣的头衔都归她继承了。家父是她的监护人。我很爱她，她也爱我；可是她从生下来就和亚赛订了婚，理查爵士不许毁除婚约。亚赛爱上了另外一个姑娘，他叫我们不要灰心，坚持我们的愿望，将来总有一天，日子拖久了，再赶上个好运气，总会让我们各自的好事如愿以偿。休吾爱上了爱迪思小姐的财产，虽然他口头上说他爱的是她本人——不过他向来是这样，老是嘴里说的是一套，心里想的又是另一套。可是他的诡计在这位姑娘身上施展不开，他能骗得过我的父亲，可骗不了别人。我父亲在我们弟兄三个当中最喜欢他，也最信任他，最听他的话；因为他是最小的孩子，别人都恨他——这些特点自古以来总是足以博得父母的欢心；他还有一张很甜的嘴，最会哄人，撒谎的本领又特别高明——这些特长

① 这里指的是从男爵的位序。与男爵不同，从男爵是较晚形成的阶层。

又正好能够大大地助长那盲目的疼爱。我是有些狂放——说老实话，我还可以进一步承认我的确是非常狂放，不过我那种狂放是天真烂漫的，因为除了我自己，它对谁也没有害处，也不丢谁的脸，也不叫谁受什么损失，又没有任何罪恶和卑劣的意味；对我那高贵的身份也没有什么不适合的。

“可是我那兄弟休吾偏要利用我这种毛病来施展诡计——他知道我们的哥哥亚赛身体不太好，一心希望他短命，他估计着只要把我扫除出去，他就可以为所欲为了——就是这样——可是，国王陛下，这件事情说来话长，并且还不值得细说。那么，简单说一下，我这位兄弟把我的毛病巧妙地加以夸大，说成是一些罪过；他进行这种卑鄙的毒计，到最后就捏造事实，硬说他在我的房间里发现了一架丝绳的梯子——其实是他自己设法弄到我屋里去的——他就凭着这个证据，还收买了几个仆人和另外一些撒谎的坏蛋帮着做伪证，使家父深信我打算违反他的旨意，把我的爱迪思带走，和她结婚。

“于是家父就说，把我从家里驱逐出去，叫我离开英国，在外面流放三年，或许可以使我成为一个军人和有出息的角色，并且还可以使我学到一些聪明智慧。于是我就参加了大陆上的战争，我在那长期的考验中打出一条出路来；我尝尽了艰难困苦，遭过一些严重的打击，经历过一些冒险的场合；可是在最后一场战斗中，我终于被俘了。从此以后，春夏秋冬，一年又一年地过去，我在一个外国的地牢里一直被关了七年。最后我凭着自己的机智和勇气，获得了自由，才一直逃回家乡来；我是刚到的，穷得既没有钱，又没有衣服；至于这沉闷的七年里，亨顿府和那里的人以及其他一切究竟发生了一些什么变化，我就更是一无所知了。禀告陛下，我这个乏味的故事已经说完了。”

“你受了无耻的陷害！”小国王说，眼睛里闪出了愤怒的光，“可是我要给你申这个冤——凭主的十字架起誓，我一定要这么做！这是国王的承诺。”

然后由于迈尔斯遭到冤屈的故事使他受到了触动，他也就滔滔不绝地说开了他最近的不幸遭遇，使这位倾听者不禁目瞪口呆。他说完了的时候，迈尔斯心里想道：

“瞧，他的想象力多么丰富！单凭这个离奇故事里所说的那些凭空捏造的情节，就足以说明这不是平凡的脑子，否则无论它是疯了还是正常的，绝不能编出这么一个有条有理、有声有色的奇谈。可怜的、遭了摧残的小心灵啊，只要我还活在人间，我就决不让它没有朋友，决不让它没有归宿。我永远不让他离开我的身边，我要把他当作心爱的人，当作我的小伴侣。我一定要治好他的毛病！——是呀，要使他头脑清楚，恢复正常——然后他就可以成名——将来我就可以自豪地说，‘是呀，他是我的人——我把他这无家可归的小流浪儿收养了，可是我看出了他的长处，我说过日后他会声名远扬——你看，我说对了没有？’”

国王又说话了——他用的是深思的、平稳的语调：

“你救了我，使我没有受到伤害和羞辱，也许还救了我的性命，因此也就挽救了我的王位，这种功劳是应该受大赏的。你把你的愿望说出来吧，只要不超出我的王权范围，你就可以如愿以偿。”

这个异想天开的提议使亨顿从他的幻想中惊醒过来。他正想向国王谢恩，声明他所做的是分内之事，并不希望得到什么奖赏，借此把这件事情应付过去，可是他脑子里忽然起了一个比较聪明的念头；于是他请求国王让他安静几分钟，考虑考虑国王赏他的这番恩典——国王对他这个主意郑重地表示同意，他说对待这种意义重大的事情，最好还是不要匆忙决定。

迈尔斯沉思了几分钟，然后就想道：“对，这么办正好——要是用别的办法，绝不能达到目的——真是，有了这一个钟头的经验，我就知道老像这么下去，那是非常累人、非常不方便的。对，我就提出这个要求吧。我没有随便放弃这个机会，总算是万幸。”于是他单膝跪下说：

“那微不足道的效劳原是做臣子的分内之事，因此无功可言；但陛下既然开恩，认为应予嘉赏，我就不揣冒昧，敬恳恩准一事。陛下知道，将近四百年前，英王约翰与法王有仇，当时曾由国王宣布圣旨，命令武士二人在比武场中交战，以所谓上帝的裁判解决争端。两位国王和西班牙王都亲自到场来看这场战斗，裁判胜负。这时候法国的武士出场了；但是英国武士们一看他勇不可当，都不肯出来和他交手。这件事情是很重大的，看情形对英王颇为不利，大有弃权认输的趋势。当时英国最强的武士柯绥勋爵被囚禁在伦敦塔里，被剥夺了爵位和财产，并且还因长期囚禁，身体也日渐消瘦。这时候有人请他出来应战，他同意了，于是武装起来，准备出场；但是那个法国人一眼看见了他那魁伟的身材，又听说了他的大名，便临阵脱逃，结果法王就输了。约翰王恢复了柯绥的爵位和财产，并且还说，‘你有何愿望尽管说出来，我一定照准，即令要与我平分国土，我也在所不惜。’当时柯绥就像我现在这样跪着，回答说，‘国王，我只请求这一件事情：我希望我和我的后代能在大英国王面前有不脱帽子的特权，从今以后，王位一日存在，这种特权就永不取消。’约翰恩准了他的请求，这陛下是知道的。四百年来，这个家系从来没有断嗣的时候；因此直到如今，这个历史悠久的世家的家长还是在国王陛下面前戴着帽子或是头盔，不受阻挡，别人是一概不许这样做的。[①]现在我援引这个前例来帮助我考虑我的愿望，恳求国王恩准，赐给我一种特权——这就足够奖赏我还有余——此外别无所求；我的愿望是：我和我的后嗣永远可以在大英国王陛下面前坐下！”

“迈尔斯·亨顿爵士，起来吧，我封你为爵士，”国王庄严地

① 德库西的后代依然享有这种古怪的特权。

说——他用亨顿的剑举行了爵位的授予典礼——“起来坐下吧，你的请愿已经照准了。英国一日存在，王位一日继续，这种特权就一日不取消。”

国王陛下沉思着走开了，亨顿倒在桌子跟前一把椅子上坐下，暗自想道：“这是个绝妙的主意，总算给我解除了一大困难；我这两条腿简直酸得要命了。假如我没有想到这个，我一定得站上几个礼拜，直到我这可怜的孩子的神经病治好了的时候才行。”过了一会儿，他又继续想道，“这么一来，我就在梦想和幻影的王国里成为一名爵士了！对于我这么一个实事求是的人来说，这实在是一个非常稀奇古怪的爵位。我决不笑——千万不能笑，因为这件事情在我心目中虽然是空虚的，他可是觉得真有其事。并且对我说来，也有一方面不能算是假的，因为这件事情实在是反映了他有一种慷慨而美好的情怀。”停了一会儿，他又想，“啊，万一他当着大家叫出我那漂亮的头衔来，那可怎么好！我的荣誉和我的衣服这么不相称，岂不要叫人家笑话！可是那也不要紧，他爱怎么称呼我就怎么称呼吧，我反正是心满意足的。”

第十三章　王子失踪

沉重的困倦很快就侵袭了这两个伙伴。国王说：

“替我脱掉这些破布片吧。”——他指的是他的衣服。

亨顿毫无异议，也没有表示什么意见，然后向屋子里张望了一眼，怪伤心地自言自语：“他又像刚才一样，把我的床铺占去了——哎呀，我怎么办呢？”小国王看出了他的尴尬，就说了一句话，替他解决了困难。他困倦地说：

“你去挡住门口睡吧，要把门守好。”一转眼，他就无忧无虑、酣甜地睡着了。

“可爱的小宝贝，他应该生为国王才好呀！”亨顿赞叹地低声说道，“他扮演这一角色真是演得了不起哩。”

随后他就挡着门口，在地板上伸直身子躺下，一面心满意足地说：

“我过去那七年住的比这还要坏哪，要是像眼前这样就埋怨的话，那未免是对上帝有点儿忘恩负义吧。”

黎明的时候，他就睡着了。将近中午，他睡醒起来，那受监护的孩子还在梦乡，他掀开那孩子的被子——一次掀开一部分——用一根小绳子给他量尺寸。正好在他量完了的时候，国王醒来了，他埋怨怎么那么冷，又问亨顿刚才干什么来着。

“已经完了，陛下，”亨顿说，“我有点事情要出去一趟，马上就回来。您再睡一会儿吧——您需要多睡一睡才行。好吧，我给您把头也蒙上——这样您就会暖和得快一点儿。”

他这话还没有说完，国王又回到梦乡去了。迈尔斯悄悄地溜出去，过了三四十分钟又悄悄地溜进来；他拿着一整套男孩子的旧衣服，面料是廉价的，上面有一些磨损的痕迹；但是这套衣服还算整洁，而且在这个季节还很适宜。他坐下来，开始检查他刚买来的这几件东西，一面喃喃自语道：

"荷包要是满一点儿，就可以买一套好一点儿的，可是荷包不满，也就只好心满意足，希望他不嫌弃瘪肚子荷包买来的东西才好——

"'我们城里有个娘儿们，
她住在我们城里——'

"我好像觉得他动了下——我可别用那么大嗓门儿唱吧。他累得这么筋疲力尽，还要赶那么老远的路，现在最好是不要打搅他的睡眠，可怜的小家伙……这件外衣总算够好的，给它缝上几针就好了。这一件比较好一点儿，不过也免不了要缝一两针才行……这双鞋也很好，还很结实，总可以叫他那双小脚不冷，也不会踩湿——并且这对他还是很稀罕的新鲜东西哪，因为他一定是光着脚走惯了，一年四季，不管冷热都是一样……要是面包也像线这么便宜，那就好了，我只花了一枚小铜钱，买来的线就足够使一年的，还有这根顶好的大针不算钱，白饶的。这下子我得把它穿上线，那倒是够费劲哪！"

果然是够费劲的。他一只手把针拿稳，另一只手捏着线往针孔里穿——男人家的穿针法向来是这样，往后千年万载大概也会是这样，这种穿针法和女人家的办法是恰好相反的。一次又一次，那根线老是穿不进去，有时候钻到针的这一边，有时候钻到那一边，还有时候顶在针头上弯过来；可是他很有耐心，因为他从前从军的时候已经有这种经验了。后来他终于穿好了，这时候那件外衣已经在他怀里等了半天，他就把它拿起来，开始缝补。

"客栈的钱已经付清了——还没有送来的那顿早饭也给过钱

了——剩下的几个钱可以买两头小驴，还够对付路上两三天的零星开销。把这两三天熬过去之后，就可以享受亨顿府等着招待我们的丰衣足食了——

“‘她爱她的丈——’

“嘿，真糟糕！我把针戳到指甲底下去了！……这没有多大关系，这并不是什么新鲜事——可是究竟还是不大舒服……我们到了那儿就痛快了，小家伙，绝对没问题！一到那儿，你的灾难就消除了，你那不幸的病也就会好了——

“‘她爱她的丈夫，又亲又甜，
可是另外有个男人——’

“这几针缝得多长呀，真了不起！”——他把那件外衣举起来，用羡慕的眼光盯着它——“这缝得多么神气，派头真大，相比之下，成衣匠缝的那些小里小气的一针一针，简直就显得太寒碜、太俗气了——

“‘她爱她的丈夫，又亲又甜，
可是另外有个男人又把她爱上——’

“啊哈，可做好了——这个活儿做得真不错，而且还做得挺快哪。现在我得叫醒他，给他穿上衣服，倒水给他洗脸，伺候他吃饭，然后我们就赶快到南市的特巴客栈旁边那个市场去——国王，请您起床吧！——他不搭理呀——喃，国王！他睡得这么酣，简直听不见说话了，我恐怕只好冒犯御体，非推他一下不行。怎么啦！”

他朝床上一看——那孩子不见了！

他大吃一惊，哑口无言地瞪着眼睛向四周望一会儿，这才发现那孩子的破衣服也不见了，于是他大发雷霆，拉开嗓子叫客栈老板。这时候，有一个茶房端着早餐进来了。

“快说，你这鬼东西，要不然我就要你的狗命，”这位武士大吼道，“那孩子上哪儿去了？”他很凶地往那茶房跟前冲过去，把他吓得要命，吓得他舌头打了结，一时说不出话来。

后来这茶房用颤抖的声音，上气不接下气地把亨顿所要知道的消息告诉了他。

“老爷，您刚离开这个地方，就有一个小伙子跑来了，他说老爷您叫那孩子马上到您那儿去，他说您在桥上靠南市那一边等他。我就领着他上这儿来；他把那孩子叫醒，说明来意的时候，那孩子埋怨了两声，说不该‘那么早’就吵醒他，可是他马上就把那身破衣服捆在身上，跟着那小伙子走了。不过他说老爷您应当亲自来接他，不该那么没有礼貌，派个生人来——所以……”

“所以你就是个傻瓜！——傻瓜，那么容易上当——你们这些东西真该死！不过也许没有谁伤害他。可能没有谁对这孩子安什么坏心眼儿。我去找他吧。快把桌子摆好。等等！床上的被子被弄成像是有人睡在下面的样子——这是巧合吗？”

“我不知道，我的老爷。我看见那个年轻人摆弄过被子——就是来找男孩的人。”

“真该死！我问你！那小伙子只有他一个人吗？”

“就只他一个人，老爷。”

“真的吗？”

“真的，老爷。”

“你这昏头昏脑的家伙，还是再仔细想想吧，好好地想一想，不要忙，伙计。”

那茶房想了一会儿之后，就说：

“他来的时候，并没有人跟他一道来。可是现在我想起来了，他们俩到了桥上，走进人群中的时候，就有一个流氓相的人从附近一个什么地方钻出来；正当他快要跟他们俩走到一起的时候——”

“后来怎么样？快说！”急躁的亨顿吼声如雷地打断了他的话。

“正在这时候，人群把他们包围起来了，刚好掌柜叫我回来，我就再也没有看见了；掌柜的因为那位文书叫了一份烤肉而没有人给他送去，就大发脾气。可是我向天赌咒说，这桩事情要是怪我，那简直是天大的冤枉，就像是有人犯了罪，偏要把罪过放到一个还没有出娘胎的娃娃身上一样，其实这……”

“快滚开，你这傻瓜！你这些废话真叫我发疯！站住！你往哪儿跑？待一会儿还不行吗？他们是往南市那边去了吗？”

“一点儿也不错，老爷——我刚才的话还没说完哪，提起那份可恶的烤肉，可实在叫人生气，那也怨我，还不如怨那还没出娘胎的娃娃，更——”

“你还在这儿！还在说废话？滚开，要不我就揍死你！”那茶房就一溜烟地跑掉了。亨顿在他后面跟着，又从他身边走过，两步当一步地赶快跑下楼去，嘴里嘟哝着，“就是那个下流的坏蛋，他说那孩子是他的儿子哩。我把你失去了，我的可怜的小疯子主人——这实在叫人想起就伤心——我已经对你产生了深厚的感情哩！不！向天发誓，并没有失去你！没有失去你，因为我要到全国各地去搜寻，非把你找到，誓不甘休。可怜的孩子，他的早饭就在那儿摆着——还有我的一份哪，可是我现在根本不知饥饿了——好，让耗子去吃吧——赶快！赶快！这是最要紧的！”他在桥上东钻西窜地穿过喧嚣的人群的时候，好几次自言自语地说，“他抱怨了，可是他还是去了——他去了，是呀，因为他以为那是迈尔斯·亨顿请他去的，可爱的孩子啊——要是别人，他决不会去的，我准知道！”他翻来覆去地老是这么想，好像这个念头特别使他愉快似的。

第十四章　老王驾崩——新王万岁

在这同一天将近黎明的时候，汤姆·康第从一阵梦魇缠绕的睡眠中惊醒过来，在黑暗中睁开了眼睛。他安静地躺了一会儿，想要分析分析他那些混乱的念头和印象，希望从那里面找出一些有意义的东西来，然后他忽然用狂喜而又压低了的声音喊道：

"我全明白了，我全明白了！谢天谢地，我终归醒过来了，的确不错！过来吧，快乐！走开吧，烦恼！嗬，南恩！白特！快把你们的稻草甩开，上我这边来吧，我要告诉你们一个离奇的梦，这个梦真是荒唐透顶，黑夜的妖魔编出来的怪梦，还从来没有叫人心里这么吃惊的，你们听了也不会相信！……嗬，南恩！哎呀，白特！……"

一个模糊的人影在他身边出现了，有一个声音说：

"陛下，您有什么命令吗？"

"命令？……啊，我真倒霉呀，我知道你的声音！快说吧，你说——我是谁？"

"您是谁？千真万确，昨天您是太子，今天您是我最仁慈的君主，大英国王爱德华。"

汤姆把头埋在枕头当中，悲伤地低声抱怨道：

"哎呀，原来还不是个梦！去休息吧，好心的人儿哟——别打搅我了，我的烦恼让我自己承担吧。"

汤姆又睡着了，过了一会儿，他就做了这么一个愉快的梦。他觉得那是夏天，他独自在一片名叫好人场的美好的草场上玩耍，忽然来了一个只有一英尺高的驼背小矮子，脸上长着很长的红胡子，突然出现在他跟前对他说："你在那个树墩子旁边挖吧。"他就照办了，结果挖出了十二个亮晃晃的新便士——惊人的财宝！但是这还不算最好的事情，因为那小矮子说：

"我认识你，你是个好孩子，应该得到奖赏；你的苦难就要完结了，因为你得好报的日子已经到了。你每隔七天上这儿来挖一回，每回都可以挖到这么多财宝，十二个亮晃晃的新便士。不要跟人家说呀——要保守秘密才行。"

于是那小矮子不见了，汤姆就拿着他这份意外之财，飞跑到垃圾大院去，心里一面想："我每天晚上给我父亲一个便士，他会以为那是我讨来的，心里也就会高兴，我也就再不会挨打了。教我的那位好心的神父，我每个礼拜要给他一个便士；剩下的四个就给妈妈、南恩和白特。现在我们再也不会挨饿，再也不会穿破衣服了，再也不用害怕，不用发愁，不用活受罪了。"

他在梦中跑得气都喘不过来，终于跑到了他那肮脏的家里，可是他眼睛里闪烁着兴高采烈的狂喜；他把四个便士扔到他母亲怀里，大声喊道：

"这是给您的！全是，每个都是！——给您和南恩还有白特的——这是规规矩矩得来的钱，既不是讨来的，也不是偷来的！"

快乐而又吃惊的母亲把他使劲搂在怀里，喊道：

"时候不早了——陛下您可否起床？"

啊，这可不是他所希望的回答，好梦一下子破碎了——他又惊醒过来。

他睁开眼睛——总御寝大臣穿着华贵的衣服跪在他的床边。那个骗人的梦给他带来的快乐随即消失了——这可怜的孩子看出了他自己仍旧是一个俘虏和国王。卧室里站满了披着紫色斗篷的大臣——这是穿的丧服——另外还有许多伺候国王的仆人。汤姆在床上坐起来，从那沉重的丝绸帐子里面定睛注视着外面那一群讲究人物。

穿衣这一项重大工作开始了，这项工作正在进行的时候，那些大臣一个又一个地到小国王跟前来跪拜，并且对他失去父王的不幸表示吊唁。开始由大侍从官拿起一件衬衣，递给总内侍官，他又把它递给次御寝大臣，他又把它递给温莎御狩林总管，他又把它递给三级近侍官，他又把它递给兰开斯特公爵领地王室大臣，他又把它递给御服大臣，他又把它递给纹章局长，他又把它递给伦敦塔典狱官，他又把它递给皇家总管大臣，他又把它递给世袭大司巾，他又把它递给英国海军长官，他又把它递给坎特伯雷大主教，他又把它递给总御寝大臣，这位大臣才把这件经过七传八递居然还是送到了他手里的衬衫接过来，给汤姆穿上。可怜的、看得头昏眼花的小家伙啊，这使他联想到救火的时候递水桶的情景。

每件衣服都要依次经过这么一番迟缓而庄严的程序，结果汤姆对这种礼节就厌烦起来了；他感到非常厌倦，所以后来他终于看见他那条绸子的长裤顺着那一排大臣递过来，知道这件事情将近完毕了时，就觉得心头几乎有一阵谢天谢地的快感涌出来。但是他欢喜得太早了。总御寝大臣把那条裤子接过来，正待往汤姆的腿上穿，忽然有一阵红潮冲到他脸上，他连忙把那条裤子推到坎特伯雷大主教手里，脸上带着惊慌的神色，嘴里小声地说："你瞧，阁下。"同时还指着一个与这条裤子相连的什么东西。大主教脸上一阵白一阵红，他把这条裤子递给海军长官，也悄悄地说了一声："你瞧，阁下！"海军长官又把这条裤子递给世袭大司巾，他几乎吓得透不过气来，连一声"你瞧，阁下"都说不清楚了。这条裤子顺着那一排大臣往回递过去，递到皇家总管大臣手里，递到伦敦塔典狱官手里，递到纹章局长手里，递到御服大臣手里，递到兰开斯特公爵领地王室大臣手里，递到三级近侍官手里，递到温莎御狩林总管手里，递到次御寝大臣手里，再递到总内侍官手里——照例都伴着一声诚惶诚恐的惊喊："你瞧！你瞧！"——直到最后递到大侍从官手里，才算完事。这位大臣吓得脸色惨白，盯着惹出这场惊慌的毛病望了一会儿，然后粗声低语道："真是该死，裤脚的花边上掉了一个穗子！——快把御裤保管大臣送到塔里去关起来！"他说完这句话，就靠在总内侍官肩膀上，借此恢复他那吓跑了的气力，等着别人另外拿一条没有弄坏穗子的裤子来。

一切的事情都有结束的时候，后来汤姆·康第终于穿好了衣服，可以起床了。于是专管倒水的官把水倒好，专管洗脸的官给他洗了脸，专管拿面巾的官拿着面巾站在他身边，后来汤姆终于按照规矩完成了盥洗的步骤，准备着让御理发师给他打扮。最后他经过这位美容能手的打扮，身上披着紫色缎子的斗篷，穿着紫色缎子的短裤，头上戴着紫色翎毛顶子的帽子，就成了一个仪表优雅的角色，简直像个姑娘那么漂亮。现在他庄重地从那些毕恭毕敬的大臣当中穿过，向着早餐的餐室走去；他走过的时候，这些人就向后退，给他让开路来，并且还跪在地上。

他吃过早餐之后，就由他的大官们和五十个拿着金色战斧的侍从卫士服侍着，按照帝王的仪式，把他引到御座室里，那就是他处理国家大事的地方。他的"舅父"赫德福伯爵在宝座旁边站着，准备提出贤明的意见，以助国王思考。

已故的国王指定执行遗嘱的那些煊赫人物来到汤姆面前，请求他钦准他们的几项决议——这只是一种形式，但又并不完全是一种形式，因为这时候还没有摄政王。坎特伯雷大主教报告了遗嘱执行委员会关于已故国王陛下治丧事宜的命令，最后宣读了各位执行委员的签名，那就是：坎特伯雷大主教、英国大法官、威廉·圣约翰勋爵、约翰·罗素勋爵、爱德华·赫德福伯爵、约翰·李斯尔子爵、德拉谟主教柯斯柏——

汤姆并没有在听——这个文件前面有一句话使他困扰。这时候他转过脸去低声向赫德福伯爵说：

“他说丧礼决定在哪一天举行？”

“下月十六日，陛下。”

“这真是个荒唐古怪的主意，他经得住这么久吗？”

可怜的孩子，他对于皇家的风俗还很生疏哩；他看惯了垃圾大院那些可怜的死人很快地被人清理出去，和这种办法大不相同。但是，赫德福伯爵说了一两句话就使他放心了。

一位国务大臣呈上委员会的一道命令，指定第二天十一点钟接见各国大使，希望国王批准。

汤姆用探询的眼光望着赫德福，赫德福低声说：

“陛下应该表示同意，陛下和英国遭了那重大的不幸，他们是特地来替他们本国的君主表示哀悼的。”

汤姆就依照他的吩咐做了。另一位大臣开始宣读一份关于已故国王的王室开支报告的序文，说明前六个月里的开支共达两万八千镑——这个数字大得惊人，把汤姆·康第吓得透不过气来，后来他听说这笔开支里还有两万镑没有支付，是赊欠着的[①]，于是他又吓了一大跳；后来他又听说国王的财库几乎是空了，他那一千两百名仆人因为皇室拖欠他们的工资，非常困窘，于是他又大吃一惊。汤姆非常焦虑地说：

“我们分明是快要倾家荡产了。我们应该搬到一所小点儿的房子里去住，把仆人解雇了才对，而且必须这么办，因为他们没有什么用处，徒然耽误事情。他们给人家帮那些忙，简直是叫人精神上受折磨，心里感到羞耻，这些事对谁也不相宜；除非被服侍的是个木头人，根本没有脑筋，也没有手，自己什么事也不会干，那还差不多。我记得有一所小房子，在河那边，靠近鱼市，在毕林斯门附近……”

汤姆胳臂上让人使劲按了一下，叫他停止说这种傻话，这让他

① 见休谟的《英国史》。

脸红了一阵；可是别人丝毫没有露出任何神色，表示他们注意了这些奇怪的话或是对此感到关心。

又一位大臣报告，已故国王曾在遗嘱中决定授予赫德福伯爵以公爵衔，并将他的兄弟汤玛斯·赛莫尔爵士晋级为侯爵，赫德福的儿子晋级为伯爵，另外还对国王的其他大臣赐予类似的升级，因此委员会决议在二月十六日开会，宣布这些恩典，并予以确认；同时还宣布，由于已故国王遗嘱中并未赐予受封人以相当的采邑，使他们足以维持新授爵位的开支，而委员会深知他对此事的旨意，因此认为应赐予赛莫尔“地租五百镑的土地”，赐予赫德福之子“地租八百镑的土地，并在再有主教领地充公时，再拨地租三百镑的土地给他”——还说新登位的国王同意这种办法。[①]

汤姆正想信口说几句话，表示不应当先把已故国王的钱都随便花光，而不清偿债务；但是头脑清楚的赫德福赶紧推了推他的胳臂，才使他没有说出这种欠考虑的话；于是他就表示了同意，嘴里虽然没有加以批评，内心可是深感不安。这时候他沉思了一会儿，想起了他现在干出那些奇怪的、显耀的大事多么轻而易举，于是他心里就突然起了一个愉快的念头：为什么不封他的母亲为垃圾大院的女公爵，给她一份领地呢？可是有一个伤心的念头立刻就把这种想法打消了：他不过是个名义上的国王，那些严肃而老练的老臣和大贵族才是他的主宰；在这班人心目中，他的母亲不过是个精神失常的小疯子幻想中的人物；他们听到他的提议，根本就不会相信，随后又要请医生来给他看病了。

枯燥的事情继续进行着，非常讨厌。大臣们念了一些请愿书、宣言和特许状等等，以及各式各样冗长的、重复的和令人厌倦的关于公务的文件。后来汤姆终于怪伤心地叹了一口气，小声自言自语

---

① 见休谟的《英国史》。

道："我究竟犯了什么罪，仁慈的上帝居然叫我离开了田野，离开了自由的空气和阳光，把我抓到这里来；叫我当个国王，受这种活罪呢？"然后他那可怜的、糊涂的脑袋打了一会儿盹，随即就垂到肩膀上了；于是帝国的大事就因为缺少了这个庄严的工具执行批准的权力，暂时停顿下来了。寂静随即就笼罩在这熟睡的孩子周围，国家的贤人们也就不再施展他们的深谋远虑了。

经过两位监护人赫德福和圣约翰的许可，汤姆在上午跟伊丽莎白公主和小洁恩·格雷公主在一起痛痛快快地过了一个钟头；不过这两位公主的心灵都因为皇室遭了那重大的不幸，多少还有些悲恸；在她们拜见终了的时候，汤姆的"姐姐"——就是后来历史上的"血腥的玛丽"——郑重其事地拜访了他，使他大为扫兴；在他心目中，这次拜访的唯一好处就是占的时间很短。他独自安静了一会儿，然后又有一个大约十二岁的瘦削的男孩子被引到他面前来，这孩子的衣服除了雪白的绉领和手腕那儿的花边以外，全是黑的——紧身衣和裤子等等，都一样。他除了肩膀上戴着一个紫色缎带子打的孝结以外，就没有其他服丧的标志了。他低着光头，畏畏缩缩地走到汤姆跟前，把一条腿跪在地上。汤姆坐着不动，认真地把他打量了一会儿，然后说：

"起来吧，孩子。你是谁？你来干什么？"

那孩子站起来，文雅而自在地站着，可是脸上露出一种焦急的神色。他说：

"您一定还记得我吧，陛下。我是您的代鞭童。"

"我的'代鞭童'？"

"正是，陛下。我叫作汉弗莱——汉弗莱·马洛。"

汤姆觉得这个孩子实在有些突如其来，他的监护人应该事先给他说明一下才对。现在的情况可真是令人为难。他怎么办呢？——假装认识这个孩子，然后一开口又露出马脚，叫人家看出自己从来就没有听说过他吗？不，那是不行的。他忽然灵机一动，想出了一个妙计，这使他感到快慰。他心里想，像这样的意外事件是随时都可能发生的，因为赫德福和圣约翰既然是遗嘱执行委员会的委员，就难免有紧急的公事随时把他们从他身边请到别处去；所以他也许还是要自己想出个主意来，应付临时的变故才好。对，那倒是个聪明的办法——他可以哄一哄这个孩子，看看能收到怎样的效果。于是他就露出困惑的样子，摸一摸脑门子，跟着就说：

“我现在好像想起你一点儿来了——可是我因为遭了痛苦，脑子简直不灵了，有些模模糊糊——”

“哎呀，可怜的主人！”代鞭童激动地喊道。随后他又自言自语地说：“他们果然说得不错——他的确是疯了——哎呀，可怜的人！可是我真糟糕，怎么就忘了！他们说过，谁也不许表示他看出了国王有什么毛病哩。”

“近来真有些奇怪，不知怎么的，我的记性简直在跟我开玩笑，”汤姆说，“可是你不用担心——我很快就会好——只要稍微给我提供一点线索，就能帮我把忘记了的事情和人名都想起来（并且还不止这些，就连我从来没听到过的，我也能想得起来——这孩子待会儿就明白了）。快告诉我，你到底是干什么的。”

“这是无关紧要的事情，陛下，不过陛下要是愿意听，我就说一说吧。最近这两天，陛下学希腊文弄错了三回——都是早上上课的时候——您还记得吗？”

“对啦——我想我还记得。（这并不算撒谎——只要我这两天学过希腊文来着，那我就不止弄错三回，而是弄错四十回了。）是呀，我现在真的想起来了——你再往下说吧。”

“老师因为陛下学得不好，说那是什么‘心猿意马’，他就大发脾气，说是要狠狠地揍我一顿鞭子才行——他还要……”

“揍你呀！”汤姆大吃一惊，简直沉不住气了。“他怎么为了我的过错要揍你一顿呢？”

“啊，陛下您又忘了。您要是功课学得不好，他每回都是打我呀。”

“对了，对了——我忘了。你秘密地教我——结果我要是学得不好，他就认为你教得不得法，所以就——”

“啊，陛下，您这是说的什么话？我是您的最下等的仆人，怎么敢教您呢？”

“那么你还有什么过错？这到底是个什么闷葫芦？难道我真的疯了吗？还是你疯了呢？你给说明一下吧——老老实实地说。”

“可是，陛下圣明，这没有什么可解释的。谁也不能对太子的御体施行体罚；所以太子要是有什么过错，就由我来受罚，这个办法是很对的，因为那是我的职责，也是我的生计。”

汤姆瞪着眼睛望着那沉静的孩子，同时自己心里想着：“瞧，这可真是个稀奇事儿——挺特别、挺古怪的行业；我觉得很奇怪，他们怎么不雇一个孩子来替我让人家梳头和打扮？要是那样，我可真是谢天谢地！——他们要是肯那么办，我情愿亲自挨鞭子，并且还多谢上帝给我这么对调。”于是他大声说：

“老师已经照他说的话打过你了吗，可怜的朋友？”

“还没有哪，陛下，本来是指定在今天处罚我，可是恐怕会取消这个命令，因为这跟我们所遭的丧事不相称；我不知道到底怎么回事，所以我就大胆地到这儿来，把陛下答应替我说人情的事给您提醒一下——”

“跟老师说吗？让你不挨这顿鞭子吧？”

“啊，您果然还记得！”

“我的记性好起来了，你看得出。放心吧——你的背决不会挨揍——我一定想法子帮忙。”

“啊，多谢，好心的陛下！”那孩子又请了一个安，欢呼道，“我向陛下提出这个请求，也许已经够胆大了；但是……”

汤姆看见汉弗莱有些迟疑，就鼓励他继续往下说，说自己“心情正好，愿意多多开恩”。

“那么我就大胆说出来吧，因为这是对我关系重大的事情。现在您已经当了国王，不是太子了，您可以随意颁布命令，谁也不敢反对；所以您现在要是再学那些枯燥无味的功课，弄得心烦，那实在没有什么道理，您会把书烧掉，找些轻松的事情开开心。那么一来，我可就完蛋了，我那些无依无靠的姐妹也跟着我一齐倒霉了！”

“完蛋了？请问你，那是怎么回事？”

“仁慈的陛下啊，我是靠我的背吃饭的，我的背要是闲着，我就要挨饿了。您要是不读书了，我就要失业了，因为您不需要代鞭童了。请您不要开除我吧！”

汤姆被这可怜的苦恼事情所感动了。他大发帝王的恻隐之心，慷慨地说：

“你不必再担心了，孩子。我决定让你终身担任这个职务，并且还让你的子子孙孙永远世袭下去。”于是他举起剑来，在这孩子肩膀上轻轻地拍了一下，一面大声说，“起来，汉弗莱·马洛，大英王室的世袭代鞭童！忘记忧愁吧——我一定再读起书来，并且还要读得很糟糕，使你的工作大大地繁重起来，那么他们为了公平合理，就不得不给你加两倍工钱了。”

感恩不尽的汉弗莱热烈地回答道：

“多谢多谢，啊，高贵的主人，您这样皇恩浩荡，实在是超出我那些胡思乱想的美梦之外。从此以后，我一生一世都快乐了，马洛家的子子孙孙也都快乐了。”

汤姆是很存心智的，他看出了这个孩子对自己很有用处。汤姆鼓励汉弗莱说话，这孩子也很愿意说。他相信自己能帮忙“治好汤姆的病”，心里很高兴；因为他每回把这位小国王在皇家书房里和王宫里其他地方所经历的各种新鲜事情的细节，向汤姆那生病的脑子说起时，马上就看出汤姆能够把那些情况清清楚楚地“回忆”起来了。谈了一个钟头之后，汤姆就觉得他对于宫廷里的人物和事情获得了许多很有价值的信息；因此他就决定每天利用这个来源，探听消息；为了这个目的，他就要下一道命令，规定汉弗莱每次进宫的时候，只要国王没有接见别人，就让他到国王的私室里来。

汤姆刚把汉弗莱打发出去，赫德福伯爵就来了，他给汤姆带来了新的麻烦。他说遗嘱执行委员会的大臣们唯恐有什么关于国王精神失常的过甚其词的谣言泄露出去，到处传开了，所以他们认为再过一两天之后，陛下应该开始当众用餐。万一有什么不好的谣言已经传出去了的话，只要国王神色正常，精神饱满，再加上特别注意，使态度显得泰然自若，举动自然而斯文，那就一定能安定人心，比其他任何办法都更加有效。

然后伯爵就非常审慎地开始指导汤姆；他很勉强地借口要“提醒”他一些“早已知道的事情”，把他在这个隆重的场合上所要遵守的礼节告诉他；但是汤姆在这方面并不大需要帮忙，这使伯爵大大地喜出望外——关于这件事情，汤姆运用了汉弗莱告诉他的消息，因为汉弗莱从那迅速传播的宫中闲谈中听到了风声，曾经向汤姆提到过他在几天之内就要当众用餐。但是汤姆保守了秘密，没有把这些真相说出来。

伯爵一看国王的记忆力大大好转了，就用一种很随意的方式大胆地提到几件事情来测验他，试试他的记忆力究竟好转到了什么程度。结果是东一处西一处很有些地方令人满意——凡是汉弗莱提供了线索的地方，汤姆都答得很好——整个说起来，伯爵是大为高兴的，而且也增强了信心。结果他因为信心太高，居然大胆提出了一个问题，用很有希望的语气说：

“现在我相信陛下脑子里如果再稍微思索一下，一定能把玉玺的谜解开——遗失玉玺，昨天还是一件重大的事情，不过今天就不算什么了，因为它的有效期限已经随着前王的生命而终止了。陛下可否回忆一下试试？”

汤姆茫然不知说什么才好——玉玺这东西，他是从来没有听说过的。他迟疑了一会儿，就傻头傻脑地抬起头来，问道：

“伯爵，玉玺像个什么样儿？”

伯爵吃了一惊，但是几乎察觉不出来，他低声自言自语地说：“哎呀，他的脑筋又出毛病了！——要是再叫他继续想事情，那是很不聪明的。”然后他巧妙地把话题转开，希望把那不幸的玉玺从汤姆脑子里移除出去，他这个目的很容易就达到了。

第十五章　汤姆当了国王

第二天，各国大使带着派头十足的随从来了，汤姆非常庄严地坐在宝座上接见他们。那个辉煌的场面起初使他看着很感兴趣，并且还使他心花怒放，但是接见的时间太长，又很枯燥，大使们的致辞也多半雷同，因此这件事情开始虽然使他高兴，后来却渐渐地显得令人厌倦，并且还使他想起家来了。汤姆不时把赫德福教给他的话说一遍，极力要做得令人满意，但是他对这种事情太生疏了，而且很不自在，所以只能做到勉强过得去的地步。他看上去十足地像个国王，心里却不大能有个国王的感觉。后来这个仪式结束的时候，他才觉得满心高兴。

他把一天的大部分时间"浪费"了，干的都是他作为国王分内的苦事——这是他内心的想法。就连专门供国王消遣和娱乐的两个钟头，对于他也成了一种负担而没有丝毫趣味，因为那些游戏都有许多限制和礼节上的规矩，使他受到束缚。但是他和他的代鞭童单独待了一个钟头，这可是他认为绝对有利的事情，因为他一方面得到了娱乐，同时又获得了急需的信息，真是一举两得。

汤姆·康第当国王的第三天的经过和头两天大体相同，但是他总算有一方面轻松了一些——他不像起初那样不自在了；他渐渐习惯于他的遭遇和环境；他身上的锁链仍旧磨得他发痛，但并不总是那样；一个钟头又一个钟头在他头上飞过去，他也觉得那些大人物在他面前对他那么恭敬，越来越不使他感到痛苦和狼狈了。

假如不是有一件事情使他提心吊胆，他看到第四天快到的时候，就不会十分着急了——那件事情就是当众用餐，这是要从那一天开始的。日程里还有些更重大的事情——那天他还要临朝主持一次会议，大臣们将要在会上听取他的意见和命令，决定他对全世界远近各国打算采取的政策；赫德福还要在那一天正式被选为摄政大臣；另外，还规定了要在那一天解决一些别的重要事情，但是在汤姆看来，这些事情都比叫他当众用餐还要轻松一点；他觉得自己一个人吃饭，却有无数双好奇的眼睛盯住他，无数张嘴悄悄地评论他的举动——假如他运气不好，犯了错误，也要受人议论，这实在是顶受罪的事情了。

然而那第四天是无法阻拦的，它终于来到了。

那一天，汤姆无精打采，心神恍惚；这种情绪持续着，他简直摆脱不了。上午的一般公事在他手头迟缓地挨过去，使他感到厌倦。于是，他又觉得那种坐牢似的心情沉重地侵袭着他。

下午较晚的时候，他在一个宽大的朝见室里和赫德福伯爵谈话，正式等待着许多重要官员和大臣在预定的时间前来拜见。

后来汤姆随便走到一个窗户跟前，对王宫大门外面的大马路上熙熙攘攘的情景很感兴趣——他并非无聊而感到有意思，而是满心渴望着亲自去参与那种热闹和自由的生活——过了一会儿，他看见一大群乱嚷乱叫的、乌七八糟的、最穷和最下等的男男女女和孩子前面领头的一些人，从大路上走过来。

“我真想知道这是怎么回事啊！”他带着一个孩子对那种情景的好奇心，大声说道。

“您是国王！”伯爵毕恭毕敬，庄重地说，“陛下是否可以让我执行命令？”

“啊，好极了，照办吧！啊，我很高兴，照办吧！”汤姆兴奋地大声说道，随即又心满意足，自言自语地说，“真是，当个国王并不完全是枯燥无味的——这种生活也有它的回报和好处。”

伯爵叫了一个小侍来，派他到警卫队长那儿去传达命令：

“挡住那一群人，问清楚他们为什么那么热闹。这是国王的命令！”

过了几秒钟，就有一长排皇家卫队穿着亮晃晃的钢制盔甲，从大门里出去，在那一大群人前面拦住了马路。一个报信的差使回来了，他报告说那一群人是跟着去看一个男人、一个女人和一个年轻的姑娘被处死刑，他们犯的罪是扰乱治安和破坏王国的尊严。

给这些可怜的无辜百姓处以死刑——而且还是惨死呀！这个念头使汤姆大动恻隐之心。同情心支配着他，使他对其他一切都顾不到了；他根本没有想到这几个犯人所触犯的法律，也没有想到他们给予受害者的苦痛或损失，他除了绞刑架和悬在被判死刑的犯人头上的悲惨命运以外，什么也想不到。他的关切甚至使他暂时忘记了自己不过是一个国王的替身，而不是真正的国王；他还没有想到这一点，就冲口而出地发了一个命令：

“把他们带到这里来！”

随后他满脸涨得通红，一句类似道歉的话几乎到了嘴边；但是他一看他的命令都没有引起伯爵和侍童什么惊讶，他就把正待说出的话咽了下去。侍童以理应遵命的态度，深深地鞠了一躬，就向后退出这个房间，传达命令去了。汤姆感觉到一阵强烈的自豪感，重新体会到做国王的苦痛换来的好处。他心里想：“从前我看老神父那些故事书的时候，我就想象着自己是个君王，对所有的人发号施令，说‘你去干这个，你去干那个’，谁也不敢违抗我的旨意。现在，我果然有那种感觉了。”

这时候有几扇门打开了，有人通报了一个又一个响亮的头衔，跟着就是具有这些头衔的人物进来了，于是这地方很快就被高贵人物和华丽衣裳挤满了一半。但是，汤姆对于这些人的到场像是没有感觉到似的，因为他的心思完全在其他更有趣的事情上。他心不在焉地坐在宝座上，转过眼睛去望着门口，表现出迫不及待的神情。

大臣们一看这种情形，就极力不打搅他，大家杂七杂八地交谈起来，既谈国家大事，又谈宫廷闲话。

稍过了一会儿，就听见一些军人整齐的步伐声越来越近，犯人们在一个副执法官的看管之下，由一小队国王的卫队监管着，来到国王面前。那位文官向汤姆跪拜了一下，然后站在旁边；那三个死囚也跪下来，一直跪着不动；卫队在汤姆的椅子背后站定了。汤姆好奇地把那几个犯人仔细打量了一番。那个男人的衣服和外表似乎并不陌生，这在他心中唤起了一种模糊的回忆。“我好像觉得从前看见过这个人……可是想不起来是什么时候和什么地方了。”——汤姆这样想着。正在这时候，那个人迅速地抬头望了一眼，又迅速地低下头去，因为他没有胆量正视国王那种威仪，但是已经足够汤姆看清楚他的整张脸了。他心里想：“现在事情已经很分明了；这就是在刮着大风、冷得要命的新年第一天把查尔斯·威特从泰晤士河里打捞出来，救了他一命的那个陌生人——那是个勇敢和好心的行为——可惜他又干了坏事，把自己卷进这起不幸的案子中……我还没有忘记那个日子，连时间都还记得；这是因为过了一个钟头以后，正打十一点的时候，我让奶奶狠狠地揍了一顿，这一顿打得特别厉害，所以在那以前或是在那以后发生的事情和这顿毒打比较起来，就好像慈母的抚爱和拥抱似的。”

于是汤姆就下令把那个妇人和姑娘暂时从他面前带出去一会儿，然后他就对那副执法官说：

“请问你，这个人犯了什么罪？”

那位小官跪下来回答说：

“禀告陛下，他用毒药毒死了一个人。”

汤姆对这个犯人本来是深表同情的，对他救出那个快淹死的孩子的英勇行为也非常敬佩，现在他这种心情却受到了极沉重的打击。

“这件事情已经证实是他干的了吗？”他问道。

"非常清楚，陛下。"

汤姆叹了一口气，说：

"把他带走——他是罪有应得的。真可惜，他是个勇敢的好汉哩——不——不，我是说他看起来很勇敢。"

犯人突然使劲把双手交叉起来，绝望地拧着，同时用一些断断续续的、满含恐惧的话向"国王"哀求：

"啊，国王陛下，您要是能可怜可怜遭难的人，那就请您可怜可怜我吧！我是没有罪的——他们给我加的罪名也是证据不足的——可是我要说的不是那个；给我判处死刑已经定了，那也许不能更改；可是我在绝路上还要请求一个恩典，因为我的死法实在是叫我受不了。开恩吧，开恩吧，国王陛下！请陛下大发慈悲，恩准我的请求吧——请您发个圣旨，给我处绞刑吧！"

汤姆吃了一惊，他想要的结果不是这样。

"哎呀，我的天哪，这真是个稀奇的请求！他们给你判的死刑不是这样吗？"

"啊，善心的陛下，不是这样！他们判决把我活活地煮死！"

这话简直把人吓得要命，几乎使汤姆从椅子上跳起来了。他刚一清醒过来，马上就大声喊道：

"你可以如愿，可怜的人！即令你毒死了一百个人，也不应该让你死得那么惨。"

犯人磕下头去，把脸都碰到地上了，他热情地说了一大堆感激的话——末尾是这么一句：

"万一您将来遭到不幸——那当然是天不许的事情！但愿人家记得您今天对我的恩典，报答您的好心！"

汤姆转过脸去，向赫德福伯爵说：

"伯爵，给这个人判这么残酷的刑罚，难道能叫人相信那是有法律根据的吗？"

“陛下，照法律规定，惩治放毒犯是用这种刑罚。德国惩治造假钱的犯人，是把他们下油锅炸死——还不是一下就丢进去，而是把他们用绳子拴着，慢慢地往下放，先炸脚，再炸腿，再——”

“啊，伯爵，请你不要再说下去，我受不了！”汤姆喊道，双手把眼睛蒙起来，不去想那场景。“我请你赶快下个命令，修改这条法律——啊，千万不要再让可怜的老百姓受这种活罪吧。”

伯爵脸上显出极度的喜悦，因为他也是个心地慈悲和宽大的人——在那残暴的时代，他那个阶级里的人有这种好心肠，真是少见。他说：

“陛下这句高贵的话从此把这种刑罚禁止了。这件事将要名垂青史，永远是您皇家的光荣。”

副执法官正想把他的犯人带走，汤姆做了个手势，叫他等一等，然后说：

“我还要把这件事情问问清楚。这个人刚才说过他的罪行证据不足。你把你所知道的告诉我吧。”

“敬禀国王，审案的时候，问明了这个人走进了艾林顿小村里一户人家，那里躺着一个病人——有三个见证人说那是在上午正十点钟，有两个说还要迟几分钟——当时只有病人在家，并且还睡着了——这个人刚进去又出来，跟着就走掉了。他走了之后，病人连抽筋带呕吐，简直痛得要命，还不到一个钟头就死了。”

“有谁看见他下毒吗？发现了毒药没有？”

“啊，没有，陛下。”

“那么怎么会知道有人下了毒呢？”

“敬禀陛下，医生证明除非中了毒，否则病人临死的时候绝不会有那种症状。”

这就是有力的证据——在那个简单的时代。汤姆看出了这个证据的重要性，就说：

“医生是内行的——也许他们对了。这事情对这个可怜的人似乎是不利的。”

“但是还不止这个，陛下，另外还有更厉害的证据哩。有许多人证明有个巫婆曾经预言过这个病人会被人毒死，现在那巫婆早已离开那个村子，谁也不知道她上什么地方去了；她是私下对着他们的耳朵小声说的——她还说下毒的是个陌生人——一个棕色头发的、穿着一身破烂的普通衣服的陌生人；当然这个犯人和捉人的通告上说的是完全相符的。陛下，这个事情既然是有巫婆预言过的，当然就非常可靠，请您承认这是个有力的证据吧。”

在那迷信的时代，这是个非常有力的理由。汤姆觉得这桩事情是确定了；如果重视证据的话，这个可怜人的罪状就算是证实了。但是他还是给了犯人一个机会，他说：

“如果你有什么能替自己辩护的话，你就快说吧。”

“我说不出什么有用的话，陛下。我是没有罪的，可是我无法证明。我没有朋友，否则我可以证明那天我根本就不在艾林顿；并且我还可以证明他们所说的那个时候，我离那儿有三英里远，因为我在华宾老码头那儿；噢，还有呢，国王，我还可以证明，他们说我要人家的命的时候，我可正在给人救命呀。有一个孩子在河里快淹死了——”

“不要说了！执法官，你快说那是哪一天的事情！”

“那是新年第一天，上午十点钟，或是稍迟几分钟，那时候……”

“把犯人释放了吧——这是国王的旨意！”

他这句不合国王身份的感情用事的话又使他脸红了，于是他极力掩饰他这个失礼的举动，补充了一句：

“只凭这种靠不住的、粗枝大叶的证据，就把一个人处以绞刑，真是使我生气！”

一阵表示敬佩的低沉的议论声在现场的人群中迅速地传开了。

那并不是敬佩汤姆所宣布的命令，因为他赦免了一个定了罪的放毒犯，在场的人没有几个会觉得应该承认那是恰当的，也不会有人敬佩他这种举动——不，大家所敬佩的是汤姆表现出的智慧和精神。有些低声的议论是这样的：

“这并不是个疯子国王——他的脑袋是清醒的。”

“他那些问题问得多么聪明——他这样突然采取果断的手段处置了这件事情，跟他本来的天性多么像呀！”

“谢天谢地，他的神经病已经好了！这不是个小糊涂蛋，而是个真正的国王，他简直像他的父亲一样有气魄。”

空气中充满了赞扬的声音，汤姆耳朵里当然就听到了一些。这对他所起的作用是使他大大地安心了，同时也使他周身充满了欢悦的感觉。

但是他那年轻的好奇心不久就压过了这些愉快的念头和情绪，他急切地想要知道那个妇人和那个姑娘究竟是遭了什么致命的大祸。于是他发出命令，把那两个吓得要命的、哭哭啼啼的可怜虫带到他面前来。

“她们两个犯了什么罪？”他问执法官。

“敬禀陛下，有人告发她们犯了邪恶的大罪，并且清清楚楚地证实了，因此法官就按照法律判处她们绞刑。她们把灵魂出卖给魔鬼了——这就是她们的罪状。”

汤姆打了个冷战。人家曾经教过他，要憎恨犯这种罪的人。但是虽然如此，他还是不打算放弃这个机会，偏要获得那满足好奇心的愉快，于是他问道：

“她们是在什么地方干的这件事情？什么时候干的？”

“十二月有一天半夜里——在一所破教堂里干的，陛下。”

汤姆又打了个冷战。

“有谁在场？”

“只有她们两个，陛下，另外还有‘那一个’。”

“她们承认了吗？”

“没有，她们没有承认，陛下，她们是否认的。”

“那么，请问是怎么知道的？”

“有几个见证人看见她们上那儿去，陛下，这就引起了怀疑，后来又有些确凿的事实证明了这种怀疑是不错的。特别重要的是，她们利用这么得来的魔力，引起了一场暴风雨，结果把邻近一带完全毁坏了。有四十多个见证人证明了有这场风暴；其实要找一千个见证人也没有问题，因为大家都吃了这场暴风雨的亏，当然都不会不记得。”

“这实在是一桩严重的事情。”汤姆把这个邪恶的罪行在心里反复地想了一会儿，然后问道：

“这个女人也遭了这场暴风雨的灾吗？”

在场的人当中有几位老人点了点头，表示他们承认这个问题问得很聪明。但是执法官没有看出这一问有什么重大的意义，他直截了当地回答道：

“她当然受了灾，陛下，这是她应得的报应，大家都这么说。她住的房子被大风刮跑了，她自己和她的孩子都无家可归。”

“她运用魔力给自己带来了这么大的灾难，我看她这种魔力可真是花了不小的代价换来的。即令她只花了一个铜板，那也是受骗了；可是她居然把她的灵魂和她的孩子的灵魂当作代价，这就足见她是疯了。她既然是疯了，也就不知道自己所干的事情，所以也就不算犯罪了。”

那些年长的人又一次点头，称赞汤姆的聪明。有一个人低声地说：“如果像谣言所说的，国王自己是个疯子，那么我所知道的某些人要是能凭上帝的神意，染上他这种疯病，倒反而可以使他们的脑袋更清楚一点儿哩。”

“这孩子多大年纪？”汤姆问道。

“九岁，敬禀陛下。”

“请问你，法官，按照英国法律，儿童也可以跟人家订约，出卖自己吗？”汤姆转过脸去，问一位有学问的法官。

“陛下，法律不许儿童决定或是参与重大事情，因为他们的头脑太幼稚，还不能应付大人的智力和阴谋。魔鬼如果情愿的话，他可以买一个孩子，孩子也可以同意，但是英国人可不行——只要是英国人，他们的契约就视作无效。”

“英国法律剥夺英国人的特权，反倒让魔鬼有这种自由，这似乎是一件很粗鲁的、不合基督教精神的事情，制定这条法律是欠考虑的！”汤姆认真而激动地大声说道。

他对这件事情的新奇见解引起了许多人的微笑，并且有许多人把它记在脑子里，预备在宫廷里到处转述，证明汤姆不但在心理健康方面有进步，而且还有创见。

那个年长的犯人已经停止哭泣了，她怀着兴奋的心情和逐渐增加的希望，聚精会神地倾听着汤姆的话。汤姆看出了这种情形，这使他的同情心强烈地倾向于这个在危难和无亲无友的处境中的女人。随后他说：

“她们是怎么掀起暴风雨的？”

“陛下，她们用脱下袜子的办法。”

这使汤姆吃了一惊，同时也把他的好奇心燃烧到了狂热的程度。他急切地说：

“这真是奇怪！她们这种做法，随时都有这么可怕的效果吗？”

“随时都有的，陛下——至少是只要这个女人有这种愿望，并且还念些必要的咒语，无论是在心里或是在嘴里念都行。”

汤姆向那女人转过脸去，迫不及待地说：

“施展你的魔法吧——我愿意看见一场暴风雨！”

在场的那些迷信的人忽然都脸色惨白起来，大家都想走出这个地方，只是没有流露出来——汤姆对这一切都不在意，因为除了他所要求的那一场灾变以外，无论什么事情都不能引起他的注意。他看见那女人脸上显出一种为难和诧异的神情，就很兴奋地补充了两句：

"不用害怕——决不会怪你。不但如此——我还要释放你——谁也不许动你一下。施展你的魔法吧。"

"啊，陛下，我并没有什么魔法——我是被人冤枉了。"

"你的恐惧心理使你不敢做。尽管大胆做吧，决不会叫你吃亏。你造成一场暴风雨吧——哪怕是顶小的一场也不要紧——我并不需要大暴风雨，也不需要有害的，我的愿望恰好相反——你只要这么做，我就饶了你的命——一定放你出去，还让你带着孩子，这是国王的特赦，你在全国都不会受任何人的伤害和欺负。"

那妇人扑倒在地，流着泪发誓说，她实在没有创造这个奇迹的魔力，否则既然服从国王这个命令，就可以得到这么大的恩典，她单只为了救她的孩子的命也心甘情愿，自己还愿意牺牲哩。

汤姆又催促了一阵——那妇人仍旧坚持她的申辩。最后他就说：

"我想这个女人说的是真话。假如我的母亲处在她的位置，也有魔鬼的本领，那她一定片刻都不迟疑，马上唤起暴风雨，把全国都毁得一塌糊涂——只要她施展魔法，就可以挽救我被判死刑的命，她一定会那么干！足见所有的母亲天生是一样的心肠。现在你免罪了，太太——你和你的孩子都没有事了——因为我觉得你们是无罪的。现在你既然被赦免，再没有什么可怕的了——你把袜子脱掉吧！——你要是能给我掀起一场暴风雨，我就让你发财！"

那得救的可怜人有说不尽的感激，于是她开始遵命行事；汤姆以迫切而期待的眼光望着，多少还有几分提心吊胆；同时大臣们都表现出明显的焦虑和不安。那妇人把自己的袜子脱掉了，还脱掉了她的小女孩的袜子，她显然尽了全力要引起一次地震来报答国王的恩典，但是结果完全失败，使人大失所望。汤姆叹了一口气说：

“算了吧，好人，你不必再费劲了，你的魔力已经跑掉了。你放心走吧；随便什么时候，你如果恢复了你的魔力，那可不要忘记我，千万要来给我掀起一场暴风雨呀。”

第十六章　御餐

御餐的时刻渐近了——但是奇怪得很，这个念头并没有引起汤姆多大的不安，恐惧的心理更是几乎没有。那天上午的经验已经大大地建立了他的信心；这个可怜的小家伙经过四天的习惯之后，已经对他这个新奇的安身之所很熟悉了。比一个成年人过了整整一个月还要熟悉哩。小孩子适应环境的本领，没有比这个表现得更出色的了。

现在让我们这些享有特权的人赶快到大宴会厅去，看看那儿的人替汤姆安排一切，让他进行这次排场十足的御餐的情况吧。那是个宽大的房间，大柱和墙柱都是涂着金漆的，墙上和天花板上都绘着图画。门口站着高大的卫士，站得笔挺，像雕像一般；他们都穿着富丽而鲜艳的服装，拿着长柄的戟。宴会厅的周围有一道高高的回廊，那上面有一个乐队，还拥挤着许多男男女女，他们都穿着光彩夺目的衣裳。在那个房间当中的一个高台子上，摆着汤姆的餐桌。现在让古代的史官来叙述吧：

“一位侍臣拿着权杖走进屋里来，和他同来的另外一位拿着台布；他们两人非常恭敬地跪拜了三次之后，拿台布的侍臣就把它铺在餐桌上，然后他们又跪拜了一次，才一同退出；随后又进来了两个侍臣，一个还是拿着权杖，另外那一个拿着一只盐瓶子、一只碟子，还有面包，他们像先来的那两个人一样跪拜之后，再把带来的东西放在桌子上，又行过先来的人所行的礼才出去；最后来了两位衣冠华丽的贵族，其中一个拿着一把试味刀，这两个人以极度感恩的态度跪拜一番之后，走到桌子跟前，用面包和盐把桌子擦了一遍，他们都显出万分敬畏的神情，仿佛国王在场一般。”[①]

庄严的准备工作就此结束了。这时候，我们听见那发着回声的长廊里远远地传来一阵吹号的声音，还有一阵模糊的喊声：“给国王让路！快给最圣明的国王陛下让路！”这些声音时时刻刻都被重复着，而且越来越近了，后来军号的声音几乎就在我们面前响起来，同时还有响亮的喊声：“给国王让路！”这时候光彩夺目的队伍出现了，大家排着队，用整齐的步伐从门口走进去。现在再让史官来叙述吧：

“前面走着的是些侍从、男爵、伯爵、嘉德勋章爵士，都是穿得很讲究、没戴帽子的；其次是大法官，他左右有两个侍从，一个拿着国王的节杖，另一个拿着一把装在红鞘里的御剑，鞘上镶着金色的百合花纹，剑梢向上；后面来的是国王本人——他一出现，就有十二支号和许多鼓一齐响起来致敬，表示热烈的欢迎，同时长廊里的人们都在原位起立欢呼，‘上帝保佑国王！’他后面跟着随侍的贵族，左右有他的御前警卫，就是他那五十名侍从卫士，都拿着金色的战斧。”

这一切都是辉煌耀眼、喜气洋洋的。汤姆的脉搏急促起来，眼睛里闪着快乐的光芒。他的举止表现得相当优雅，尤其是因为他并没有想着自己在怎样装模作样，所以就更加自然，因为他这时候看见周围那些赏心悦目的情景，听见那些悦耳的声音，就感到心旷神怡，别的事全不觉得了——并且无论是谁，穿着那种非常合身的美丽衣裳，既然已经有些习惯了，自然就不会显得怎样难看——尤其是当他暂时没有把这个放在心上的时候。汤姆记得他所受过的教导，把他那顶着翎毛的头微微点了一下，表示答谢敬礼，并且还亲切地说了一声：“谢谢你们，善良的臣民。”

他在餐桌前面坐下，并没有脱去帽子；他这么做的时候，丝毫也

① 出自利·亨特的《京城》，这是引用一位古代游览家的话。

不慌张，因为戴着帽子吃饭是王室和康第家里的人唯一一致具有的习惯，以他们对这种习惯的熟习程度而论，这两家原是不相上下的。随侍御驾的人分开了，他们很美观地排列成几组，仍然没戴帽子地站着。

这时候随着悦耳的音乐声，御前侍卫们进来了——“他们是全英国身材最高和最有力气的勇士，本来就是根据这个标准选拔出来的。”——但是我们还是让史官叙述吧：

“御前侍卫们进来了，他们都没戴帽子，穿着大红制服，背上绣着金色的玫瑰花；这些人来回地走着，每一次都端进一份用盘子盛着的菜肴。这些菜肴由一位侍从接过来，他还是照那些人递菜的仪式把一份一份的菜接到手上，放在餐桌上，同时试食官把他所端来的每一道菜分一口给每个卫士尝试，以防有毒。”

汤姆痛痛快快地吃了一顿，不过他老是感觉有成百上千的眼睛望着他把每一口食物送到嘴里，盯着他吃下肚去；即令他吃的东西是一种致命的炸药，足以把他炸得血肉横飞，那也不能引起他们更深切的兴趣吧。他特别注意到要不慌不忙，也同样注意到什么事都不亲自动手，等着那专职的官员跪下来替他做。他一直把这顿饭吃完，总算没有犯什么错误——这是一次完美无瑕的、了不起的成功。

最后御餐完毕，他由那欢快的侍从队列陪伴着走出去的时候，耳朵里充满了响亮的号声、隆隆的鼓声和震耳的欢呼声。于是他觉得他虽然可以说是渡过了当众用饭的难关，但是如果让他受这种考验，就可以使他摆脱国王分内的其他某些更为难的苦事，那就即令叫他每天吃几次这样的苦头，他也是心甘情愿的。

第十七章　疯子一世

迈尔斯·亨顿连忙往伦敦桥靠南市那一头走，一面睁着大眼睛搜寻他所寻找的那几个人，盼望着很快就能赶上他们。但是结果让他大失所望。他东问西问，总算有人指点他在南市跟踪了一段路程，后来就完全找不着踪影了，他简直不知如何是好。但是他在那一天还是拼命地找，一直找到天黑。到了黄昏的时候，他的腿都跑酸了，肚子也饿得要命，而他的愿望仍旧是一场空；于是他在特巴客栈吃了晚饭，就去睡觉，决定第二天清早就动身，再到全城各处去彻底搜寻一番。他躺在床上一面寻思一面盘算的时候，随即就开始这么推想：只要有机会，那孩子一定会从他那真假不明的父亲手里逃掉；他会不会回到伦敦去，找他原来住过的地方呢？不，他不会那么办，他要避免再被人抓住。那么，他究竟会怎么办呢？他从来就没有一个朋友，也没有人保护他，直到后来遇到迈尔斯·亨顿，才算是有了救星，所以他只要是无须冒着危险，再到伦敦去，他当然就会要设法再把这个朋友找到；他会往亨顿府去，那才是他所要采取的办法，因为他知道亨顿正在回家去，他到那儿去也许能把他找到。对，亨顿觉得这件事情有把握了——他决不应该再在南市耽搁工夫，必须立刻穿过肯特郡，向僧人洲前进，一路在森林中搜寻，还要找人探询。现在我们再回来谈谈那失踪的小国王吧。

客栈里的茶房在伦敦桥上看见那个流氓"快要"跟那个年轻人和国王走到一起，但是事实上他并没有当真跟他们走到一起；他只是紧跟在他们后面走。他什么话也没有说，他的左胳臂用挂带吊着，左眼上戴着一块绿色的大眼罩；他稍微有点儿瘸，拄着一根橡木的拐杖。那个年轻人领着国王穿过南市，走了一段曲折的路，不久就走到郊外的大路上了。这时候国王生气了，他说他要在这儿停住——亨顿应该到这儿来见他，不应该让他去找。这样傲慢无礼，他实在受不了，所以他就要在他所在的地方停住。那年轻人说：

“你打算在这儿待着，难道就让你受了伤的朋友躺在那边的树林里不管吗？那也好，随你的便吧。”

国王的态度立刻就改变了。他大声问道：

“受伤了？是谁胆敢把他打伤？不过现在先不管这个吧；再领着我往前走吧，往前走吧！快点儿，小子！你脚上拴着铅锤吗？他受伤了，是不是？哼，即使是一个公爵的儿子干的，我也决不饶他！”

那儿离树林还有一段相当的距离，但是很快就走完了。那年轻人向四周张望了一下，发现地上插着的一根树枝，那上面还拴着一小块碎布片，随后他就引着路走进树林里去，还随时寻找类似的树枝，过一会儿就会发现一根；这些树枝显然是些带路的标志，把他引到他所要去的地方。后来他们终于走到了一片空旷的地方，那儿有一座烧焦了的农庄的遗址，附近还有一个日渐倒塌和衰败的谷仓。四下里毫无生人的踪影，绝对的寂静笼罩着一切。那年轻人走进谷仓里去，国王急切地在后面紧跟着。那儿什么人也没有！国王用惊讶和怀疑的眼光向那年轻人瞥了一下，问道：

“他在什么地方？”

那年轻人的回答只是表示嘲弄的一声大笑。国王马上就大发脾气，他拿起一块木头，正要往那年轻人身上打过去，忽然又听见另外一声嘲弄的大笑。这是那个流氓发出来的，他一直都在远远地跟着。国王转过身去，很生气地说：

“你是谁？你到这里来干什么？”

“别装糊涂了吧，”那个人说，“安静点儿，我的装化得并不算好，你总不能假装认不出你的父亲了吧。”

“你不是我的父亲，我不认识你。我是国王。你如果把我的仆人藏起来了，就给我去把他找来，否则你干了坏事，我一定要叫你吃苦头的。”

约翰·康第用严厉而稳重的声调回答说：

“你分明是疯了，我也不愿意处罚你；可是你要是惹我生气，我就非收拾你不可。你在这儿胡说八道还不要紧，反正没有人听你这些傻话，可是你这张嘴还是要当心才行，不许乱说，免得我们搬了地方之后，惹出是非来。我犯了杀人案，在家里待不下去了——你也不能再待在家里，因为我得要你帮忙才行。我已经改了姓，这是个聪明的办法，改成了霍布斯——约翰·霍布斯，你叫作贾克——千万要记住。好，你快说吧。你母亲在哪儿？你姐姐她们在哪儿？她们都没有上约定的地方来——你知道她们上哪儿去了吗？”

国王绷着脸回答说：

“你不要说这些莫名其妙的话让我伤脑筋吧。我的母亲已经死了，我姐姐她们都在王宫里。”

站在附近的那个年轻人爆发出一阵嘲弄的大笑，国王想要向他扑过去，可是康第——照他自称的姓，就是霍布斯——把他挡住，一面说：

“别笑了，雨果，你别惹他吧。他的神经错乱了，你对他这种态度叫他心烦。你坐下吧，贾克，安静点儿，我还要给你点儿东西吃哩。”

霍布斯和雨果低声交谈起来，国王尽可能远离这两个讨厌的家伙。他躲到谷仓另外一头的阴暗处，发现那儿的土地上铺了一英尺厚的稻草。他就在那上面躺下，扯了一些草盖在身上，代替毯子，随即就专心致志地沉思起来了。他有许多伤心事，但是那些较小的痛苦几乎被忘记了，淹没于最主要的一件伤心事——那就是，他失去了父亲。在世界上其他人的心目中，亨利八世的名字是使人战栗的，它使人联想到一个吃人的恶魔，鼻孔里喷出杀人的毒气，手里干的事无非是给人以灾难和死亡；但是对于这个孩子，他的名字带来的只有愉快的感觉，它所唤起的形象满脸都是温柔和慈爱的神色。他心里回想起他的父亲和他自己之间一连串相亲相爱的往事，很亲切地仔细回味着，他那畅流的眼泪证明他心头萦绕着的悲伤是多么深厚和真切。那天下午渐渐过去的时候，这孩子终于因悲哀而困倦，渐渐地转入宁静而舒适的酣睡了。

过了一段相当长的时间之后——他也说不清是多久了——他的意识勉强挣扎着达到一种半醒状态，于是他闭着眼睛躺着，恍恍惚惚地寻思着他究竟是在什么地方，刚才发生过一些什么事情。这时候他听到了一阵低沉的响声，那就是雨点打在屋顶上的凄凉的声音。他感到一种舒适的滋味浸透全身，但是这种感觉马上又被一阵尖声的嬉笑和粗声的哄笑混合起来的声音打断了。这阵笑声很讨厌地把他惊醒了，于是他把头上盖的稻草揭开了，看看这种扰人的声音是从哪儿来的。一幅可怕和难看的情景映入他的眼帘。谷仓的另一头有一堆熊熊的火正在地面中间燃烧着；火的周围有一群乱七八糟、男女混杂的、衣衫褴褛的流浪汉和歹徒，东歪西倒的和趴在地上的都有；通红的火光把他们照得怪可怕的；这些角色，他在书里和梦中都从来没有见过。他们当中有身材高大、体格壮健的男人，皮肤因风吹日晒而黑黄，披着长头发，穿着稀奇古怪的破烂衣服；也有中等身材、相貌野蛮的青年，穿着相似的衣裳；还有瞎眼的乞丐，眼睛上戴着眼罩，或是扎着绷带；还有瘸腿的，装着木腿或是拄着丁字杖；还有一个相貌凶恶的小贩，带着他贩卖的一包东西；此外还有一个磨刀匠，一个补锅匠，一个剃头匠兼外科医生，各人带着本行的行头；女人当中有一些是还没有完全长大的姑娘，有一些正在青春时期，还有一些是年老的、满脸皱纹的母夜叉，她们个个都是嗓门很大、脸皮很厚、满嘴说下流话的家伙，个个都满身油泥、邋遢不堪；另外还有三个脸上生疮的小娃娃；还有两条饿得很瘦的贱狗，脖子上套着绳子，它们是给瞎子引路的。

黑夜来到了，那一伙人刚刚饱餐完毕，开始狂欢作乐，大家把酒罐子递来递去，喝个不停。大家一齐呼喊：

“唱个歌！蝙蝠和木腿阿三唱个歌吧！”

几个瞎子当中有一个站起来，揭掉他那双好极了的眼睛上蒙着的眼罩，丢开那张写着他的苦难的纸牌子，准备唱歌。木腿阿三把他那条累赘的木腿取下来，用他那条健全的真腿在他那位坏蛋同伴身边站着。然后他们就扯开嗓子唱了一首嘻嘻哈哈的小调，每唱到一节末了的时候，就由全体伙伴齐声欢呼地和唱着。后来唱到了最后一节，大家那种半醉的热情就达到了顶点，于是人人都跟着一起唱，一直从头唱到末尾，那邪恶的高唱声把屋梁都震动了。那一段动人的歌词是这样的：

“再见吧，我们的窝，
不要忘记，遥远的路在我们面前；
再见吧，土地，等待我们的
是树上的领结和不醒的长眠。
我们将在夜里打秋千，
在空中摇摇晃晃；
留下我们那些破旧东西，
冤家将要拿去分赃。”[①]

随后大家就开始谈话，他们并不是用歌词那样的贼帮黑话来谈，他们只有在担心让外人听见的时候，才用黑话交谈。他们在谈话中

① 选自《英国流氓史》。伦敦，1665。

透出了消息，原来“约翰·霍布斯”根本就不是一个刚入伙的生手，而是曾经一度在这一帮里受过训练的角色。大家叫他讲一讲近来的经历，当他说到“偶然”打死了一个人的时候，大家都表示颇为满意；随后他又说明那个人是个神父，于是他就受到全体的喝彩，并且还不得不陪每个人喝一杯酒。老伙计们兴高采烈地欢迎他，新交的朋友们也以能和他握手为荣。人家问他为什么一去那么几个月不回来，他回答说：

“伦敦比乡下好，并且近来这几年还比乡下安全些，因为法律太严厉，而且执行起来又很认真。要不是因为出了那桩事情，我还会在那儿待下去。我本来已经打定了主意要住在伦敦，一辈子也不打算再到乡下来了——可是后来出了这个案子，一切都完了。”

他问现在帮里有多少人。名叫“帮头”的贼帮首领回答说：

“二十五位结结实实的溜门子的、二仙传道的、溜兜儿的、追孙儿的、讨百家饭的，连那些追孙儿的丫头和婆娘还有别的娘儿们都算在内。[①]一多半都在这儿，其余的往东边走，打冬天的起发[②]去了。咱们等天亮就跟上去。”

“我在这儿看见众位老实的弟兄姐妹，可是没有肉疙瘩。他到哪儿去了？”

“可怜的小伙子，他现在啃硫黄去了，对于口味清淡的人来说，实在是太辣了。他今年夏天不知在什么地方跟人家吵架，让人家打死了。”

“这真叫我听了伤心，肉疙瘩是个能干的人，也挺有胆量哩。”

“他就是这样，真的。他的姑娘黑贝西还跟我们在一起，可是她

---

① “溜门子的”是溜进人家里行窃的小偷；“二仙传道的”是两人合伙行窃的贼；“溜兜儿的”是扒手；“追孙儿的”是追随行乞的乞丐；“讨百家饭的”是挨家挨户行乞的乞丐。这些名称都是贼帮和乞丐们自己当中通用的。

② “打起发”是贼话，意思是行乞、行窃或抢劫。

现在不在这儿，跟他们往东去了；她是个好姑娘，态度挺不错，举止也挺温和，从来没有谁看见她常常喝醉，一个礼拜里顶多也不过有四天吧。”

“她向来是挺守规矩的——我还记得很清楚——真是个标致姑娘，很值得夸奖。她母亲比她随便些，没什么特别的，就是个爱吵架的、脾气臭的刁婆娘，可是天生有些鬼聪明，比一般女人强。”

“就因为这个，她把命都送掉了。她因为会相掌，还有些别的算命的本事，后来就出了名，人家都管她叫作巫婆。官家把她抓去，在慢火上把她活活地烤死了。我看见她临死的时候那股勇敢劲儿，实在是感动得很，心里真有些难受——火焰直往上升，烧到她脸上，把她那挺稀的头发都烧着了，围着她那灰白的头烧得噼噼啪啪地响，可是她老是咒她周围张嘴瞪眼看热闹的那些人，冲他们破口大骂——我是说咒骂他们吗？——对，咒骂他们！嘿，你哪怕活上一千岁，也听不见骂得那么在行的。哎，从她死后，她这门本事就绝种了。现在还有些模仿她的，可是都小里小气，太没劲儿，算不上真正的骂功。”

帮头叹了口气，听的人也同情地叹息，一种普遍的沮丧情绪暂时降临这一伙人身上，因为连这些硬心肠的流浪者的感情也并没有完全麻木，他们偶然在特别适当的情况下，就会感觉到一阵昙花一现的哀悼和悲伤——譬如这次，他们惋惜着这样一个既有天才又有素养的角色离开了人间，没有留下后继者的时候，就有这种感触。但是这些哀悼者随后一齐畅饮了一番，很快就把精神恢复过来了。

“咱们的伙伴还有别人遭了殃吗？”霍布斯问道。

“有几个——是呀，特别是新入伙的——譬如那些小庄稼人，他们的地让人家夺掉了，变成了牧羊场，他们就弄得无路可走，只好挨饿。他们到外面讨饭吃，让人家抓来捆在大车后面，从腰带往上都脱得精光，被人拿鞭子抽打，打得皮破血流；然后他们被套上脚枷，又被人拿棍子打，后来他们又当叫花子，又挨鞭子，还让人家割掉一只耳朵；他们第三次又去讨饭吃——可怜的倒霉鬼，他们还有什么别的办法呢？——结果让人家拿烧红的烙铁在脸上烙上记号，卖出去当奴隶；他们逃出来，又让人家抓回去，活活地给绞死。这不过说个大概情形，我也说得挺快。我们这伙里有些人没有这么倒霉。喂，约柯尔、朋斯、霍纪，你们站出来——把你们挂的彩都亮出来看看！”

他们三个就站起来，把他们的破衣服脱掉一部分，露出背来，那上面留下了以前挨打的时候留下的横一道竖一道的鞭痕。他们当中有一个把头发拨开，露出原来有左耳朵的地方；另外有一个露出肩膀上的烙印——是个字母V[①]——和一只残缺不全的耳朵；第三个说：

“我叫约柯尔，以前是种庄稼的，家里的日子本来过得挺好，有亲爱的妻子儿女——现在我的境况和行业都有点儿不同了。老婆和孩子都丢了，也许他们上了天堂，也许到……也许到另外那个地方[②]去了——可是我得谢谢仁慈的上帝，因为他们总算不在英国了！我那好心肠的、无罪的老母亲靠伺候病人赚饭吃；后来有一个病人死了，大夫也不知道是怎么死的，于是人家硬说我母亲是个巫婆，活活地把她烧死；我的孩子们就在旁边看着，哭得要命。哼，英国的法律！——大家都站起来吧，拿起酒杯！——大家一起来，还要欢呼一声！——咱们为这仁慈的英国法律干杯，谢谢它把我母亲从这英国地狱里救出去了！谢谢你们，伙计们，谢谢大家。我到处讨饭，挨家挨户地讨——我和我老婆——还背着挨饿的孩子们——可是饿肚子在英国也算是犯罪——于是他们脱掉我们的衣服，拿鞭子打着我们走过三个城市游街。请你们大家再为这仁慈的英国法律干一杯

① 当时英国实行“圈地法”，把农民弄得没有生路，逼得他们四处流浪，又给他们加上“游荡”的罪名。

② 指地狱。

吧！——因为它的鞭子喝饱了我的玛丽的血，很快就把她从这个地狱里救出去了。她在那儿的烂死岗子里躺下了，谁也不能再伤害她。还有那些孩子呢——法律拿鞭子打着我从这个城市到那个城市游街的时候，他们就饿死了。再喝口酒吧，伙计们——只喝一点儿——为那几个孩子喝一点儿，他们可真是没有碍过谁的事呀。后来我又讨饭——讨点儿残汤剩饭吃，结果就让他们套上脚枷，割掉一只耳朵——瞧，这就是剩下的残根；我又去讨饭，瞧，另外这只耳朵又只剩下这么个残根，让我记着它。可是我还是只好讨饭，后来就让他们卖出去当奴隶——我脸上这块脏地方，我要是洗干净的话，你们就可以看见一个通红的S，这是烙铁给我留下的！奴隶！你们懂得这两个字的意思吧！英国的奴隶呀——这就是你们面前站着的这个人。我从主人那儿逃出来了，我要是让人家逮着的话——哼，咱们英国这个法律定出这么凶的刑罚，真是该遭雷打——我得让人家绞死呀！”

阴沉沉的天空中忽然传来一个爽朗的声音：

“你决不会！——那条法律从今天起就作废了！”

大家都转过头去，看见小国王那古怪有趣的身影急匆匆地走过来；等他在火光中出现，大家看得清清楚楚的时候，就纷纷探询起来：

“这是谁？怎么回事？你是谁呀，小家伙？”

这孩子在大家惊讶和怀疑的眼光之中大大方方地站着，以王室的尊严回答说：

“我是英国的国王爱德华。”

于是大家爆发出一阵疯狂的大笑，这一半是表示嘲笑，一半是表示他们喜欢这个开得很好的玩笑。国王生气了，他严厉地说：

“你们这些无礼的游民，我给你们开这么大的恩典，你们就是这样表示感谢的吗？”

他用愤怒的声音说了一些别的话，还做了一些激动的手势，但是他的话被大家的狂笑声和嘲笑的喊声所淹没了。“约翰·霍布斯”大声嚷了好几次，要叫大家在那一阵喧嚣之中听得见他的话，后来总算达到目的了——他说：

“伙计们，他是我的儿子，是个做大梦的家伙，是个傻瓜，地道的疯子——别理他——他真想着他是国王哪。”

“我的确是国王呀，”爱德华转过脸去对他说，“你迟早有一天会知道，那时候就该你倒霉了。你刚才供出了杀人的罪——那就该处你绞刑。”

“你打算去告我呀！——你？我要是抓着你的话……”

“啧！啧！”魁伟的帮头赶快插嘴，才救了国王。他嘴里帮了忙，一面还伸出拳头，把霍布斯打倒，“你对国王和帮头都不尊敬吗？你要是再在我面前这么无礼，我就要亲手把你绞死。”然后他又对国王陛下说，“孩子，你千万不要吓唬自己的伙伴。你到别处去可得当心你的嘴，别说自己人的坏话。只要你这小疯子高兴当国王的话，那你就当吧，可是你别惹出祸来。你快把刚才说出来的称呼甩开吧——那是犯大逆不道的罪，我们虽然犯了些小小的过错，算是坏人，可是我们当中谁也不会坏到背叛国王呀，我们对国王都是很敬爱、很忠心的。你看我说的是不是真话吧——喂，大家一齐喊：‘大英国王爱德华万岁！’”

“大英国王爱德华万岁！”

响应的呼声从那形形色色的一群人当中像响雷一般发出来，以致那歪歪斜斜的房屋随着这阵喊声震动了。小国王脸上暂时露出了喜色，他微微地点一点头，庄严而简洁地说：

“我谢谢你们，我的善良的臣民。”

这个意外的结果又使大家笑得直不起腰来。等到稍微恢复了几分安静的时候，帮头就一本正经而又带着和善的语调说：

“丢开这一套吧，孩子，这不是个聪明的玩笑，并且还不妥当。

你要是非得异想天开地开开心不可，那也不要紧，可是你得改个称呼才行。”

有一个补锅匠尖声地喊着，提出一个建议：

“疯子一世，傻子国的国王！”

这个称号立刻就受到了欢迎，每个人都扯开嗓子响应，大家吼成了一片：

“傻子国国王疯子一世万岁！”跟着又是一阵怪声喊叫和喝倒彩的声音，还有一阵又一阵打雷似的哄笑。

“把他拥过来，给他戴上王冠！”

“给他穿上御袍！”

“给他权杖！”

“请他登宝座！”

这些喊声之外，还有二十来种别的喊声，都齐喊出来了。几乎在这个遭殃的小可怜虫还没有来得及透一口气的时候，他就被那些人拿一只铁皮盆当作王冠给他戴上了，身上也让他们披上了一条破毯子，算是御袍；他们还把他拥到一只木桶上登了宝座，又把补锅匠的焊烙铁塞到他手里，当作权杖。然后大家一齐围着他跪下，发出一阵讥讽的哭诉声和嘲笑的哀求声，同时还用他们那又脏又破的袖子和围裙擦着眼睛：

“善心的国王啊，请您给我们开恩吧！”

“高贵的陛下啊，请您宽待我们这些哀求的可怜虫吧！”

“可怜可怜您的奴隶吧，请国王赐我们一脚，叫我们痛快痛快吧！”

“请您把仁慈的光辉照在我们身上，让我们高兴高兴、温暖温暖吧！”

“请您把御脚在地上踩一踩，给它沾上点福气，好让我们吃吃土也能变得高贵一点儿吧！”

“陛下啊，请您开恩，在我们身上啐口唾沫，让我们的子子孙孙说起您的恩典，永远都为此感到骄傲、快快活活吧！”

但是那幽默的补锅匠表演了那天晚上最精彩的节目，把荣誉都夺去了。他跪下来，假装着亲吻国王的脚，结果被国王愤怒地踢了一下；他挨了这一脚，就到处找人讨一块布片，要贴在他脸上被国王的脚踢过的地方。他说那块地方一定要好好地保护起来，不让龌龊的空气接触，还说他可以到大路上去到处走，揭开来给别人看，每回收一百个先令，准能发财。他的笑话说得非常有趣，因此他就成了那一群肮脏的歹徒当中最受人羡慕的角色了。

羞耻和愤怒的眼泪从那小国王的眼睛里迸出来了，他心里这么想：“假如我让他们受了很深的冤屈，他们对我也不能比这更狠心呀——可是我答应给他们施个恩，一点儿也没有亏待他们——他们可偏要这么以怨报德！”

第十八章　王子与游民一同流浪

那一队游民在黎明时候起来，随即就出发远行。头上是阴沉的天，脚下是泥泞的地，空中有冬季的寒气。这一群人的快乐情绪完全消失了，有的垂头丧气、不声不响，有的烦躁而易怒，谁也不轻松愉快，大家都觉得口渴。

帮头给了雨果一些简单的指示，就把“贾克”交给雨果负责，并且命令约翰·康第和这孩子离开一点儿，不要惹他；他还警告雨果，不许对这孩子过于粗暴。

过了一会儿，天气渐渐晴朗起来，天上的黑云稍微散了一些。那一群人不再哆嗦了，他们的精神也开始好转。他们越来越愉快，后来就开始互相戏弄，并且还侮辱大路上的过往行人。这就表示他们渐渐从苦闷中开朗起来，重新欣赏生活和其中的快乐了。人家碰见他们这帮家伙就让路，对他们那种下流的侮辱都温顺地忍受着，简直不敢回嘴，这就分明表示人家对他们怀着畏惧心理。有时候他们把篱笆上晾着的麻布东西抢走，主人尽管睁眼望着，也不敢提出抗议，反而好像因为他们没有连篱笆一起拿走而表示感谢似的。

后来他们就侵入了一个小农庄，在那儿毫不客气地让人家招待他们。这个农家的主人和他一家人战战兢兢地把全部食物都拿出来，供给他们一顿早餐。他们从主妇和她的女儿们手里接过食物来的时候，就要顺手摸摸她们的下巴，对她们开些粗鄙的玩笑，还要给她们取些有意侮辱的绰号，一阵一阵地对她们哈哈大笑。他们把骨头和蔬菜往那农人和他的儿子们身上扔，使他们老是东躲西躲，要是打中了，他们就哄堂大笑。最后有一户人家的女儿对他们的调戏表示愤慨，他们就往她头上抹奶油。临别的时候，他们还警告这家人，如果把他们干的事情传出去，让官家知道了，他们就要回来烧掉这所房子，把他们全家人都烧死。

中午的时候，这帮人经过一段艰苦疲劳的长途步行之后，在一个相当大的村子外面的一道篱笆后面停住了。大家休息了一个钟头，然后就向各处分散，从不同的地点进入这个村庄，各自施展他们的绝技。"贾克"被分派和雨果同去。他们东窜西窜地走了一会儿，雨果老在找机会想打个起发，可是毫无结果——于是后来他说：

"我找不到什么可偷的，这个地方真是糟糕，那么咱们只好去讨钱了。"

"'咱们'呀，你真说得好！你去干你这本行吧——这对你很相宜。我可不去讨钱。"

"你不讨钱？"雨果用惊讶的眼光盯着国王，大声喊道，"请问你是什么时候改邪归正的？"

"你这是什么意思？"

"什么意思？你不是一辈子在伦敦街上到处讨钱的吗？"

"我？你这糊涂虫！"

"你别随便骂人——留着多使几回吧。你父亲说你向来是讨钱的，也许是他撒谎，也许是你大着胆子说他撒谎吧。"雨果嘲笑地说。

"是你认为是我父亲的那个家伙吗？是呀，是他撒谎。"

"算了，别把你那假装疯子的把戏耍得太过火吧，伙计；你拿它开开心倒不要紧，可别自找苦吃。我要是把你这句话告诉他，他就非狠狠地收拾你一顿不可。"

"用不着你麻烦，我自己会告诉他。"

"我很喜欢你这种精神，实在是喜欢，可是我不佩服你的见识。咱们过的日子本来就够受了，挨揍的机会多得很，犯不着发神经病，自己再去惹到头上来。别再来这一套了吧，我可是相信你父亲。我并不怀疑他会撒谎，我也不怀疑他有时候是要撒一撒谎，因为我们当中最棒的角色也撒谎哩，可是这桩事情他可用不着撒谎。一个聪明人决不会浪费那么多唇舌而一无所获的。好吧，算了，你既然打算不去讨钱，咱们到底干什么才好呢？去抢人家的厨房怎么样？”

国王很不耐烦地说：

“你不要再说这些胡说八道的话了吧——实在叫我听了讨厌得很！”

雨果也动气地说：

“你听着，伙计。你不肯讨钱，又不肯抢东西，那也好吧。可是我得告诉你非干不可的事儿，我来讨钱，你来装相儿哄人。你要是连这个也不干……看你有没有这个胆子！”

国王正打算用鄙视的口气回答，雨果却打断他说：

“别说话！有个人来了，他的样子还挺和气哩。我现在假装发了急病倒在地上。等那个陌生人冲我这儿跑，你就哭起来，跪在地上，装作掉眼泪的样子；跟着你就大声喊叫，好像所有的倒霉鬼都钻到你肚子里去了似的。你说，‘啊，先生，他是我多灾多难的哥哥，我们现在无亲无友，您看在上帝面上，发点慈悲，对这害病的、没人管的、倒霉透了的可怜虫望一眼吧；把您的钱丢一个便士给这遭天罚的、快死的人吧！’——你可得记住，一直哭一直哭，不把他的钱哄到手就哭个不停，要不然就得叫你吃苦头。”

然后雨果马上就开始呻吟、叫喊，同时还直转眼珠子，身子也摇摇晃晃。那个陌生人快到身边的时候，他就惨叫一声，扑倒在他面前，开始装出剧痛的样子，在灰土中翻来覆去直打滚。

“哎呀，哎呀！”那仁慈的陌生人喊道，“啊，可怜的人，可怜的人，他多么痛苦呀——喂，让我把你扶起来吧。”

“啊，好心的先生，您别扶我，上帝保佑您这位高贵的先生吧——我这个病一发作就不能碰，碰一下就痛得要命。我那兄弟会告诉您，大人，我这个急病发作起来，会把我痛成什么样子。给我一个便士吧，亲爱的先生，您给我一个便士，让我买点儿东西吃吧。别的您不用管，让我自己受罪吧。”

“一个便士！我给你三个吧，你这倒霉的人。”——他急急忙忙地在口袋里摸钱，拿出三个便士来。“好吧，可怜的小伙子，你拿着吧，我很愿意帮你的忙。喂，小孩儿，过来吧，你帮我把你这有病的哥哥扶到那边那个房子里去吧，我们可以在那儿——”

“我不是他的兄弟。”国王打断他的话说。

“什么！不是他的兄弟？”

“啊，听哪！”雨果呻吟着说，随后又暗自咬牙切齿。

“他连他的亲哥哥都不认了——眼看着他一只脚已经进了棺材呀！”

“小孩儿，他要是你的哥哥，你可真是心肠太硬了。真丢人！——他简直连手脚都不大能动了。他要不是你哥哥的话，又是谁呢？”

“叫花子和小偷！他拿到你的钱，还扒了你的口袋哩。你要是愿意开个仙方，把他的病治好的话，那就给他肩膀上揍两棍，别的你就不用管，让老天爷安排吧。”

可是雨果并没有等着人家开那个仙方，他立刻就站起来，一阵风似的跑掉了；那位先生在后面直追，一面跑，一面扯开嗓子拼命地嚷着捉贼。国王因为自己得到脱身的机会，真是说不尽的谢天谢地，于是他就往相反的方向逃跑，直到脱离了危险，才把脚步缓下来。他找到第一条大路，就顺着它走，不久就把那个村子甩在背后了。他尽量迅速地往前赶，一直走了几个钟头，老是提心吊胆地回头看看，以防有人追他，后来他终于摆脱了恐惧心理，取而代之的是一种令人爽快的安全感。这时候他才感觉到肚子饿了，而且也非常疲乏。于是他就在一个农家门前停下来，但是他正待开口说话，就被人一声喝住，很粗鲁地撵走了。原来是他那身衣服对他不利。

他继续向前漂泊，心里又委屈又气愤，决计不再让自己这么受人怠慢了。但是饥饿毕竟控制了自尊心，于是天快黑的时候，他就到另一个农家去碰碰运气，可是这回他比上次碰的钉子更大，人家把他臭骂了一顿，还说他如果不马上走开，就要把他当作游民逮捕起来。

黑夜来到了，天又冷又阴沉，然而那走痛了脚的国王仍旧慢慢地勉强往前走。他不得不继续走，因为他每回坐下来休息休息，马上就觉得寒气透入骨髓。他在那阴森森的一片黑暗和空虚的无边夜色里移动着，一切感觉和经历对他都是新奇的。每过一会儿工夫，他就听见一些声音由远而近，再由他身边飘过，渐渐地低下去，变为寂静无声了。他听不出这些声音究竟是由什么东西发出来的，只见一种形象不定的、飘荡的模糊影子，所以他觉得这一切都有一股妖魔作怪似的、阴森恐怖的意味，这不免使他发抖。他偶尔瞥见一道光闪一闪——总是好像离得很远——几乎是在另一个世界似的；如果他听见一只羊儿身上的叮当声，那也是老远的、模糊不清的；牛群闷沉沉的叫声顺着夜间的风飘到他这里来，总是一阵阵飘过去就听不见了，声调也很凄凉；时而有一只狗像哭诉似的嗥叫声，从那看不见的、广阔无边的田野与森林的上空飘过来。一切的声音都是遥远的，它们使这小国王感觉到一切生命和活动都与他相隔很远，感觉到他自己是孤零零的、举目无亲的，站在一片无边无际的旷野的中心。

这前所未有的经历使他毛骨悚然、惊心动魄，他就在这些恐怖之中，东歪西倒地前进。有时候被头上干树叶子的沙沙响声所惊吓，因为那种响声很像悄悄说话的人声。后来，他忽然看见近处一只铁皮灯笼发出的斑斑点点的灯光。他向后退到阴影里等待着，那只灯笼放在一个谷仓敞开的门口。国王等了一会儿——没有什么响声，也没有人动弹。他静立在那儿，简直冷得要命，那准备招待客人的谷仓又对他诱惑力很大，因此后来他终于不顾一切危险，决定要进去。他迅速地、偷偷地迈步往里走，正当他迈过门槛的时候，就听见后面有人说话。他连忙闪避到谷仓里的一只大桶背后，弯下身去。

两个农家的长工提着灯笼进来了，一面开始工作，一面谈话。他们提着灯笼到处走动的时候，国王就拼命睁开眼睛四处看，发现这个谷仓另一头好像有个不小的牛栏，他就把它的方位打量清楚，预备等到只剩下他一个人的时候，就摸索着上那儿去。他还看清楚了半路上一堆马毯的位置，打算把它们征用一下，给大英国王使用一夜。

过了一会儿，那两个人就做完了他们的工作出去了，他们随手在外面把门扣上，带着灯笼走了。冷得发抖的国王在黑暗中尽量迅速地往那些毯子那边走；他把它们拿起来，然后小心地摸索着到牛栏里去了。他把两条毯子铺在地上当卧铺，然后把剩下的两条盖在身上。这时候他是个很快乐的国王了，虽然毯子又旧又薄，而且不大暖和；不但如此，还发出一种刺鼻的马臭，这种臭味相当强烈，几乎把人熏得透不过气来。

国王又饿又冷，同时他也疲劳不堪，困倦得要命。最后还是疲惫的感觉占了上风，因此，他随即就打起盹来，进入了半醒半睡的状态。后来正当他将要完全失去知觉的时候，却清清楚楚地感到有个什么东西碰到他身上来了！他立刻就完全清醒过来，吓得直喘气。那个东西在黑暗中神秘地碰了他一下，引起了寒冷的恐惧感，这几乎使他的心停止跳动了。他躺着不动，几乎是憋住气息倾听着。但是并没有什么东西动弹，也没有什么声响。他继续倾听。再等了一阵，好像等了一段很长的时间，仍旧没有什么东西动弹，也没有什么声音。因此他终于又一次打起瞌睡来，但是他突然又觉得那个神秘的东西碰了他一下！这个无声的、看不见的东西这样轻轻地碰到他身上，真是可怕，这使得这孩子充满了怕鬼的心理，很不自在。他怎么办才好呢？问题就在这里，可是他不知道怎样回答这个问题。他是否应该离开这个相当舒适的地方，逃避这不可思议的恐怖呢？可是逃到哪儿去？他被关在这个谷仓里，根本就出不去；他想在黑暗中盲目地东奔西窜，但是他被围困在那四面墙当中，又有这个幽灵在他背后跟着，随时都会伸出那软软的、吓死人的手在他脸上或是肩膀上碰一下，这可实在叫他受不了。那么就在原处待着，通宵忍住这种受活罪的滋味——那是否较好呢？不。那么，还有什么办法呢？啊，只有一条路可走，他知道得很清楚——他必须伸出手去，找到那个东西才行！

这事情想想倒是容易，可是他很难壮起胆来试这一下。他三次畏畏缩缩地向黑暗中稍微把手伸出去一点，每次都吓得喘着气突然缩回来——并不是因为他的手碰到了什么东西，而是因为他觉得一定是快要碰到什么了。但是第四次他再往前一点摸了一下，他的手就轻轻地触到了一个又软又温暖的什么东西。这一下几乎把他吓呆了——他当时的心情使他只能想象着那东西是个刚死的、还有些热气的尸体，而不会是别的。他觉得他宁肯死也不愿意再摸它一下了。他起了这个错误的念头，是因为他不懂得人类的好奇心有一种非凡的力量。过了不久，他的手又战战兢兢地摸索起来了——这是违反他的理智、他的心愿的——但是无论如何，他反正还是坚持摸索着。后来他的手碰到了一绺长头发，他打了个冷战；但是他没有停下，而是顺着那绺头发往上摸，结果就摸到了一个什么东西，好像是一根暖和的绳子；再顺着那根绳子往上摸，终于摸到了一头老老实实的小牛！——刚才他摸到的头发根本就不是什么头发，绳子也不是绳子，而是小牛的尾巴。

国王因为一头酣睡的小牛这么个渺小的东西受了那么大的惊，吃了那么大的苦，不免感到由衷的惭愧；但是他其实无须有这种感觉，因为使他恐怖的并不是那头小牛，而是那头小牛所代表的一种根本不存在的东西；在从前那种迷信的年代，随便哪个小孩儿也会和他有同样的举动，并且也会同样吃苦的。

国王不但很高兴地发现那个东西不过是一头小牛，而且还乐得有这头小牛给他做伴，因为他一直都苦于太孤寂和没有朋友，因此现在连这么一个下贱的畜生和他在一起，他也是很欢迎的。何况他从自己的同类那里受了那么大的打击，遭了他们那么无情的虐待，因此他现在觉得自己终于和这么一个生物相处，虽然它也许没有什么高贵的品德，却至少有一颗柔和的心和温顺的脾性，无论如何，总算使他获得了真正的安慰。所以他就决定抛开他的高贵身份，和这头小牛交朋友。

小牛离他很近，他很容易够着它。他一面抚摸着它那光滑而温暖的背，一面想到他还可以利用这头小牛得点别的好处。于是他就把他的卧铺重新安排了一下，紧紧铺在小牛身边，然后他贴着小牛的背睡觉，扯起毯子把他自己和他的朋友都盖起来。过了一两分钟，他就觉得非常温暖而舒适，简直就和他从前在威斯敏斯特王宫里躺在羽绒被褥上一样。

愉快的念头立刻就来了，生命显得较有趣味了。他摆脱了奴役和罪恶的束缚，摆脱了那些下流和野蛮的盗匪；他获得了温暖，获得了栖身之所；总而言之，他快活了。夜间的风刮起来了，一阵一阵地在外面扫过，把这座老谷仓吹得震动起来，嘎啦嘎啦地响，风力时而减退，绕着墙角和突出的地方呜呜咽咽地往远处去了——但是这在国王听来居然都成了音乐，因为他实在是很舒适、很痛快。让它去吹，让它去吼吧，让它去乱轰乱响吧，让它去呜呜地叫、伤心地哭吧。他都不在乎，反而还觉得有趣。他只向他的朋友更加偎紧一点，心里有一股十足的温暖惬意的滋味，随后就满心快乐地飘出了清醒的境界，进入那充满平和安静气氛的睡乡，获得了酣甜无梦的安眠。远处的狗还在嗥叫，丧气的牛还在哀鸣，狂风还在刮个不停，同时还有一阵一阵的暴雨在屋顶上扫过，可是大英国王陛下仍旧睡得很酣，不受搅扰；小牛也是一样，因为它是个老老实实的畜生，既不容易被狂风暴雨所打搅，也不会因为和国王在一起睡觉而不安。

第十九章　王子在农民家里

国王清早醒来的时候，发现一只淋得很湿而又会打主意的老鼠在夜里爬到这里面来，把他的胸口当作舒适的床铺睡着了。现在它受了惊动，就赶快逃跑了。这孩子笑了一下，说："可怜的傻子，为什么要这么害怕？我跟你一样倒霉啊！我自己也是走投无路，要是我也欺负走投无路的，那就未免太可耻了。不但如此，我还得谢谢你给我带来的好兆头，因为一个国王竟然沦落到这种地步，连老鼠都在他身上搭铺，那当然就是说他的运气快要好转，因为他显然不能比这更倒霉了。"

他站起来，走出牛栏，正在这时候，他听见了孩子们的声音。谷仓的门打开了，两个小姑娘走进来。她们一看见他，立刻就停止谈话，也不再笑了；她们停住了脚步，站着不动，怀着强烈的好奇心注视着他；她们随即就开始低声交谈，然后又走近一点，又站住盯着他，低声说话。后来她们终于鼓起勇气，大声地谈论起他来了。有一个说：

"他的脸蛋儿长得不错。"

另外那一个接着说：

"头发也挺漂亮。"

"可是衣服穿得够坏的了。"

"瞧他那样子准是饿得够受了。"

她们再走近一点，很害臊地横着步子围着他转，从各方面仔细打量他，好像他是一种什么新奇的动物一般；但是同时她们的举动很小心而警戒，就像她们有些害怕他可能是一种随时都会咬人的动物似的。最后她们还是在他面前站住，互相拉着手，做防御的准备，一面用她们那两双天真的眼睛把他仔细地看个心满意足；然后她们当中有一个鼓足了勇气，直截了当地探询道：

“小孩儿，你是谁？”

“我是国王。”这孩子庄重地回答。

那两个女孩子稍微露出了一点吃惊的神情，她们把眼睛睁得很大，这样持续了半分钟，没有作声。后来还是好奇心打破了沉默：

“国王？什么国王？”

“英国的国王。”

那两个孩子互相望了一下——然后又望着他——然后又互相望着——又怀疑，又慌张——然后有一个说：

“你听见他说的吗，玛吉丽？——他说他是国王哩。这话靠得住吗？”

“这怎能靠不住呢，普丽西？他还会说谎吗？你听我说吧，普丽西，这话要是靠不住，那就是他撒谎。当然不是撒谎喽。你想想吧。因为凡是靠不住的话都是谎话——你反正想不出别的道理来。”

这个道理说得很好，很严密，完全没有漏洞，普丽西本来半信半疑，现在感觉站不住脚了。她想了一会儿，然后说了一句简单的话，就叫国王说了真话：

“你要真是国王，那我就相信你。”

“我真是国王。”

这就把问题解决了。她们再也没有盘问，没有争论，就承认了他的国王身份；那两个小姑娘马上就开始问他怎么会上这儿来的，怎么会穿得这么不像个国王的样子，问他打算上哪儿去，还问了他许多别的事情。他现在可以痛痛快快地把他的不幸遭遇说出来，不致被人嘲笑，也没有谁怀疑，这使他觉得快慰，于是他就很激动地叙述他的故事，暂时甚至连饥饿都忘记了。那两个好心的小姑娘听了他的话，表示了非常深切和真挚的同情。但是后来他说到最近的遭遇，她们听说他已经很久没有吃过东西，就马上止住他的话，赶快叫他到她们家里去，弄一顿早餐给他吃。

现在国王很高兴、很快活了，他心里想："等我恢复了原来的地位，我一定要时常尊重儿童，记住这两个孩子怎样在我遭难的时候信任我，相信我的话；而他们那些年纪大的、自以为比小孩子聪明的人却拿我开玩笑，把我当作一个撒谎的人。"

那两个小姑娘的母亲很慈祥地接待了国王，对他非常怜恤，因为他那流落的情况和那似乎是神经错乱的头脑感动了她那温柔的心。她是个寡妇，家里相当穷，因此她遭到过不少的苦难，对不幸的人很是同情。她猜想这个疯癫的孩子大概是从他的亲人或是监护人那里跑出来了：于是她就极力想要问清楚，他究竟是从什么地方来的，为的是她好设法把他送回去；但是她提到附近的市镇和村庄，还在这方面问了许多话，完全没有结果——这孩子的神色和他的回答也表示她所谈的事情都是他所不熟悉的。他热心而自然地谈到宫廷里的事情；并且当他谈到他那已故的"父王"的时候，还不止一次痛哭起来；每逢话题转到比较鄙俗的事情，他马上就失去兴趣，一声不吭了。

这妇人困惑不已，但是她还是不肯马虎了事。她在做饭的时候，一面想些主意，要出其不意地引着这孩子把他的真正秘密泄露出来。她谈到牛——他表示漠不关心；又谈到羊——结果还是一样——足见她猜想他原先是个牧童是弄错了。她又谈到磨坊，谈到织布匠、补锅匠、铁匠等各行各业的人；又谈到疯人院、监狱和收容所；可是说来说去，她通通都扑了个空。不过也不算完全白费精神，因为她认为那许多事情都谈过了之后，她总算缩小了范围，只剩下家庭的仆人没有谈到了。不错，她知道现在终于把猜测的方向找对了——他一定是给谁家当过用人。于是她就把话题引到那上面去，但是结果又使她失望了。关于扫地的话似乎使他厌烦，生火也没有能够使他动心，擦地板和洗刷的工作也引不起他的兴趣。然后这位主妇以近于绝望的心情谈到烹调的问题，这就只是形式上的谈话了。谁知出乎她的意料，而且使她非常高兴的是，国王脸上立刻就喜形于色了！哈，她心里想，她终于把他的底细追查出来了，她对于自己达到这个目的所用的迂回的妙计和机智是感到非常得意的。

这时候她那疲惫的唇舌获得了休息的机会，因为国王让饥饿熬得难受，又闻到砂锅和炒锅里喷出来的香味，一听谈到吃的问题，就兴致大增，于是他就打开了话匣子，滔滔不绝地谈了一大套，说出了一些美味的菜，因此只过了三分钟的工夫，那妇人就在心里这么想："果然我猜对了——他原来是给人家厨房里打过杂的！"后来他又说了许多菜的名称，并且谈得津津有味，劲头十足；于是这位主妇又想道："我的天哪！他怎么会知道这么多样的菜，并且还都是讲究的呀？只有富贵人家的席上才会摆这些菜哩。啊，我明白了！他虽然是个穿得破破烂烂的流浪儿，从前他没有发疯的时候，准是在王宫里当过差；对，他一定在国王本人的厨房里帮过忙！我得试他一下看。"

她急于要证明她的聪明，于是就吩咐国王替她照应一下做菜的事——暗示他只要愿意的话，还可以另外多做一两样菜——然后她就走出去，还给她那两个女儿打了个招呼，叫她们也跟着出去。国王嘟哝着说：

"古时候，另外有一个英国国王也让人家吩咐着干过这种事情——艾尔弗雷德大帝[①]不嫌下贱，干过这种事情，现在叫我来干，也就不算有损我的尊严。不过我要尽力比他做得好一点儿，因为他让饼子烧煳了。"

---

① 艾尔弗雷德大帝（Alfred the Great, 849—899），英国国王。他有一次被丹麦人打败了，逃到一个农民家里，主妇不知道他是国王，叫他照应火上烤着的饼子，但是他因为一心想着战事，结果让饼子煳了，被人撵走。

他的意图是很好的，但是做起来并不如愿。这位国王也跟从前那一位一样，不久就陷入沉思，一心想着大事，结果就发生了同样的不幸——锅里的菜烧坏了。幸亏那妇人回来得正是时候，挽救了那顿早餐，没有让它完全毁掉。她马上就把国王痛痛快快地骂了一顿，使他从梦想中清醒过来。随后她一看国王因为他把她所吩咐的事情弄糟了非常难过，她也就立刻缓和下来，对他非常和蔼、非常慈祥了。

这孩子心满意足地饱餐了一顿，精神就大大地振作起来，心情也轻松愉快了。这一顿饭有一个稀奇的特点，那就是双方都没有计较身份，可是双方都受了这番盛情而自己根本就不知道。那位主妇本来打算拿些残汤剩菜招待这个流浪儿，叫他到一个角落里去吃，就像她对其他任何一个流浪汉或是一只狗那样；但是她因为刚才骂了他一顿，心里很懊悔，所以她就尽量设法补偿一下，结果就让他跟她一家人坐在一起，和她们这些比他体面的人一同吃饭，表面上算是跟她们平等。国王这方面却因为这家人对他那么好，他偏辜负了别人的信任，觉得很懊悔，于是他就叫自己勉强降格，和这家人处于平等地位，借此弥补那个过失，而不独自占据人家的餐桌，摆出他的出身和尊严所应享的排场，叫那妇人和她的女儿们站在旁边伺候他。有时候少讲点儿规矩，对我们总是有好处的。这个好心的女人暗自称赞自己那么宽厚地降低身份，优待一个流浪儿，因此一整天都很快活；国王也因为自己对一个卑微的农家妇女那么谦虚，而感到同样的自鸣得意。

吃完早饭之后，这位主妇就吩咐国王洗盘子。这个命令使国王为难了一会儿，他几乎要拒绝了，可是他随即这么想："艾尔弗雷德大帝替人家守过饼子，要是叫他洗盘子的话，他当然也会干——那么我也来试试看吧。"

他洗得很糟糕，这是出乎他意料的，因为他原以为洗洗木头调羹和木头盘子是很容易的哩。谁知这个活儿很讨厌、很麻烦，可是他终于把它做完了。这时候他就渐渐有些着急，想要离开这里，再往前走；可是他要摆脱这个会打算盘的主妇，并没有这么容易。她又给了他一些零星工作，他都规规矩矩替她做了，而且做得相当好。随后她又叫他和那两个小姑娘削几个冬季的苹果，但是他对这个工作干得很笨拙，于是她又拿一把菜刀叫他去磨，后来她又叫他梳了很久的羊毛。他觉得像他目前这种了不起的卧薪尝胆的精神，已经大大地赛过了艾尔弗雷德大帝，将来在故事书里和历史书里可以传为美谈，因此他也就有点儿想要告辞了。后来刚刚吃了午饭，这位主妇叫他把一筐小猫拿去淹死，他就当真告辞了。至少他是打算要告辞——他觉得他老帮那个女人做事，总得有个止境；现在趁着淹小猫的机会就此撒手，似乎是很妥当的——可是正在这时候，偏巧又出了岔子。打岔的是约翰·康第——背上还扛着小贩的包袱——还有雨果！

这两个坏蛋还没有来得及看见国王，他就发现他们走近前门了；于是他就没有提告辞的事，赶快提起那一筐小猫，悄悄地从后面跑出去，一声不响。他把那些小畜生放在外面一个小屋里，急急忙忙地钻到后面一条狭窄的巷子里去了。

第二十章　王子与隐士

那道很高的篱笆挡住了他的视线，使他看不见那个人家了，于是他在一阵极度的恐惧的驱使之下，使尽了所有的气力，飞快地向远处一个树林跑过去。他一直不敢往回看，后来他差不多获得了森林的掩蔽，才回过头去，一眼就看见老远有两个人影。那就足够了，他没有等着仔细打量他们，就赶快往前跑，一直跑进了树林中光线微弱的深处，才把脚步放慢了一些。这时候他相信自己已经相当安全，于是就站住了。他凝神静听，但是林中一片深沉而严肃的寂静——阴森森的，四处都是一样，令人感到压抑。没过很久的工夫，他那紧张的耳朵又听见一些声音，可是都很遥远、空虚而神秘，以致好像并不是真正的声音，而是死人的鬼魂在呻吟和抱怨。这些声音比它们所打破的沉寂显得更加可怕。

起初他打算就在他所在的地方待着，度过那一天剩余的时间，但是不久就有一阵寒气侵袭他那冒汗的身体，他终于不得不恢复活动，借此获得温暖。他径直穿过森林，希望马上就可以走到一条大路上，可是他失望了。他继续往前走了又走，但是他越往前走，树林就显然越是稠密，后来光线开始暗淡下来，国王发现夜晚渐渐临近了。他想到要在这么一个可怕的地方过夜，就不禁打了个冷战；于是他就极力要再跑快一点，结果反而减低了速度，因为此时他已经不大看得清楚，迈步都迈不准了；结果总是让树根绊倒，让葛藤缠住，让荆棘挂住，很难走动了。

后来他终于瞥见一道亮光，多么高兴啊！他小心翼翼地走近，随时都向四周张望一下，仔细听一听，那道光线是从小棚子开着的一扇没有装玻璃的窗户里射出来的。这时候他听见一个声音，打算跑开藏起来，但是他立刻就改变了主意，因为那个声音显然是在祈祷。他悄悄地溜到那个棚子的一扇窗户外面，踮起脚尖来，偷偷地往里面瞟了一眼。那间屋子是很小的；地面是天然的泥土，被踩得很结实；屋角里有一个铺着灯芯草的卧铺和一两条破烂的毯子；附近有一只水桶、一只杯子、一只盆子、两三只罐子和炒菜的锅；还有一条短短的条凳和一张三条腿的凳子；炉灶里还有一堆柴火的残烬在冒烟；在一个只点一支蜡烛照明的神龛前面，跪着一个年老的人，他身旁有一只旧木箱，上面摆着一本书和一颗人头骨。这个人身材高大，体形瘦削；他的头发和络腮胡子都很长，而且是雪白的；他穿着一件羊皮长袍，从脖子一直垂到脚跟。

"这是个圣洁的隐士！"国王心里想道，"我现在真是幸运啊。"

隐士站起来，国王敲了敲门。一个深沉的声音回答说：

"请进！但是你要把罪恶留在背后，因为你将立足的地方是圣洁的！"

国王走进门去就站住了。隐士把一双炯炯发光、惴惴不安的眼睛转过来望着他，说：

"你是谁？"

"我是国王。"回答的声音是沉着而单纯的。

"欢迎，国王！"隐士很热心地喊道，然后他兴奋地忙活了一阵，一面老在说，"欢迎，欢迎。"他把条凳摆好，请国王在上面坐着，靠近炉灶，又往火里扔了几捆柴，最后就兴奋地迈着大步来回走着。

"欢迎！有许多人到这个圣地来求得保佑，但是他们都不配，结果全让我赶走了。一个国王不惜抛弃王位，轻视国王那种无谓的豪华，身上穿起破衣服来，决心要把一生献身于圣洁的生活，让肉体受罪，禁欲修行，这样的人是可贵的、受欢迎的！——我决定让他在这里终身安居，一直到死为止。”国王连忙想要打断他的话，加以解释，但是隐士根本不理睬他——显然是没有听见他的话，只顾继续说他那一套，而且把声音提得很高，越说越起劲。“你在这里一定能安然无事。上帝既然感动了你，使你放弃了那种空虚而愚蠢的生活，就不会有人找得到你的避难之所，恳求你回去再过那种日子。你可以在这里祈祷；你可以研究《圣经》；你可以冥想人间的愚行和虚妄之事和来世的崇高极致的生活；你可以用干面包皮和野菜充饥，每天拿鞭子抽打你的身体，使灵魂纯洁。你可以穿一件粗毛贴身衬衣；你可以只喝白水；你一定能获得安宁；是的，十足的安宁，因为无论谁来找你，都会扑个空回去；决不让他找着你，决不让他伤害你。”

这位老人继续走来走去，他停止了高声谈话，开始低语。国王趁着这个机会，申述他的遭遇；他滔滔不绝地说着，因为不安和恐惧，说得很激动。但是隐士继续喃喃低语，根本不理睬国王的话。后来他一面低语，一面走近国王身边，用动人的声调说：

“嘘！我告诉你一个秘密！”他弯下腰去正想说出这个秘密，又控制住了自己，做出静听的姿势。过了一两分钟之后，他就踮着脚尖走到窗口，把头伸出去，向一片朦胧中悄悄张望了一会儿，然后又踮着脚尖走回来，把他的脸紧靠着国王的脸，低声说道：

“我是个大天使呀！”

国王猛然惊动了一下，心里想道：“我宁肯请上帝让我再跟那些歹徒在一起；糟糕，我现在成了一个疯子的俘虏了！”他的恐惧心理更加厉害了，并在脸上分明显露了出来。隐士用低沉而激动的声音继续说：

“我看出你感觉到我这里的境界了！你脸上有敬畏的神色！无论谁到了这个境界，都不免受这种影响，因为这就是天堂的境界。我只要一眨眼的工夫，就可以到天上去一趟又回来。我就是在这个地方被封为大天使的，那是五年前的事，上帝派来了一些天使，特地授予这个神圣的封号给我。天使们到了这里，就使这个地方充满了耀眼的光辉。他们向我跪下了，国王！真的，他们向我跪下了！因为我比他们更伟大。我在天堂的神殿里走过，还跟圣祖们谈过话。你摸摸我的手吧——不要怕——摸一摸吧。好了——现在你摸过亚伯拉罕、以撒和雅各[①]所握过的手！我在黄金的神殿里走过，亲眼见过上帝！”他停了一会儿，故意使他的话更加有力；然后他的脸色忽然变了，他又走动起来，一面愤怒地使劲说，“是的，我是个大天使，不过是个大天使而已！——我本来是该当教皇的人！这是千真万确的。二十年前，我在梦中从天上听到这么说的；啊，真的，我本是可以当教皇的！——我应该当教皇，因为这是上帝说过的——但是国王解散了我的教会，结果我这可怜的、无名的修道士就被弄得无依无靠，被抛弃到冷酷的尘世，无家可归，还被剥夺了那非凡的天运！”于是他又开始叽里咕噜地抱怨，还用拳头捶击额部，枉自大发脾气，时而发出一句恶毒的诅咒，时而又很感伤地说，“因此我就不过成了个大天使——我这本来该当教皇的人！”

他这么持续说了一小时，那可怜的小国王只好坐着受罪。后来这老人的狂怒消失了，变得非常和蔼，声调也温和了。他离开了幻想的境界，开始说些平常的、富有人情的闲话，说得非常亲切自然，因此他很快就完全获得国王的好感了。这年老的忠实教徒把那孩子移到离火更近的地方，使他更舒服一些；他用他那灵巧而慈祥的手治好他身上那些跌伤和擦伤的小地方，然后就动手预备晚餐——他一面不断地闲谈着，偶尔还伸手摸一摸这孩子的脸，或是拍一拍他的头，他表现出一种非常慈爱而亲切的态度。于是片刻之间，国王被那位大天使所引起的恐惧和反感，都变为他对这个老人的尊敬和亲

① 亚伯拉罕、以撒是希伯来人的先辈，即上文所说的“圣祖”。雅各是以撒的儿子。

切的感情了。

他们两人吃晚饭的时候，这种愉快的情况还在继续着。后来隐士在神龛前面做过祈祷之后，就把这孩子送到隔壁的一间屋子里去睡觉，替他把被子盖好。他那种慈爱的态度，简直像做母亲的一样；他跟这孩子亲吻了一下才离开，回到炉火旁边坐下，心不在焉、毫无目的地拨弄着燃烧着的柴火。过了一会儿，他就住手了；随后他用手指在脑门子上轻轻敲了几次，好像是要回想一件忘记了的事情。显然他是想不起来了。后来他忽然一下子跳起来，走进他的客人那间屋子里去，说：

“你是国王吗？”

“是的。”国王用困倦的声音说。

“哪个国家的国王？”

“英国的。”

“英国的。那么亨利死了！”

“哎呀，是的。我就是他的儿子。”

一种凶恶的神色浮现在隐士的脸上，复仇的决心使他使劲捏紧他那双瘦削的手。他站了一会儿，急促地喘着气，一连吞了几次口水，然后才用沙哑的声音说：

“你知道就是他把我们赶出来，使我们流落到外面、无家可归吗？”

没有回答。老人弯下腰去，仔细看了看那孩子安详的面孔，听了听他那平静的呼吸，“他睡着了——睡得很酣哩。”他脸上的凶相消失了，换了一副恶毒的快意的表情。一阵微笑在这梦中的孩子脸上掠过。隐士嘟哝着说：“哼，他心里倒还快活哩。”然后他就走开了。他在屋里悄悄地东走西走，到处寻找一件什么东西；他随时停下来听一听，随时摇着头四处张望，迅速地往床上瞟一眼；他老是咕噜咕噜地自言自语。后来他终于找到了他所需要的东西——一把锈了的屠刀和一块磨刀石。然后他悄悄地溜回他原先坐的地方，坐下来轻轻地在石头上磨那把刀，嘴里仍旧是喃喃自语，一阵一阵地说些愤激的话。风在这孤寂的地方周围叹息着，夜间的神秘声音从远处飘荡过来。大胆的田鼠和耗子从裂缝里和隐伏的地方伸出头来，用它们那闪亮的眼睛偷偷地望着这老人，但是他只顾全神贯注地继续工作，对这些事丝毫也没有注意。

每隔一段很长的时间，他就用大拇指摸一摸刀刃，然后很满意地点点头。“磨快一些了，”他说，“是的，磨快一些了。”

时间很快地过去了，他也没有注意，只顾安安静静地继续工作，对自己心里的想法感到快意，还偶尔用清清楚楚的话说出他的心事来：

“他的父亲害苦了我们，把我们毁了——现在他下地狱去遭火烧了！是的，下地狱去遭火烧！他从我们手里逃掉了——但这是上帝的旨意，是呀，这是上帝的旨意，我们决不能抱怨；可是他逃不了地狱里永恒的火，是的，他逃不了永恒的火，那种火是烧得很惨的，毫不留情，毫不慈悲——那种火是永远烧着的！”

他就是这样工作着，他把刀磨了又磨，一面嘟哝着——有时候还发出一阵低声的嘎嘎的狞笑——有时候又突然把心里的话说出来：

“这些事都是他的父亲干的。我只当了个大天使——要不是因为他的话，我就当教皇了！”

国王动了一下。隐士悄悄地跳到床边，跪在地上，弯着身子在那伏卧着的躯体上举起刀来。那孩子又动了一下，他的眼睛睁开了一会儿，但是并没有视觉，什么也没有看见，他随即就恢复了平静的呼吸，表示他又睡得很酣了。

隐士守候和倾听了一会儿，仍旧保持着原来的姿势，几乎停止了呼吸；然后他慢慢地把胳臂放下来，随即又悄悄地溜开，一面说：

“现在早就过了半夜了——万一他嚷起来，碰巧有人路过这里，那可就不太好哩。”

他悄悄地在他这小屋子里溜来溜去，东捡一块破布，西捡一根皮条，再到别处捡一点儿；然后他又回到床边，很小心地、轻轻地把国王那两只脚的脚踝捆在一起，并没有惊醒他。接着他就打算捆上这孩子那两只手腕子；他几次设法把这孩子的双手交叉起来，可是正当他要拿绳子去捆的时候，这孩子老是一会儿抽开这只手，一会儿又抽开那只手；后来这位大天使几乎绝望了，偏巧这孩子又自动把双手交叉起来，于是他马上将它们捆起来了。大天使又把一条绷带兜在这睡着的孩子下巴底下，再绕到头上来，使劲拴上——他轻轻地、慢慢地把结打好，动作很灵活，结打得很紧，而这孩子睡得很安静，始终没有动弹一下。

第二十一章　亨顿救驾

这老人又弯着腰像只猫似的悄悄地溜开，把矮凳子搬过来。他坐在那上面，身子有一半在那暗淡的、跳动的光线里，有一半在阴影中；他把那双渴望的眼睛低下去望着那酣睡的孩子，耐心地守候着，完全没有注意时间的消逝；他轻轻地磨着刀，一面喃喃自语，一面狞笑着；他那神情和姿态活像一只巨大的灰色蜘蛛，心满意足地望着他的网里那一只倒霉的昆虫。

这老人一直在瞪着眼睛望着——但是他看不见什么，因为他的心专注在一个梦想的境界中了——后来过了很久，他猛然看见这孩子的眼睛是睁开的——睁得很大，并且还直瞪着哩！——恐怖得要命地瞪着那把刀。老人脸上露出一阵微笑，像一个满心欢喜的魔鬼似的，他既不改变姿势，也不移动位置，问那孩子说：

"亨利八世的儿子，你做过祷告了吗？"

这孩子想挣脱他的束缚但徒劳无功，同时从那被堵住的嘴里勉强发出一点闷住的声音，隐士就把这个声音当作这孩子对他的问题所做的正面回答。

"那么你再祷告一回吧，为临死的祷告者祈祷吧！"

一阵冷战震动这孩子的全身，他吓得脸色也惨白了。随后他又极力挣扎，想把自己解脱出来——他东转西扭地翻腾着；疯狂地、猛烈地、拼命地拉，企图挣断手脚上捆着的东西——但是枉然；同时那个老妖怪始终望着他狞笑，一面还点点头，安然地磨着刀，不时嘟哝着说："时间很宝贵哩，现在没有多久了，宝贵得很——快为临死的祷告者再祈祷一次吧！”

那孩子发出一声绝望的呻吟，停止了挣扎，只是喘气。然后眼泪流出来了，一颗一颗地顺着脸往下滴；但是这幅凄惨的情景并没有对这个野蛮的老人产生使他心软的效果。

这时候黎明来到了；隐士看出了这点，很凶恶地大声嚷起来，声音里还带着几分紧张不安的意味：

“我不能再贪图享受这种得意忘形的心情了！黑夜已经过去了。好像一会儿工夫就过去了似的——简直就像是只过了一会儿；这一夜要是能拖到一年多好啊！教会摧残者的孽种，闭上你那双临终的眼睛，你要是怕看着……”

其余的话就变成了含糊不清的嘟哝声，听不见了。这老人又跪下去，手里拿着刀，向那呻吟的孩子身上弯下腰去——

听！小木屋附近有些人说话的声音——隐士手里的刀掉落了，他把一件羊皮袄盖在那孩子身上，战战兢兢地站起来。外面的声响更大了，说话的声音随即变得粗鲁而愤怒；然后又有打斗的声音和求救声；跟着就是一阵逃跑的急促的脚步声。屋门上立刻就有一连串震耳的敲击声响起来，跟着还有人喊道：

“喂！开门！赶快开门，赶快赶快呀！”

啊，这可是最可喜的声音，国王耳朵里听到过的最悦耳的音乐也赛不过这个：因为这是迈尔斯·亨顿的声音！

隐士枉自生气，咬牙切齿地从卧室里迅速地走出去，随手把门关上了；随即国王就听见“小教堂”里传来这么一段谈话：

“向您致敬，敬爱的神父！那孩子在哪儿？——我那个孩子？”

“什么孩子，朋友？”

“什么孩子！请你别说谎，神父先生，不用哄我！——我不爱听这一套。在这附近，我抓住了那两个流氓，我猜孩子就是他们从我那儿偷去的，所以我就叫他们供出来。他们说他又跑掉了，他们跟着他的脚印找他，一直追到你这门口。他们连他的脚印都指给我看了，现在你别说废话哄人了吧。告诉你，神父先生，你要是不把他交出来，那我就……那孩子在哪儿？”

“啊，好先生，大概您是说在这里住了一夜的那个穿得破破烂烂的王室流浪儿吧。如果像您这样的人物关心他那种孩子的话，那么，我告诉您吧，我派他出去做点儿小事情去了，他不久就会回来。”

“要多久？要多久？快说，别耽搁工夫——我追得上他吗？他得多大工夫回来？”

“您不用动，他很快就会回来。”

“那么就这样吧。我等一等看。可是别忙！你派他出去干点儿小事情呀？——你！不消说，这准是撒谎——他不会去的，你要是对他这么无礼，他就会把你那几根老胡子拽掉。你撒谎了朋友，你一定是撒谎了！他不会为你去跑腿，随便什么人叫他去，他也不会干。”

“随便什么人哪——对，他不会干，或许不会干；不过我并不是个人哪。”

“怎么！那么你究竟是什么？”

“这是个秘密——你千万不要说出去。我是个大天使！”

迈尔斯·亨顿突然惊叫了一声——并不怎么恭敬——接着就说：

“这倒实在是可以说明他为什么这么听话！我的确知道他决不肯动一动手脚，伺候凡人；可是天哪，大天使发出的命令，那就连国王也非遵守不行了！让我——嘘！那是什么声音？”

他们谈话的时候，国王始终在隔壁，一会儿吓得发抖，一会儿又因为怀着希望而颤动。他一直都在使尽全副气力，发出痛苦的呻吟，希望能传到亨顿耳朵里；可是他总是很悲痛地发觉他的声音没有被亨顿听见，至少是没有引起亨顿的注意。所以后来他终于听见他的仆人说了那么一句话，就好像是一阵令人振奋的清风，从生气勃勃的原野吹到了一个垂死的人身上一般。于是他又使尽全副精力，拼命喊了一声，恰好这时候隐士正在说：

“声音？我只听见风在吹。”

“也许是风声。对，一定是。我一直都听见这个声音模模糊糊的——又在响哪！那不是风！这声音真奇怪！喂，我们得把它弄清楚！”

这时候国王的欢喜几乎是叫他受不了了。他那疲乏的肺部鼓足了使劲——而且是满怀希望——但是他的嘴被堵住了，身上盖的那件羊皮袄又把他闷住，这就使他的喊声不响。随后这可怜虫听见隐士说出下面这两句话，他就灰心丧气了：

“啊，那是外面来的声音——我想是从那边的矮树林子里来的。走，我来领路吧。”

国王听见那两个人谈着话往外走，又听见他们的脚步声很快就走得老远，终于听不见了——于是就只剩下他一个人，四周是一片不祥的、阴森可怕的沉寂。

等他再听见脚步声和说话的声音过来的时候，就好像是熬过好久了——这次他听见另外有一种声音——显然是咔嗒咔嗒的蹄声。然后他听见亨顿说：

“我不在这儿等了，我也不能再等了。他准是在这个密树林里走迷了路。他往哪一边走的？快说——指给我看吧。”

“他——你等一等，我陪你去。”

“好吧——好吧！嘿，您实在比您的外表还要好哪。真是，我觉得再没有哪个大天使有您这么好的心肠了。您骑牲口吗？愿意骑我给那孩子预备的小驴呢，还是愿意把您那两条尊腿跨上我给自己预备的这头坏脾气的骡子呢？——我上当了，哪怕我花的钱只有借一个铜板给一个失业的补锅匠所得的月利那么少，那也不值得。”

“不——你骑上你的骡子，牵着小驴走吧；我走路还稳当一点儿，我宁肯走。”

"那么，请您帮帮忙，替我招呼这只小畜生，让我来好好试试，看我能不能骑上这个大家伙。"

随后就听见一阵乱踢乱蹦、东踩西跳的声音，还夹杂着一连串响亮的咒骂声。最后，那头骡子挨了一顿狠揍，准是吓掉了魂，因为之后它就停止反抗了。

那被捆着的小国王听见人声和脚步声渐渐远去，终于听不见了，他真是说不出的难受。这下他觉得一切希望都完了，一阵沉重的绝望笼罩在他心头。"我的唯一的朋友受了骗，被带走了，"他心里想，"隐士会回来，他要——"他想到这里，就急得喘了一口气；于是又拼命地挣扎，要想挣脱他的束缚，结果他终于把那件闷人的羊皮袄甩开了。

这时候他听见门开了！这个声音把他吓得连骨髓都冷透了——他好像已经觉得刀子放在他嗓子上了。恐惧使他闭上了眼睛，恐惧又使他把眼睛睁开——谁知站在他眼前的却是约翰·康第和雨果！

假如他的嘴没有被堵住的话，他一定会喊一声："谢天谢地！"

一两分钟之后，他的四肢就被松开了，捉他的那两个人每人抓住他的一只胳臂，带着他飞快地从森林中钻出去了。

第二十二章　诡计下的牺牲者

国王“疯子一世”又和那些游民和歹徒一起流浪了，他成了他们那粗鄙的戏谑和无聊的讥讽对象；有时候帮头不在场，他还得遭康第和雨果一些小小的欺负。真正讨厌他的，除了康第和雨果以外就没有别人。其他的人有些很喜欢他，大家都佩服他的勇敢和气魄。国王是被指定归雨果管的，在起初那两三天里，这家伙尽量在暗中设法使这孩子不舒服。一到夜里，在照例举行狂饮会的时候，他就给国王一些小小的侮辱，借此给大家开心——老是装作偶然不小心的样子。有两次他踩着国王的脚趾——都是“偶然”的。国王鉴于自己的王室身份，不屑于跟他计较，就很轻蔑地装作不知道，故意不予理会；但是雨果第三次再用这个方法来逗乐的时候，国王就拿一根棍子把他打倒在地，引得那一窝人都非常高兴。雨果又羞又恼，气得要命，一下跳起来，拿起一根棍子，暴怒地向他这个小对手扑过来。大家立刻就围着这两个角斗者站成一个圆圈，开始打赌和喝彩。但是可怜的雨果简直没有占到上风。他那疯狂而拙笨的学徒本领遇到了一个毫不含糊的对手，那是曾经由欧洲那些精于单手棍、六英尺棒对打以及各种剑术和花样的第一流名师训练过的，因此他那点儿本事简直就使不出来。小国王机警而又潇洒自如地站着，轻松而准确地把那雨点般打来的棍子挡开，使那些乌七八糟的旁观者敬佩得发狂。他那颇有经验的眼睛时而发现一个空子，就趁机像闪电似的在雨果头上敲一棒，于是一阵风暴般的喝彩和狂笑就扫遍全场，听起来真是了不起。打了十五分钟之后，雨果已经被打得不成样子，浑身是伤，而且无情的嘲笑又向他集中轰击，他就这样从战场上败退下来了。而这场战斗中那位毫发无伤的英雄则被那一群欢天喜地的歹徒举起来，从他们的肩膀上抬到帮头身边的荣誉席位上，并且在那里举行了一个盛大的仪式，封他为“斗鸡王”；同时还郑重其事地把他原先那个不大体面的头衔正式取消了；这个帮里还宣布了一条禁令，以后如果再有人叫他那个称号，就要被逐出帮外。

这伙人想尽方法要叫国王供他们驱使，但是都没有办到。他坚决地拒绝照办；不但如此，他还时常企图逃跑。他刚回来的那一天，被推进一个没有人看守的厨房里；他不但空手而回，而且还打算惊动那一家人。他又被分派和一个补锅匠一同出去，帮他做活儿，但是他拒绝工作；不但如此，他还拿起补锅匠的焊烙铁要打他。后来雨果和这个补锅匠两人就觉得光只为了防止他逃跑，就已经叫他们忙得够受了。凡是妨碍他的自由或是勉强差使他的人，他都要摆出皇家的架子，对他们大发雷霆。有一回，他在雨果的监督之下，被派去陪着一个邋遢的女人和有病的小娃娃出去讨钱；但是结果也令人失望——他不肯替那两个乞丐向人哀求，无论叫他干什么都不行。

这样过了好几天，这种流浪生活的苦楚，以及这种生活的无聊、下贱、卑鄙和丑恶，使这个俘虏越来越不能忍受，他觉得他逃脱了隐士的刀，至多也不过是暂时拖延一下死期罢了。

但是一到夜间，他在梦中就把这些事情忘记了，他又坐上了宝座，当了一国之主。这当然就加深了醒来的苦痛——在他初回到这个牢笼到和他跟雨果决斗之间的那几天当中，每天早晨的痛苦越来越厉害，越来越难于容忍。

在决斗之后的那天早上，雨果一起来就在心中充满了对国王进行报复的打算。他特别拟定了两个办法，一个是对这孩子施以一种特殊的凌辱，打击他那骄傲的态度和“幻想的”王室风范；如果这一招不成功，他的另一种办法就是设法把某种罪行栽到国王身上，然后出卖他，使他落入无情的法网。

为了实行第一个办法，他提议在国王腿上弄一块“招财”，估量着这一定会使国王感到极大的羞辱；等到这个招财能哄人的时候，他就打算找康第帮忙，强迫国王到公路上去把腿露出来，向人讨钱。“招财”是一个贼话的名词，指的是人工造成的假疮。做招财的人把干石灰和肥皂、铁锈做成药膏，抹在一块皮子上，然后把它紧紧地捆在腿上。这样就可以很快地使皮肤脱落，里面的肉也显得粗糙难看；然后再在腿上抹一层血，等它干透了的时候，就显出一种令人厌恶的黑红色。然后再巧妙地故意随随便便捆上一些脏布绷带，让那吓人的疮还能叫人看得见，借此引起过路人的怜悯。①

雨果把国王曾经用焊烙铁威胁过的那个补锅匠找来帮忙，他们领着这孩子出去补锅。刚一走出这个贼窝，他们就把他推倒，补锅匠把他按住，同时雨果把那块抹着药膏的皮子紧紧地捆在他腿上。

国王大发脾气，破口大骂，他说他一旦重掌王权，马上就要把他们两个绞死；但是他们把他抓得很牢，欣赏他那无力的挣扎，还讥笑他的威胁。这种情形持续下去，直到后来，药膏开始腐蚀皮肤；如果没有人来打搅的话，那就用不着多大工夫，药膏就会收到圆满的效果了。但是偏偏有人来打搅，正在这时候，从前说过那一大段话骂倒英国法律的那个“奴隶”忽然出场了，他打断了这件事情，把药膏和绷带都撕下来了。

国王要向他的解救者借用他的棍子，好好把那两个坏蛋当场痛打一顿；但是那个人说不行，那会惹出麻烦来——这件事情且等晚上再说吧；那时候所有的帮众都聚在一起，外界的人也不敢来干涉或打搅。他赶着这三个人回到贼窝，把这件事情报告给帮头听，帮头听了以后仔细想了一下，就决定以后不再派国王去讨钱，因为他显

① 选自《英国流氓史》。伦敦，1665。

然是有本事承担一种更高级和更好的任务——于是帮头马上就当场把他从乞丐的一级提升上去，派他去当扒手！

雨果高兴极了，他本来就想叫国王去偷东西，可是没有办到；现在可用不着操这份心了，因为这是司令部直接发出的清清楚楚的命令，国王当然是连做梦也不敢违抗的。于是他就在当天下午安排一个打起发的主意，希望在进行这个计划的时候，让国王落入法网。他决定要用非常巧妙的手段去干这件事情，使它显得是偶然的和无意的；因为现在斗鸡王已经很得人心了，如果帮里的人知道他这个大家所不喜欢的家伙施了这么狠毒的一个阴谋诡计，叫斗鸡王落到法律这个公敌手里，那大概是不会对他太客气的。

好吧，雨果趁早领着他所要作弄的对象，游荡到邻近的一个村庄去了。他们两个慢慢地在街上来回溜达着，走过一条又一条的街。一个是留神找一个可靠的机会，好实现他那害人的目的；另一个却是同样留神地找一个机会，准备跑掉，永远摆脱他那不体面的俘虏身份。

他们两个都错过了一些相当不错的机会，因为这次他们都在心里暗自打定了主意，非干得绝对有把握才行，谁也不打算让他那狂热的希望引诱他冒任何危险，做出什么不大可靠的事情来。

雨果的机会首先出现了。终于有一个女人提着一只筐子走了过来，筐子里装着很饱满的一包什么东西。雨果眼睛里闪出幸灾乐祸的光来，他暗自在心里想着："这可是个好机会呀，我要是能把这个栽到他头上，那就和他再见吧，斗鸡王，你就要升天了！"他等待着，守候着——表面上装出耐心的样子，内心却兴奋得要命——后来那女人从他们身边走过去之后，他看到时机成熟了，于是低声说："你在这儿站着，等我回来。"随即就偷偷地向那女人背后飞跑过去了。

国王心中充满了愉快——只要雨果一直追过去，跑远一些，他就可以逃跑了。

但是他并没有这种好运气。雨果悄悄地溜到那女人背后，把那一包东西抢过来，裹在胳臂上搭着的一块破毯子里，就往回跑。那女人因为筐子忽然轻了，知道被偷了东西，虽然她没有看见，却马上大嚷捉贼。雨果把那个包袱塞到国王手里，他还是不停地跑着，一面说：

“你跟着我同那些人一齐跑，嘴里嚷着‘捉贼！’可是你得当心，千万要把他们引到别处去！”

雨果马上就绕过一个墙角，顺着一条弯弯曲曲的小巷子飞跑过去——再过一两分钟，他又吊儿郎当地溜回来，装出一副无罪的、满不在乎的样子，躲在一根柱子背后，观察着结果如何。

受了侮辱的国王把那个包袱扔在地上，结果那块毯子就离开了包袱。正在这时候，那个女人过来了，背后还跟着越来越多的一群人。她用一只手揪住国王的手腕子，另一只手拾起她的包袱，开始把这孩子骂得狗血淋头，同时这孩子极力挣扎，想从她手里挣脱出去，可是挣脱不了。

雨果看够了——他的仇人已经被人抓住，就要被绳之以法了——于是他就兴高采烈，嘻嘻地笑着走回贼窝去，一面迈着大步，一面捏造一个适当的说法，好去向帮头手下那些人报告这件事情。

国王继续在那女人手里挣扎，时而恼怒地喊道：

“快把我放开，你这蠢东西，并不是我抢掉你那点儿不值钱的东西呀。”

人群围拢来，威胁着国王，把他乱骂了一阵；一个强壮的铁匠围着皮子的围裙，袖子卷到胳臂肘上，伸过手来抓他，说是要好好地揍他一顿，教训教训他。可是正在这时候，有一把长剑在空中一闪，平着落在那个人的胳臂上，这就使他乖乖地住了手，同时拿剑的怪汉很和气地说：

“哎呀，好人们，我们对他斯文一点儿吧，用不着这么凶，也不用说那些狠心的话。这种事情应该依法处置，不能由私人随便乱来。大嫂，你放开这孩子吧。”

铁匠向这壮健的军人瞟了一眼，估量了一下，然后一面摸着他的胳臂，一面嘟哝着走开了；那女人很不情愿地把那孩子的手腕子放开了；那一群人很不高兴地望着这个陌生人，可是都很谨慎地闭了嘴。国王一下跳到他的救星身边，满脸通红，眼睛里闪着喜悦的光，他大声喊道：

“迈尔斯爵士，你老不来，真急死人了，可是你现在总算来得正好，你给我把这群坏蛋砍成肉酱吧！”

第二十三章　王子当了囚犯

亨顿勉强向国王微笑了一下，低下头去靠近他的耳朵小声说道：

“小声点儿吧，小声点儿吧，国王，您说话可千万要小心——不，根本就不要开口。相信我吧——一切终归会有好结果的。”然后他又自言自语道：“迈尔斯爵士！哎呀，我完全忘记我是一个爵士了！天哪，这多么奇怪，他那疯疯癫癫的脑子，记性怎么会这么好呀！……我这个头衔是空的，毫无意义的，可是我获得了这么个头衔，倒也很有意思，因为我觉得与其在这人间的某些真正的王国里当个让人轻视的伯爵，还不如在他这个梦想和幻影的王国里当个虚假的受到尊敬的爵士，这反而更有光彩哩。”

人群向两旁闪开，给一个警官让路。警官走过来，正要向国王肩膀上伸过手去的时候，亨顿连忙说：

“慢着，好朋友，不用动手——他自己会老老实实地去，这事情由我负责。你领头，我们跟着走。”

警官带着那个女人和她的包袱在前面走，迈尔斯和国王随后跟着，背后还有那一群人。国王很想反抗，可是亨顿低声对他说：

“您仔细想想吧，陛下——您的法律是天经地义的御旨；难道陛下不遵守自己颁布的法律，还能指望臣民遵守它吗？当然，这些法律已经有一条被违犯了；将来国王回宫，想起他自己被人误认为老百姓的时候，曾经忠诚地把自己国王的身份降为平民，顺从法令，这难道会使陛下痛心吗？”

“你说得很对，无须再多说了。你放心，大英国王要求一个老百姓遵守法律，我保证他自己处在一个老百姓的地位的时候，也一定会遵守的。”

那个女人被传到治安法官面前对证的时候，她发誓说被告席上那个小犯人就是偷东西的人；没有人提供反面的证词，因此国王被宣告有罪了。然后，包袱被打开了，原来那里面包着的是一只肥胖的小烤猪。于是法官就显出为难的神情，亨顿也吓得脸色惨白，他惊慌失措，像触电似的打了一个冷战，透过全身；但是国王因为不懂这有什么要紧，始终处之泰然。法官心神不安地沉思了一会儿，然后转过脸向那女人问道：

“你说这个东西值多少钱？”

那女人请了个安，回答说：

“三先令八便士，大人——要是叫我老老实实地说出价钱来，就不能再少一个便士了。”

法官神色不安地向在场的人扫了一眼，然后向那警官点点头，说：

“叫他们出去，把门关上。”

警官照办了。留下的只有法官和警官、原告和被告，还有迈尔斯·亨顿。亨顿吓得面无人色，额头上凝集了一些大滴的冷汗，随后散开一下又汇拢了，顺着两颊流下去。法官又向那女人转过脸去，用怜恤的声音说：

“这是个可怜的、无知无识的孩子，大概是饿得受不了了，现在这种年头，穷苦人本来也是倒霉。你看，他看起来并不像个坏人的样子——可是饿得难熬的时候——好心的太太！你知道吗，谁要是偷了价值十三个半便士以上的东西，照法律规定就要判处他绞刑！”

小国王大吃一惊，吓得睁大了眼睛，但是他极力保持镇定，不声不响；那女人却不是这样，她猛然跳起来，惊骇得浑身发抖，大声喊道：

“啊，老天爷，这可是不得了！哎呀，我无论如何也不愿意这个可怜的小家伙被绞死呀！啊，您给我想个补救的办法吧，老天——我怎么办，我怎么办才行呀？”

法官保持着他那法官的镇定神色，从容地说：

“当然现在还可以改一改价钱，因为案卷上还没有写上去。”

“那么老天在上，把这只猪算作八个便士吧，谢天谢地，我良心上总算把这桩吓死人的事儿摆脱了！”

迈尔斯·亨顿高兴得要命，简直把一切礼节完全忘掉了，他伸开胳臂，把国王搂住，这使国王吃了一惊，并且还伤了他的尊严。那女人很感激地告别，拿着她的猪走开了；警官替她开门的时候，跟着她走到外面那个狭窄的过道里。法官动手在案卷里写下证词。亨顿向来很机警，他很想出去看看那警官为什么要跟着那个女人出去，于是悄悄地溜进黑暗的过道里，听听动静。结果他听见了下面这么一段对话：

“这只猪挺肥，足够饱吃一顿；我买了它吧；这儿是八个便士。”

“八个便士，你说得真好！你可不能这么干。我花了三先令八便士买来的，那是前一任国王造的钱，一点儿也不假，才死的亨利老王连摸都没有摸过的新钱哪。你那八个便士算什么！”

“你在那里面说的话还算不算数？你发过誓的，足见你说价钱只有八个便士的时候，是起了假誓。马上跟我回去见法官大人，承认这个罪吧！那孩子还是得处绞刑。”

“算了，算了，我的好人，不用多说了，我答应你。你给我那八个便士吧，可别跟别人说呀。”

那女人哭哭啼啼地走了；亨顿又悄悄地回到审判室里。警官把他骗来的东西藏在一个方便的地方，也就马上跟着进来了。法官继续写了一会儿，然后向国王念了一篇英明而和善的判词，判决他一个短期监禁，关在普通的监狱里，完了还要当众鞭打一顿。惊骇的国王张开嘴来，大概是要发出命令，把这位好心的法官当场斩头；但是他看见亨顿对他做了个警告的手势，于是连忙闭上嘴，没有漏出什么来。亨顿牵着他的手，向法官行了个礼，他们两个就跟着警官往监狱那边去了。刚走到街上，愤怒的国王就站住了，他把手甩开，大声喝道：

“蠢东西，难道你认为我还能‘活着’进一个普通的监狱吗？”

亨顿弯下腰去，用略带严厉的口气说：

“请你信任我好吗？不要吵！千万别再乱说，弄得我们更逃不掉。上帝的旨意一定要实现才行，你没有办法让它快一些，也没有办法改变它；所以就只好耐心等着——且等将要发生的事情发生了之后，你就有的是工夫，爱骂就骂，爱高兴就高兴。”

第二十四章　脱逃

那一个短促的冬天快要结束了。街上行人稀少，只有很少几个东奔西窜的人，他们匆匆忙忙地一直往前走，一副专注的神情，只急于尽快把事情办完，然后赶回家去舒服舒服，躲避将要刮起来的大风和越来越暗的夜色。他们都不东张西望，大家对这几个人都不注意，甚至好像根本没有看见他们。爱德华六世有些怀疑，不知从前是否有过哪一位国王，上监狱里去的场面遭遇过这种惊人的冷淡。后来警官到了一个没有人的市集场所，继续往对面走。他走到中间的时候，亨顿伸手按在他的胳臂上，低声地说：

"等一等，先生，这里没有人听见，我要跟你说句话。"

"我的职务不许我跟你谈话，先生；请你不要耽误我吧，天快黑了。"

"可你还是要等一下，因为这事跟你有密切的关系。你转过身去，装作没看见，让这可怜的孩子逃掉吧。"

"你跟我说这种话呀，先生！我要逮捕你，这是依——"

"嘿，你不要太性急吧。你千万得小心，不要犯傻头傻脑的错误。"然后他把声音降低，贴近那个人的耳朵说，"你花八个便士买了那只猪，就可以叫你的脑袋搬家呀，伙计！"

那可怜的警官冷不防听到这个，吓了一跳，起初他简直目瞪口呆，后来他终于又说起话来了，于是他就大声地嚷，说些威胁的话；可是亨顿很镇定、耐心地等着，一直等到警官说得气都透不过来的时候，说：

“朋友，我对你很有好感，不愿意看见你遭殃。你当心吧，我都听见了——一字一句都听见了。我可以给你证明一下。”于是他就把那警官和那女人在过道里说的话逐字地背了一遍，完了还补上这么两句：

“怎么样——我背得对不对？如果有必要的话，难道我还不能在法官面前背得清清楚楚吗？”

这个人由于恐惧和苦恼，一时哑口无言；然后他又打起精神，故意装作不在乎的样子说：

“这未免小题大做，把玩笑当起真来了；其实我不过是逗一逗那个女人，给我自己开开心罢了。”

“你把那女人的猪留下来，难道也是开玩笑吗？”

这个人机警地说：

“没有别的意思，好先生——我担保那只是开开玩笑。”

“我真要相信你哩，”亨顿说，他的声调里掺杂着一半讥讽、一半自信的口气，使人捉摸不清，“可是请你在这里等一下，让我跑去问问法官大人——反正他是个对法律有经验的人，对玩笑，对——”

他一面走开，一面继续说话；警官迟疑了一阵，心里烦乱不安，诅咒了一两声，然后喊道：

“站住，站住，好先生——请你稍等一等——法官！嘻，朋友，他对于开玩笑也不会表示同情，就像一具死尸一样——回来吧，我们再商量商量。老天爷！我好像很倒霉——只不过是为了无心地随随便便打趣了一下。我是个有家的人，有老婆孩子——好心的先生，您讲讲道理嘛，您叫我怎么办？”

“只要你装瞎，装哑，装麻痹，要装到从一数到十万那么久——慢慢地数。”亨顿说。看他的表情，好像他只要求这个人帮个近情近理的忙，而且是一件很小的事情似的。

“这可把我毁了！”警官绝望地说，“啊，请你讲讲道理吧，好先生；请你从各方面把这件事情看清楚，你看这是多么小的一个玩笑——这清清楚楚地分明是开玩笑的呀。即使不是开玩笑的话，那也不过是个很小的过错，大不了也只能招致一点小小的责罚，不过是让法官骂几句，警告警告罢了。”

亨顿一本正经地回答他，那严肃的语气使他周围的空气都发冷了：

“你这个玩笑在法律上有个名词——你知道那叫什么吗？”

“我不知道！也许是我太不明智了。我从来没有想到这还有个名称——啊，天哪，我还以为这是别出心裁的哩。”

“的确是有个名称。这在法律上叫作‘乘人之危，诈欺取财’。”

“哎呀，我的天哪！”

“那是犯死罪的！”

“老天保佑我，我犯罪了！”

“你乘人之危，任意摆布，强夺了价值十三个半便士以上的财物，只给了很少一点儿钱；这在法律上是实实在在的受贿罪、隐匿罪、渎职罪，严重的贪赃枉法罪——治这种罪的刑罚是绞死；不得赎身，不得减刑，不得援用优待牧师的恩典。”

“搀着我吧，扶着我吧，好心的先生，我的腿站不住了！请你发发慈悲——饶了我这个死罪吧，我转过背去，出什么事我都装看不见。”

“好！你这才叫聪明，有脑筋。你把猪也归还原主吧。”

“我还她，我还她，一定还——以后再也不动手了，哪怕是天上掉下来的，大天使送给我的，我也不敢要了。走吧——我为了你而瞎眼了——我什么也看不见。我就说你闯进来从我手里强行把犯人抢走了。那扇门是很不结实、很破旧的——等到半夜过后天还不亮的时候，我就自己去把它敲破。”

“就这么办吧，好人，决不会出什么毛病的；法官对这个可怜的孩子很慈善，不会因为他逃掉了而掉眼泪，也不会把看牢的打断骨头，你放心吧。”

第二十五章　亨顿府

亨顿和国王刚走出警官的视线，他就吩咐国王陛下赶快跑到村镇外面去，在某个地方等着，同时他要回到小客栈去把账结清。半小时之后，这两个朋友就骑上亨顿那两头不像话的牲口，欢欢喜喜地慢慢往东走。国王现在又暖和又舒服了，因为他已经甩掉了他那一身破衣服，穿上亨顿在伦敦桥上买的那一套旧衣服了。

亨顿很想让这孩子不要过度疲劳；他估计艰苦的旅行和没有定时的饮食，还有睡眠太不讲究，都会对失常的神经不利；要是能多让他休息休息，生活有规律，再加上适度的运动，那就一定能使他的病快点儿好转；他盼望那被折磨坏了的脑子恢复正常，盼望那些想入非非的幻觉从受过摧残的小脑袋里驱除出去；所以他就决定从从容容地、一段一段慢慢往前走，回他那被迫远离多年的家，而不为他那急切的愿望所指使，日夜兼程地赶回去。

他和国王大约走了十英里路，就到了一个相当大的村镇，于是他们在一个很好的客栈里住下来过夜。从前的关系又恢复了：国王用餐的时候，亨顿就在他背后站着伺候他；他准备睡觉的时候，亨顿就替他脱衣服；然后自己在地板上睡觉，用一条毯子裹着身子，挡住门横卧着。

第二天和之后的一天，他们都懒洋洋地慢慢往前走，一面谈着他们分手之后所遭遇的惊险经历，对彼此所叙述的事情都大感兴趣。亨顿详细地叙述了他东奔西跑寻找国王的经过，还描述了大天使怎样领着他到森林中四处瞎转，后来知道无法摆脱他，才引着他仍旧回到小屋里来。然后——他说——那老头儿就到卧室里去，怪伤心地东歪西倒走出来，说以为那孩子已经回来了，在卧室里躺下来休息，但是他并不在那里。亨顿在小屋里等了一整天，后来因为对国王回来的希望落了空，他就离开了那儿，再往前追寻去了。

“那位圣洁的老隐士的确是因为陛下没有回来，显得很难过哩，”亨顿说，“我从他的脸色看出来了。”

“哎呀，这一点我倒是决不会怀疑！”国王说。于是他把自己的遭遇说了一遍；亨顿听了之后，就说他很懊悔没有把那大天使杀掉。

他们在路上的最后一天，亨顿的情绪非常高涨，他嘴里不断地说个天花乱坠。他谈到他年老的父亲，谈到他哥哥亚赛，还叙述了许多事情，说明他们高尚慷慨的品质；他谈到他的爱迪思，就高兴得眉飞色舞，他心里不知多么欢喜，以至于连提到休吾的时候，也能说出一些温柔的手足之情的话来。他把快要来到的亨顿府那种久别重逢的情景说了一大套；他预料人人都会大为惊喜，热烈地表示谢天谢地。

那是一个风光明媚的地方，到处点缀着一些村舍和果园，大路从广阔的草原中穿过，草原一望无际，向远方伸展，中间有许多坡度不大的小丘和洼地，使人联想到一片波涛起伏的海洋。那天下午，这位回家的浪子常常离开大路，爬到小山丘上，看看是否能够从远处望过去，瞥见他的家。最后他终于如愿以偿，于是他兴奋地喊道：

“那就是我们的村庄，我的王子，亨顿府就在那附近！你从这儿就可以看见那些碉楼，还有那片树林——那就是我父亲的猎园。啊，现在你就会知道那有多大的气派，多么富丽堂皇！那所房子有七十个房间——你想想看！二十七个仆人！那么个地方给我们住，真是漂亮得很，是不是？走，我们赶快吧——我着急得很，再耽搁我简直受不了了。”

于是他们拼命往前赶，结果还是三点过后才赶到那个村镇。这两位旅客从镇上匆匆穿过，亨顿嘴里始终滔滔不绝。“这儿就是那个教堂——还是披着那些藤——一点儿也没减少，一点儿也没增加。”“那儿就是那个客栈，红狮老店——那边儿就是那个市场。”“这儿就是那个五月柱，这儿就是那个抽水机——什么都没改变；只有人才有些变化，十年的工夫使人变了；有些人我似乎还认识，可是谁也不认识我了。”他老是这么说个不停，不久就到了村镇的尽头；然后这两位旅客走上一条弯弯曲曲的狭路，两旁夹着很高的篱笆；他们沿着这条小路轻快地向前跑了半英里，然后穿过一座派头十足的门楼，走进一个巨大的花园，那门楼的高大石柱上刻着纹章的图案。一座豪华的府邸呈现在他们眼前。

“欢迎您到亨顿府来，国王！”迈尔斯欢呼道，“啊，这真是个盛大的日子！我父亲、我哥哥和爱迪思小姐都会高兴得要命，在刚见面的一阵狂喜中，也许会只来得及看着我，和我说话，所以对你就会显得有点儿冷淡——可是你不要见怪，过一会儿就会变了；因为我只要跟他们一说，你是受我监护的，再告诉他们我多么爱你，他们就会看在我迈尔斯·亨顿的面上，把你抱在怀里，让他们的府邸和他们的心成为你永远的家！”

亨顿随即就在大门前跳到地上，再扶着国王下来，然后拉着他的手，连忙往屋里跑。他走了几步，就到了一间宽大的房子里；他走进去，匆忙中顾不得礼节，把国王推到椅子上坐下，随即就向着一个坐在一炉木柴燃起的壁炉火前面的一张写字台旁边的年轻人跑过去。

“跟我拥抱吧，休吾，”他喊道，“看见我回来了很高兴吧！把父亲请来，因为我还没握到他的手，看见他的脸，听见他的声音，这个家还不能算是家哩！”

但是休吾暂时露出了一点惊讶的神色之后，把身子往后躲，同时很严肃地瞪着眼睛望着这个闯进来的人——他那注视的眼光起初表示出几分伤了他的尊严的神情，然后出于他内心的某种念头或是目的，变成了一种惊奇的表情，还掺杂着真正的或是假装的怜恤。

随后他就用温和的声调说：

“你的脑袋大概是受过损伤了，可怜的陌生人；不消说，你一定是在人间四处流浪，吃过许多苦头，受过许多粗暴的打击；你的脸色和衣服都表现出来了。你把我当成什么人呢？”

“当成什么人？请问，你不就是你，还能是谁呀？我把你当成休吾·亨顿哪。”迈尔斯高声地说。

对方还是用温和的声调继续说：

“那么你想着你自己是谁？”

“这和什么想不想是不相干的！你难道还装作不认识你的亲哥哥迈尔斯·亨顿吗？”

一阵惊喜的表情在休吾脸上掠过，他大声喊道：

“怎么！你不是开玩笑吗？难道死人还能复活？如果真有这种事，那可要多谢上帝！我们那可怜的、没有音讯的孩子过了这么多年苦命的日子，又回到我们的怀抱了！啊，恐怕不会有这么好的事情，的确不会有这么好的事情——我请你积德，不要跟我开玩笑吧！快点儿——到亮处来——让我仔细看看你！”

他揪住迈尔斯的胳臂，把他拖到窗户跟前，开始从头到脚拼命打量他；把他转来转去，迅速地在他周围来回地走，要从各方面证明究竟是不是他；同时这回家的浪子欢喜得满面红光，一会儿微笑，一会儿大笑，不断地点着头说：

“尽管看吧，兄弟，尽管看吧，不要紧。你总会看出四肢和面孔，无论哪一点都经得住考验。你尽管打量，尽管仔细看，看个够吧，亲爱的兄弟——我的确是你从前那个迈尔斯，一点儿也不错，就是你那没有音讯的哥哥，对不对？啊，这真是个盛大的日子——我早就说过，这是个盛大的日子！跟我握手吧，让我亲亲你的脸吧——天哪，我简直欢喜得要命呀！”

他正想扑过去抱住他的兄弟，但是休吾举起手来表示反对，然后很伤心地把头低下去，垂在胸前，一面很激动地说：

“啊，请上帝开恩，给我一点儿力量，让我能经得住这场伤心的失望吧！”

迈尔斯吃了一惊，一时目瞪口呆，直到他透过气来，才大声说：

“什么失望？难道我不是你的哥哥吗？”

休吾悲伤地摇一摇头，说：

“我希望老天爷能证明你是的，还要叫别人来看看，也许你有些相像的地方，我没有看得出来，他们能看得出吧。哎呀，恐怕那封信说的一点儿也不错哩。”

“什么信？”

“六七年前从海外寄来的。信上说我的哥哥阵亡了。”

“那是谣言！请父亲来——他会认识我。”

“死人是请不来的。”

“死了？”迈尔斯的声音低下去了，他的嘴唇直发抖。“我父亲死了！——啊，这可是个伤心的消息。这把我的快乐消掉一半了。请你让我见见亚赛哥哥吧——他会认识我；他会认识我，还会安慰我哩。”

“他也死了。”

“上帝保佑我吧，我这倒霉的人！死了——两个都死了——老天爷把高尚的人收去了，偏留下我这没出息的活着！啊！我请你积德！——你可不要说爱迪思小姐也——”

“也死了？不，她还活着。”

“那么，谢天谢地，我又快活到极点了！赶快吧，兄弟——让她出来见我！如果她说我不是的话——可是她不会那么说；不会，不会，她一定会认识我，我怎么会怀疑这点，真是太傻了。请她来吧——把那些老用人也叫来，他们也会认识我。”

“全都死了，只剩下五个——彼得、哈尔赛、大卫、柏纳德和玛格丽特。”

休吾一面这么说，一面离开了这间屋子。迈尔斯站着沉思了一会儿，然后开始在屋里走来走去，嘴里嘟哝着：

“只有这五个顶坏的浑蛋活着，其余那二十二个老实忠心的都死掉了——真是怪事。”

他继续来回地走着，喃喃地自言自语，他完全把国王忘记了。后来国王陛下严肃而又略带几分真诚的同情开了口，虽然这几句话听上去好像有意挖苦亨顿一样。

“不要为你的不幸而难受吧，好人；世界上还有别人也弄得身份不明，自己说是什么人，还要受人嘲笑哩。有人和你同病相怜啊。”

“啊，国王，”亨顿脸上稍微红了一下，大声说，“请您不要把我当成坏人吧——等一等，您就会明白。我不是个骗子——她会这么说；您会听见英国最可爱的人嘴里说出这句话来。我是个骗子？嗅，我认识这间老客厅，我认识我祖先的这些相片，也认识我周围这许多东西，就像一个小娃娃认识他自己的育儿室一样。我是在这里出生，在这里长大的，陛下；我说的是真话，我不会欺骗您；假如别人都不相信我的话，我请求您千万不要怀疑我——我受不了啊。”

“我不怀疑你。”国王以孩子般的天真和信任的态度说道。

“我真心地感谢您！”亨顿大声说道，他那热情的声调表示他受了感动。国王仍旧用那温和的天真语气接上去问了一句：

“你是不是怀疑我呢？”

亨顿猛然感到一阵内心的狼狈，正在这时候，门开了，休吾走进来，这就给他解了围，使他没有回答的必要，因此他倒觉得很高兴。

一个美丽的女郎穿着华丽的衣服，跟着休吾出来了，她后面还跟了几个穿号衣的仆人。这位女郎低着头，把眼睛望着地板，慢慢地走。她的脸色说不出的阴沉。迈尔斯·亨顿扑向前去，大声喊道：

“啊，我的爱迪思，亲爱的——”

但是休吾严肃地摆一摆手，把他挡回去，一面对那女郎说：

“你看看他。你认识他吗？”

那女人一听迈尔斯的声音，就微微地惊动了一下，脸也涨红了；这时候她浑身发抖。她站着不动，令人感动地踌躇了几分钟；然后慢慢地抬起头来，用一种冷酷而惊骇的眼光注视着亨顿的眼睛；她脸上的血色一滴一滴地消失了，直到后来，满脸只剩下一片死人一般的惨白，然后她说：“我不认识他！”她的声音也是死气沉沉的，正如她的脸色一样；随后她就发出一声呻吟和抑制住的低泣，一歪一倒地走出这间屋子了。

迈尔斯·亨顿倒在一把椅子上，双手把脸蒙住。稍停了一会儿，他的兄弟对仆人们说：

“你们都看见他了。你们认识他吗？”

他们都摇摇头，然后主人就说：

“这些仆人也不认识你，先生。我想你恐怕是弄错了。刚才你看见了，我的妻子也不认识你。”

“你的妻子！”休吾立刻就被推到墙上按住，他的嗓子被一只铁钳似的手掐得紧紧的。“啊，你这狐狸心肠的下流东西，我全都明白了！是你自己写的那封骗人的信，结果就把我的新娘抢过去，把财产也霸占了。好——你赶快滚开，否则我就要杀掉你这可怜的小人，那未免玷污我那光荣的军人身份了！”

休吾满脸通红，几乎被掐死了，歪歪倒倒地跑到最近的一把椅子上坐下，命令仆人们抓住这个行凶的陌生人，把他捆绑起来。他们迟疑着不敢动，其中有一个说：

“休吾爵士，他带着武器哪，我们都是赤手空拳的。”

“带着武器？你们这么多人，那有什么关系？逮住他，我命令你们！”

但是迈尔斯警告他们不要轻举妄动，接着又说一句：

“你们从前都知道我的本领——我现在还是没有变；只要你们高

兴，就来试试吧。”

这一句警告的话使这些仆人不大壮得起胆来，他们仍旧不敢上前。

“那么你们去拿武器，把门守住吧，你们这些不中用的胆小鬼，我另外派个人去把卫兵找来。”休吾说。他走到门槛那儿，又回过头来对迈尔斯说：“你可不要打算逃跑，那是没有用的，徒然自找苦吃；你还是老老实实待着，对你才有好处。”

“逃跑？你要是只担心这个的话，那就请你放心吧。因为迈尔斯·亨顿是亨顿府的主人，这里一切都是他的。他要在这里住下去——毫无疑问。”

第二十六章　被否认了

国王坐着沉思了几分钟，然后抬起头来说：

“真是奇怪——太奇怪了。我不懂这是怎么回事。”

“不，这并不奇怪，陛下。我知道这个人，他这种行为是很自然的。他生来就是个坏蛋。”

“啊，我说的不是他呀，迈尔斯爵士。”

“不是说他？那又是说的什么呢？有什么事奇怪？”

“我说的是国王失踪了，大家还不在乎哪。”

“怎么的？哪个国王？我想我不懂你的意思。”

“哼！现在并没有人派信使到全国各地去，到处贴告示，说明我的相貌，四处寻找我，难道你不觉得这是非常奇怪的事吗？国家的元首失踪了——我跑得不知去向了，难道这还不是叫人慌张、叫人着急的事情吗？”

“的确不错，我的国王，我忘记了。”于是亨顿叹了口气，低声自言自语，“可怜的神经错乱的脑子——还在忙着做它那感伤的大梦哪。”

“但是我有一个办法，使我们两个都能够申冤。我来写封信，用三种文字——拉丁文、希腊文和英文——你明天早上就拿着这封信，赶快送到伦敦去。你把它交给我的舅父赫德福伯爵，不要交给别人。他看见这封信，就会知道是我写的，那么他就会派人来找我。”

“陛下，我们是不是最好在此地等一下，让我证明自己的身份，确定我对这份产业的所有权呢？那么一来，我就比较有办法……”

国王迫不及待地打断他的话说：

“住嘴！你这点儿渺小的产业，你这点儿微不足道的财富，比起那有关国家的祸福和王位安危的大事，算得了什么！”然后他好像是因为语气太严厉而抱歉似的，又用温和的声调说道，“你服从我的命令吧，不要害怕；我会恢复你的地位，我会使一切都归还给你——是呀，还不止你原有的一切哩。我不会忘记你，一定要报答你。”

他一面这么说，一面拿起笔来，动手写信。亨顿慈爱地注视了一会儿，然后暗自想道：

“假如是在黑暗的地方，我真会以为这是个国王说话哩；不消说，他发起脾气来的时候，简直就大发雷霆，倒是真像个国王哩——咦，他从哪儿学来了这套把戏？瞧他那么自在地乱涂乱画，写出那些莫名其妙的鬼字，心里想象着那就是拉丁文和希腊文——除非我能想出个好主意来，使他打消这个念头，否则明天我就得被他强迫着走开，假装着赶到伦敦去，办他给我想出的这件疯头疯脑的差事哩。”

迈尔斯爵士的心思随即又回到刚才发生的事件上来了。他非常专心地沉思，以致国王把刚才所写的那封信交给他的时候，他就接过来放在口袋里，自己还不知不觉。“她的举动多么奇怪呀，”他自言自语地嘟哝着，“我想她是认识我——我又觉得她不认识我。这两种想法是互相矛盾的，我看得很清楚；我无法把两者折中起来，也不能用争辩的方法打消其中的一种想法，甚至想要使一方面的道理胜过另一方面都办不到。事情显然是这样的，她一定是认识我的面孔、我的身材和我的声音，她怎么会不认识呢？可是她偏说她不认识我，这也就十足地证明她的确不认识，因为她决不会撒谎。但是等等——我看我渐渐明白了。大概是他笼络她——命令她——强迫她撒的谎。这才弄清楚了！这个谜已经解了。她吓得要死的样子——对，她准是受他强迫的。我要去找她，我会把她找到的；现在他既然走开了，她就会说真心话。她会记得从前我们俩在一起玩耍的光景，这就会使她心里软下来，她就再也不会辜负我，一定会承认我。她的心是没有丝毫诡诈的——她向来就很忠诚老实。她当初是爱我的——这一点我有把握；谁也不肯辜负自己爱过的人。”

他迫切地向门口走过去，正在这时候，门开了。爱迪思小姐进来了。她脸色惨白，但是她走路的脚步很稳，她的举止是充满了高雅和端庄之美的。她的脸还是像原先那么悲伤。

迈尔斯快快活活地满怀着信心，连忙跑上前去迎接她，但是她做了个几乎看不见的手势，把他挡住，于是他在原地站住了。她坐下来，叫他也坐下。她就是这样轻易地使他消除了老交情的感觉，把他变成了一个陌生的客人。这种使人吃惊的接待，这种使人发狂的意外，一时简直使他怀疑自己究竟是不是他所自称的那个人。爱迪思小姐说：

“先生，我来警告你。要想说服疯子摆脱幻想，也许是不可能的；但是奉劝他们避免危险，也许还能说得通吧。我看你这种梦想在你心目中好像是真有其事，所以那也就不算是有罪——可是你千万不要怀着这个梦想留在这里，因为这是个危险的地方。”她向迈尔斯脸上定睛望了一会儿，然后令人感动地接着说，“假如我们那失踪的孩子还活着的话，他长大了一定是跟你这个样子很像，这就使此地对你更加危险了。”

“天哪，夫人，我的确是他呀！”

“我很相信你是那么想，先生。我不怀疑你这是说的老实话——我不过是警告警告你，没有别的意思。我的丈夫是这地方的主人，他的权力几乎是无限的；他叫他手下的人发财就能发财，叫他们挨饿就得挨饿。假如你并不像你所自称的这个人，我的丈夫还可以让你自由自在地做你的大梦，痛快痛快；可是请你相信我吧，我很了解他这个人，我知道他会干出什么事来；他会对大家说，你不过是个疯头疯脑的骗子，所有的人马上就会附和他。”她又向迈尔斯定睛望了一阵，接着说道，“即令你的确是迈尔斯·亨顿，而且他也知道，这带地区的人都知道，那你也还是会遭到同样的危险，对你的惩罚还是会免不了——你考虑考虑我的话，好好地斟酌一下吧——他会否认你，给你加上罪名，谁也不会有胆量支持你。”

“我完全相信你的话，”迈尔斯刻薄地说，“既然他有那么大的威力，能叫一个人俯首听命，出卖她的终身伴侣，剥夺他的继承权，那么要叫那些连吃饭和活命都难保，根本顾不到什么礼义廉耻那一套的人唯命是从，大概是很容易的喽。”

那位女郎脸上隐隐约约地涨红了一会儿，她垂下眼睛望着地板；但是她继续说话的时候，声音里还是没有流露出感情的成分：

“我已经警告过你，现在还是不得不警告你离开这里，否则这个人就会要你的命。他是个昧尽良心的专制魔王。我是让他上了脚镣手铐的奴隶，知道他的狠心肠。可怜的迈尔斯和亚赛，还有我那亲爱的监护人理查爵士，都摆脱了他，长眠不醒了——你宁肯跟他们在一起，也不要留在这里，遭这个坏蛋的毒手。你的要求对他的爵位和财产都是一种威胁，你还在他家里对他动过武——你要是不走，那就完蛋了。去吧——不要迟疑。你要是缺钱用，就把这一袋钱拿去，买通那些用人，让你出去，我央求你。啊，可怜的人，听我的警告吧，趁着还可以逃的时候赶快逃吧。”

迈尔斯做了个手势，谢绝了她的钱，起来在她面前站着。

“请你允许我一件事情吧，”他说，“用你的眼睛望着我，好让我看看你是否沉得住气。好——现在你回答我吧。我是不是迈尔斯·亨顿？”

“不是。我不认识你。”

“你发誓！”

回答的声音很低，却是清清楚楚的：

“我发誓。”

“啊，这真是叫人不相信呀！”

“快跑！你为什么要耽误这宝贵的时间？赶快逃命吧。”

正在这时候，有些军官冲进屋里来了，随后就是一场激烈的格斗；但是亨顿不久就力竭就擒，被拖出去了。国王也被捕了，两人都被捆绑起来，送到监狱里去了。

第二十七章　在狱中

牢房里都挤满了犯人，于是这两个朋友被锁上链子，关在一间看守犯了小罪的人的大屋子里。他们有许多同伴，因为这里有二十来个上了脚镣手铐的男男女女、老老少少的犯人——这是一群下流的、吵吵闹闹的家伙。国王因为他的王权受到如此巨大的侮辱，切齿痛恨地大发脾气；亨顿更是憋住一肚子气，不声不响，他简直莫名其妙。他这个兴高采烈的浪子回到了家里，原是指望着人人都为了他的归来而狂喜，结果反而遭到了冷待，进了牢狱。原来的期望和实际的结果竟至相差这么远，因此就产生了令人万分惊骇的效果；他简直说不清这究竟是一幕悲剧，还是一场大笑话。他的感觉和一个欢欢喜喜跳出去看彩虹，结果却遭了雷打的人的感觉很相似。

但是他那纷乱的、苦痛的心思渐渐平静下来，有了几分头绪，然后他的脑筋就集中在爱迪思身上了。他把她的行为翻来覆去地想了一阵，以各种看法把它仔细研究了一下，但是他简直得不到什么满意的结论。她究竟是认识他呢，还是不认识他呢？这是个令人难解的谜，在他心头萦绕了很久；但是最后他还是深信她认识他，却为了自私自利的原因而否认了他。这时候他很想指着她的名字乱骂一通，但是这个名字在他的心目中向来就是神圣的，以致他觉得自己要想玷污它，简直说不出口来。

亨顿和国王盖着监狱里那种肮脏和破烂的毯子，熬过了喧嚣的一夜。狱吏受了几个犯人的贿，给他们弄了一些酒来；结果自然就是那些人唱些下流的歌，还乱打乱嚷，狂呼痛饮。后来半夜刚过，有一个男人袭击了一个女人，用他的手铐打她的头，几乎把她打死，幸亏狱吏赶紧过来，才救了她的命。狱吏拿短棍在那男人头上和肩膀上狠狠地敲了一顿，才恢复了平静——于是狂呼痛饮也就停止了，此后，谁要是不怕那两个受伤的人痛苦呻吟的打搅，就有睡眠的机会了。

此后一个礼拜，日日夜夜所发生的事情都是非常单调的。白天有些人进来瞪着眼睛望着这个“骗子”，否认他的身份，并且侮辱他，而这些人的面孔，亨顿还大致记得清楚；一到夜里，狂饮和吵闹就很有规律地持续不停。但是后来终于有了一个变化——狱吏带进来一个老年人，对他说：

“那个坏蛋在这间屋子里——用你那双老眼四处望望，看你能不能认出他是哪一个吧。”

亨顿抬头望了一眼，马上就起了一阵愉快的感觉，这是他关进牢里以后第一次意识到的。他心里想：“这是布莱克·安德鲁，他一辈子在我父亲家里当仆人——一个老老实实的好人，很正直。那是说，从前他是这样，可是现在谁也靠不住了，大家都是些撒谎的家伙。这个人一定会认识我——而且也会像别人一样否认我哩。”

那老头儿在屋子里东张西望，把每个人的脸都看了一眼，最后他说：

“这儿我只看见一些小流氓，都是街上的渣滓。他是哪一个？”

狱吏大笑起来。

“这儿，”他说，“你仔细瞧瞧这个大畜生，再把你的意见告诉我吧。”

这老头儿走到亨顿跟前，很认真地把他上下打量了很久，然后摇摇头，说：

“哎呀，这可不是亨顿家里的人——向来就不是！”

“对！你这双老眼还挺不错哪。我要是休吾爵士的话，就会把这个肮脏的坏蛋抓去，给他……”

狱吏说到这里，踮起脚尖，假装有一根绞索把自己吊起来似的，同时他嗓子里还发出咯咯的声音，表示透不过气的样子。那老头儿很仇恨地说：

“他要是不遭更严厉的处罚，那真得感谢上帝。如果叫我来处置这个坏蛋，那就得把他烤死，要不然我就不算好汉！”

狱吏阴险地大笑了一阵，然后说：

“你也臭骂他一顿吧，老头儿——他们都这么做哩。你会觉得那是怪好玩儿的。”

于是他就逍遥自在地往他那休息室里走去，不见了。

这老人双膝跪下来，悄悄地说：

“多谢上帝，您又回来了，我的主人！这七年来，我一直相信您已经死了，可是你瞧，您还活着在这儿哪！我一看见您，马上就认出了；我必须装出一副冷酷的神情，好像只看见一些下流的坏蛋和街上的流氓杂碎，那可真是挺费劲哩。迈尔斯爵士，我又老又穷，可是请您吩咐一声，我就去把事实宣布出来，哪怕我因此让人绞死，我也不在乎。”

“不行，”亨顿说，“你不要这么做。这会把你毁了，对我的事情还没有什么好处。可是我感谢你，本来我对人类已经丧失了信心，现在你又把我这种信心恢复几分了。”

这个老仆人对亨顿和国王都很有用处，因为他每天进来“骂”亨顿好几次，每回都偷着带几样美味的食物来，丰富牢饭；同时他还提供一些新消息。亨顿把这些好吃的东西留给国王。要是没有这些食物，国王陛下就会活不下去，因为他吃不下狱吏送来的那种糟糕的粗糙伙食。安德鲁不得不约束自己，只做短时间的探访，以避嫌疑；但是他每次都想方设法传递了相当多的消息——为了替亨顿打算，这些消息都是低声传给他听的，当中还夹杂着一些大声的辱骂，故意叫别人听见。

于是亨顿家里的情况就一点一滴地泄露出来了。亚赛死去已经六年了。失去了亚赛，再加上迈尔斯杳无音讯，使老父亲的身体更坏了，他相信自己快死了，于是他希望休吾和爱迪思在他去世之前成亲；但是爱迪思极力恳求延期，希望迈尔斯回来，然后就来了那封报告迈尔斯的噩耗的信；这个打击就使理查爵士一病不起了；他相信死期已近，于是他和休吾就坚决主张赶快促成这桩婚事；爱迪思苦苦哀求，才获得一个月的延期，然后又推迟了一个月，再推迟了一个月；后来终于在理查爵士临终的病床前面举行了婚礼。这个婚姻是不幸的。邻近一带的人悄悄地传说，婚礼过后不久，新娘就在她丈夫的文件当中发现那封报告噩耗的信的几份潦草而不完全的草稿，因此就指责他恶意地伪造了这封信，借此促成婚事——还加速了理查爵士的死亡。四面八方都听到了关于休吾残酷对待爱迪思和仆人们的消息；自从父亲去世之后，休吾爵士已经完全抛弃了温和的假面具，对待所有依靠他和他的领邑吃饭的人都铁石心肠。

安德鲁的闲谈当中有一点，国王听了特别感兴趣：

“外面谣传国王疯了。可是请您积德，千万不要说是我谈了这个消息，因为人家都说谁要是传出这个消息就得处死刑。”

国王陛下瞪着眼睛望着这老头儿说：

“好人，国王并没有发疯呀——你与其在这里说这些淆惑视听的废话，还不如去忙一些与你更有切身利害的事情，那对你是有好处的。”

“这孩子是什么意思？”安德鲁说，他受到这个意外的角色突如其来的尖锐攻击，不免大吃一惊。亨顿对他做了个手势，他就没有再追问下去，又继续做他的汇报：

“一两天之内，已故的国王就要在温莎下葬——本月十六日——新王将在二十日在威斯敏斯特宫举行加冕礼。”

“我觉得他们必须先把他找到才行，”国王陛下嘟哝着说；然后他又很有信心地说，“可是他们一定会注意这件事情——我也要注意的。”

“看在——”

但是老头儿没有再说下去——亨顿做了个警告的手势，就把他这句话打断了。于是他又继续说他的闲话。

“休吾爵士会去参加加冕礼——他存着很大的奢望哩。他很自信地指望着被封为男爵回来，因为他是很受摄政王的宠信的。”

“什么摄政王？”国王陛下问道。

“桑莫赛公爵殿下。”

“什么桑莫赛公爵？”

“哎呀，只有一个嘛——就是原来的赫德福伯爵赛莫尔呀。”

国王严厉地问：

“他是什么时候当了公爵和摄政王的？”

“从今年一月底起。”

“请问是谁让他当的？”

“他自己和国务会议——还有国王也帮了忙。”

国王陛下猛吃了一惊。“国王！”他喊道，“什么国王呀，老先生？”

“什么国王，真问得怪！天哪，这孩子有什么毛病？我们既然只有一个国王，当然不难回答——就是神圣的爱德华六世陛下——愿上帝保佑他！是呀，他还是个仁慈可亲的小孩子哩；不管他是不是疯了——他们都说他的毛病天天都在好转——反正大家嘴里都在赞美他；大家都为他祝福，并且还祷天祝地，希望他长寿，多统治英国几年；因为他一开始就很仁道地救了诺阜克公爵的命，现在他还打算废除那些折磨和压迫老百姓的最残酷的法律哩。”

这个消息使国王陛下惊讶得哑口无言，他马上就陷入深沉而忧郁的沉思中，以致再也没有听见老人的闲谈了。国王怀疑那个“小孩子”是不是自己当初给他穿上了御服，留在宫里的那个小乞丐。这似乎是不可能的，因为他如果冒充太子，他的举动和谈话一定会叫他露马脚——然后他就会被撵出去，人们就会寻找真正的王子。难道是朝里另外立了一个贵族的子孙代替自己继承王位吗？不会的，因为他的舅父决不会答应这么办——他是操大权的，当然可以制止这种行动，而且一定会制止。这孩子想了半天，一点用处也没有；他越是想要解开这个谜，就越觉得莫名其妙，他的头也越痛，睡眠也越不安了。他急于想到伦敦去的心思时时刻刻都在增长，于是他的囚禁生活就几乎使他无法忍受了。

亨顿千方百计都不能使国王宽怀——他根本不接受安慰，但是他附近有两个套着锁链的女人劝他的话反而更为有效。他在她们温柔的劝慰之下，终于安静下来，学得了几分忍耐的本领。他非常感激，渐渐对她们热爱起来，乐于和她们在一起，受那温柔体贴的影响。他问她们为什么进了监狱，一听说她们是浸礼会教友，他就微笑着问道：

“这难道也是犯了罪，应该关到牢里来吗？我很难过，因为你们快跟我分手了——你们只犯了这点儿小罪，他们不会把你们关得太久。”

她们没有回答；她们脸上的神色使他不安。于是他急切地说：

“你们不作声——给我说老实话吧，告诉我——该不会给你们别的处罚吧？请你们对我说，这是不用担心的吧。”

她们想变换话题，但是她们已经引起了他的不安，于是他就追询下去：

“他们会鞭打你们吗？不会，不会，他们不至于这么残忍！你们说不至于吧。喂，他们不会，是不是？”

那两个女人露出慌张和痛苦的神色，但是她们无法避免回答，于是其中有一个用激动得哽住嗓子的声音说：

“啊，你这善良的心灵，你会叫我们心都要碎了！上帝会帮助我们，让我们能受得了我们这——”

“这就是说出实话来了！”国王插嘴说，“那么他们还是要鞭打你们呀，这些铁石心肠的浑蛋！可是，啊，你们千万不要哭，我受不了。鼓起勇气吧——我一定会恢复身份，来得及救你们，不让你们吃这个苦头，我一定会这么做！”

第二天早上国王醒来的时候，那两个女人已经不见了。

“她们得救了！”他高兴地说，随后他又丧气地接着说了一声，“可是我真倒霉！——因为她们是安慰我的人。”

她们各自留下了一小块丝带，用别针别在他的衣服上，作为纪念品。他说他要把这点儿东西永远保存起来，不久他就要找到他这两位亲爱的好朋友，好好地照顾她们。

正在这时候，狱吏带着他手下几个人进来，吩咐他们把犯人都领到监狱的院子里去。国王高兴极了——能够再到外面见见蓝天，呼吸新鲜空气，那是很痛快的事情。他因为这些看守动作迟缓，心里很烦躁，也很生气，但是后来终于轮到他了。他们打开他那个U型锁，把他放出来，叫他和亨顿跟在其他的犯人后面走。

那个四方院子铺着石板，上面是露天的。囚犯们穿过一条高大的石砌拱道，被安排着站成一排，把背靠着墙壁。他们前面拦着一根绳子，同时还被那些看守的人监视着。那是个寒冷而阴沉的早晨，夜里下过的一场小雪把这一大块空地铺上了一层白色，使这里整个的情景更加显得凄惨了。时而有一阵寒风嗖嗖地吹过这个院子，吹得雪花到处飞舞。

院子正当中站着两个女人，被链子拴在柱子上。国王望了一眼，就看出这是他那两个好朋友。他哆嗦了一下，心里想：“哎呀，她们并不如我所料，还没有被放出去哩。像这样的人居然要挨鞭子，真叫人想想都难受！——这是在英国呀！哎，这实在是可耻——并不是在邪教的国家，而是在基督教的英国啊！她们将要遭鞭打；她们安慰过我，好心地待我，而我现在不得不袖手旁观，看着她们遭这种莫大的冤屈；我这应掌大权的一国之主，居然毫无办法，不能保护她们，真是奇怪，太奇怪了！可是这些浑蛋还是要当心他们自己才行，因为不久就会有一天，我要叫他们把这笔账算清楚。现在他们打一下，将来我要让他们挨一百下才行。”

一扇大门敞开了，有一群老百姓涌进来。他们拥挤在那两个女人周围，把她们遮住，使国王看不见了。一个牧师走进来，从人群中穿过，也被遮住了。这时候国王听见有人对话，好像是有人发问，有人回答，可是他听不清他们说的是什么。随后是一阵忙乱的准备工作，在那两个女人周围站着的人群中，一些官员一次又一次地钻过；这一切进行着的时候，一阵深沉的寂静笼罩着那些人。

后来一声命令，人群向两旁站开了，于是国王看见一个可怕的情景，把他吓得连骨髓都冷透了。那两个女人周围堆起了许多柴把，有一个跪着的人正在把它们点着！

那两个女人低下头来，双手蒙住脸；黄色的火焰开始从那些噼噼啪啪直响的柴堆当中往上升，一圈一圈的蓝烟顺着风飘开；牧师举起双手，开始祈祷——正在这时候，两个年轻的姑娘从大门外面飞跑着冲进来，一面发出凄惨的尖叫声，扑倒在火刑柱前的两个女人身上。她们立刻就被狱卒们拉开了，其中有一个被抓得很紧，另外那一个却挣脱了，她说要和她的母亲死在一起；人家还没有来得及阻止她，她又抱住了她母亲的脖子。她又一次被拖开了，这一回她的长衣已经着了火。有两三个男人抓住她，把她的长衣烧着了的那一块揪掉，甩到一边，还在冒着火焰。她始终挣扎着要跑开，说她从此就要成为孤儿，恳求让她跟她母亲一同死去。两个姑娘都不断地哀号，拼命要挣脱出去，但是这一阵喧嚣忽然被一连串钻透人心的临死的惨叫所淹没了。国王把视线从那两个疯狂的姑娘身上转到火刑柱那边，然后又向一边转过身去，把他那死灰色的脸对着墙上，再也不看了。他说：“我在刚才那片刻的时间里所看到的，会永远留在我心里，忘记不了；我一直到死，天天都会看见这幅惨象——每天夜里都会梦见它。上帝还不如让我瞎了眼睛啊！”

亨顿注意看着国王。他很满意地想道：“他的毛病好些了，他已经改变了性格，不那么暴躁了。要是依着他的老脾气，他一定要痛骂这班狗东西，说他是国王，命令他们放掉那两个女人，不许伤害她们。现在他的幻想不久就会消掉，被他忘记。他那可怜的脑子就要恢复健全了。但愿上帝让这个日子快点来吧！”

那一天又有几个犯人被带进来过夜，他们都由卫兵押解到全国各地去，受他们所犯的罪应受的惩罚。国王和这些犯人谈话——他从头起就打定了主意，只要一有机会，就要询问那些囚犯，借此给自己增长见识，以后好把国王的职务做好——他们的悲惨故事简直使他伤心透了。其中有一个呆头呆脑的女人，她从一个织布匠那儿偷了一两码布——因此她就要被处绞刑。另外有一个男人，被人控告偷了一匹马，他说证据不能成立，所以他以为可以免掉绞刑了；可是不行——他刚被释放，就有人告他打死了国王猎园里的一只鹿，于是他又被传讯了；这回庭上证明了他有罪，现在他就要上绞刑架去了。另外还有一个匠人的徒弟，他的案子特别使国王难受；这个青年说，他有天晚上发现一只猎鹰从它的主人那儿逃掉了，就把它捉回家来，以为那应该归他所有；但是法院给他定了偷窃的罪，判了他死刑。

国王对这些残暴的惩罚大为震怒，于是就叫亨顿越狱，跟他一同跑到威斯敏斯特宫去，好让他坐上宝座，举起权杖来恩赦这些不幸的人，救他们的性命。“可怜的孩子，”亨顿叹息着想道，“这些悲惨的故事又使他的毛病发作了。哎呀，要不是为了这个意外的倒霉事情，他本来是很快就可以好的。”

这些犯人之中有一个年老的律师——他长了一张坚强的脸，一副无所畏惧的样子。三年前，他曾经写过一篇反对大法官的政论文章，攻击他不公正，结果因此受了惩罚，被上了颈手枷，割掉了耳朵，还被取消了律师的资格，另外还被处罚三千英镑，判了无期徒刑。近来他又犯了那个罪，结果就被判处割掉耳朵剩下的部分，还要付五千英镑罚金，两边脸上都要烙上火印，继续执行终身监禁。

“这都是光荣的疤痕。”他一面说，一面把他那灰白的头发向后拨开，露出他两只耳朵被割掉之后的残根。

国王的眼睛里因愤怒而冒火。他说：

“谁都不相信我——你也不信；可是这没关系——不出一个月，你就可以恢复自由；不但如此，那些使你受了耻辱，还把英国的名声玷污了的法律，都要从法令全书里去除。世界上的事情都安排错了，有时候国王应该尝一尝自己的法律的滋味，学习学习仁慈才行。”

第二十八章　牺牲

同时，迈尔斯也对那种闲得无聊的监禁生活渐渐感到十足的厌烦了。现在临到他受审的时候了，这使他非常欣慰，他觉得他可以接受任何判决，只要不再把他关在牢里就行了，但是这一点他想错了。他在法庭上被称为一个“顽强的流氓”，并且因为他具有这种身份，又袭击过亨顿府的主人，结果被判头和手脚戴上枷，当众坐两个钟头。他听到这些，感到非常愤怒。他声明他和控诉人是弟兄关系，并且依法应该由他继承亨顿家族的爵位和财产，但是他的话被轻蔑地忽视，简直就像是根本不值得调查真假似的。

他被领着去受刑的时候，大发脾气，还说了些威胁的话，但是都没有用；他被狱卒们粗暴地拖着走，偶尔还要为了他那不敬的举动挨一个耳光。

国王无法从后面拥挤着的一群乌七八糟的人当中钻过去，所以他就只好在后面跟着，和他那位好朋友和仆人离得很远。国王因为交了这种坏朋友，也差点被判受足枷的刑罚，但是法官考虑到他还小，只给了他一番教训和警告，就把他释放了。后来人群终于站住了，他急切地在外围东奔西窜，要找个地方钻进去；他历经了许多困难，费了很大工夫，最后还是钻进去了。他那可怜的忠实侍从被套上了枷坐在那里，任凭那一群流民戏弄——他这么一位英国国王的随身侍从！爱德华是听见了宣判的，但是这里面有一半的意思他没有弄清楚。他所感到的这种新的侮辱的情绪深入他的心底的时候，他的愤怒就开始高涨了；随后他又看见空中有一个蛋飞过去，在亨顿脸上打碎了，还听见那一群人乱吼，表示欣赏这个节目，于是他的怒火就上升到极点了。他向那块圆形空地当中飞跑过去，面对着行刑的狱吏，大声喊道：

“真丢脸！这是我的仆人——快把他放了吧！我是——”

“啊，别说了！”亨顿惊慌地喊道，“你会把你自己毁了！不要理会他吧，执行官，他是个小疯子。”

“理不理会他的问题，你不用操心，我并没有什么心思理会他；可是多少得给他一点儿教训，这倒是我很感兴趣的。”执行官对一个手下的人说，“给这小傻子尝一两下鞭子的味道，好叫他改改态度吧。”

休吾爵士为了要看看用刑的情况，骑着马到这里来了。这时候刚好才到一会儿，他提议说：“抽他五六鞭子，还更合适一点儿。”

国王被捉住了。他一想到居然有人胆敢主张对他的御体施行这种骇人听闻的凌辱，简直气得神经都麻木了，因此他根本就没有抗拒。史书上曾经记载过用鞭子责罚一个英国国王的事情，把历史都玷污了——现在他想起自己不得不把那可耻的一页复制一份，简直难以容忍。现在他既已落难，也就无可奈何；他只好接受这种刑罚，否则就必须求饶。那可是太不像话了，他还是挨一顿鞭子吧——当国王的挨打还可以，反正不能告饶。

但是与此同时，迈尔斯·亨顿正在给他解决这个困难。“放了这孩子吧，”他说，“你们这些没心肝的狗东西，难道你们看不见他多么小，身体多么脆弱吗？把他放了——让我来替他挨鞭子吧。”

“哎呀，好主意——这倒是要向你道谢才行，”休吾说，脸上显出了讥笑的快意神色，“把这小叫花子放走，让这个家伙替他挨十几鞭子吧——不折不扣的十几鞭，使劲打吧。”国王正要提出强烈抗议，可是休吾爵士说了一句有力的话，就使他沉默下来了，“好吧，尽管说，不要紧，爱说什么就说什么吧——不过你得记住，你每说一个字，他就得多挨六下。”

亨顿从枷上被放下来，他的背上光着；鞭子抽下去的时候，可怜的小国王把脸转开，让那有失国王体面的眼泪顺着两颊流个不停。“啊，勇敢的、好心肠的人，”他心里想，“你这种忠心的行为永远会铭记在我心头。我决不会忘记——也不许他们忘记！”他愤怒地添上了后面这一句。他一面沉思，对亨顿的豪爽行为的赞赏就越来越在他心中高涨，他的感激之情也随着增加了。随后他又想：“救护国王，使其免于受伤甚至死亡的人，是有很大功劳的——这一点他已经为我做到了；但是这和救护国王，使他免于受辱的功劳比较起来，就显得微乎其微——算不了什么！——啊，简直是太微不足道了！”

亨顿在鞭挞之下并不叫喊，以军人承当苦难的坚韧精神熬过了那一顿毒打。他这种精神加上他替那孩子挨打，免得他遭殃的高尚行为，使得周围看热闹的那些无聊的、下流的、一堆乌七八糟的人都不能不对他肃然起敬；他们的嘲笑和叫骂消失了，剩下的只有鞭子打下去的声音。后来亨顿再被套上刑具的时候，那地方笼罩着一片沉寂，这与很短的时间以前那种侮辱的叫嚣比较起来，形成了一种强烈的对比。国王悄悄地走到亨顿身边，向他耳朵里低声说道：

“你这善良的、伟大的人啊，当国王的是不足以表扬你的高贵品质的，因为已经有比国王更崇高的上帝给你表扬过了；但是做国王的可以向凡人证实你的高贵。”他从地上拾起鞭子，轻轻地碰一碰亨顿流血的肩膀，低声说道，“英王爱德华封你为伯爵！”

亨顿大为感动，泪水涌到眼眶里来了。但是当时那种滑稽可笑的情景简直使他很难保持严肃，以致他竭尽全力才没有把他忍不住要笑的心情表现出来。他这样光着脊梁，血淋淋的，突然一下子从套着刑具的普通犯人提升到伯爵的高位和荣耀，在他看来，好像是荒唐至极了。他心里想：“现在我可是打扮得满身金光灿烂了，真的！我这个梦想和幻影的王国里的空头爵士居然又成了个空头伯爵——真像是羽毛未全的翅膀糊里糊涂地飞上了天！如果再像这样下去，我不久就会像一根五月柱似的，浑身挂满幻想的装饰和假的花彩。但是这些装饰虽然都没有什么价值，我为了赠给我的人的那番好意，还是要把它们当成宝贝。我这些可怜的、开玩笑的爵位并不是出于我的要求，就从一只洁净的手和一颗正直的心那里送来了，比起那些仗着奴颜婢膝，从那吝啬的、偏私的国王手里换来的真正的爵位，还要可贵哩。”

大家畏惧的休吾爵士把他的马转过头去，他赶着马飞跑出去的时候，那道活人的墙就沉默地分开，让他过去，然后又同样沉默地合拢来了。大家就是这样沉默地围着，谁也不敢大胆地说句话对犯人表示好感，或是称赞他，但是这没有关系，只要没有人骂他，就已经是表示十足的敬意了。有一个后来的人不明白当时的情况，对这个“骗子”说了一句嘲笑的话，并且还预备把一只死猫向他扔过去，但是马上就被在场的人不声不响地打倒，踢了出去，然后深沉的寂静又恢复了。

第二十九章 到伦敦去

亨顿受完枷刑之后，就被释放了，执行官命令他离开这个地方永远不许再回来。他的剑归还了他，骡子和毛驴也归还了他。他骑上骡子走了，国王跟在后面；人群肃然起敬地分开，让他们过去，他们走了之后，大家就分散了。

亨顿不久就陷入了沉思。一些意义重大的问题必须得到解答。他怎么办呢？上哪儿去呢？他必须到什么地方去获得有力的援助才行，否则他就只好放弃他的继承权，而且还要背着一个骗子的罪名。他到什么地方去才有希望得到这种有力的援助呢？什么地方啊，真是！这实在是个难题。后来他心里忽然起了一个念头，那好像是有点儿希望的想法——当然是微弱的希望中最微弱的希望，不过还是值得考虑，因为此外根本就没有任何有希望的办法。他记得安德鲁老头儿谈到过那年轻的国王如何如何善良，还说他对那些受了冤屈和遭遇不幸的人给予慷慨的保障。何不设法找他谈一谈，请求他申冤呢？啊，不错，但是像自己这么一个怪模怪样的穷光蛋，能有机会到庄严的国王面前吗？不要紧——这件事情且听其自然吧，船到桥头自然直。他是从军的老手，曾经常常想到一些临机应变的奇方妙计；不消说，他是能够想出办法来的。对了，他还是去伦敦吧。也许他父亲的老朋友汉弗莱·马洛爵士会帮他的忙——“好心的老汉弗莱爵士，前王的厨房还是马厩或其他什么的总管。”——迈尔斯记不起头衔究竟是什么了。现在他既然有了一个努力的方向，有了一个清清楚楚的追求目标，原来笼罩在他心灵上的羞辱和沮丧的暗影就烟消云散、随风飘去了。于是他就抬起头来，向四周张望一下，他惊讶地发觉自己已经走了很远，那村镇早已被他甩在后面了。国王低着头在他后面慢慢地跟着走，因为他也有他的心事，此刻正在沉思。亨顿心头刚刚产生的愉快情绪又蒙上了一层焦虑的云雾，这孩子在他过去短暂的生活中，在那大城市里除了遭到虐待和恼人的穷困而外，什么也没有享受过，现在他是否情愿再到那儿去呢？这个问题非问清楚不可，这是无法避免的，所以亨顿就勒住缰绳，大声问道：

"我忘记问我们究竟上哪儿去了。听您的命令吧，陛下。"

"到伦敦去！"

亨顿又继续往前走，他对这个回答非常满意——但是也觉得很惊奇。

他们一直走，路上并没有遭遇什么重大的事情。但是最后遭到了一件事。在二月十九日晚上十点钟左右，他们在万头攒动、熙熙攘攘、狂呼乱吼的人众中踏上了伦敦桥，那些人都喝够了啤酒，他们那些醉醺醺的面孔在那五花八门的无数火把的照耀之下，都显得特别清楚——正在这时候，某一位原先的公爵或是别的贵族的腐烂的头忽然掉下来，落在他们当中，恰好打中了亨顿的胳臂肘，然后跳落在那些乱跑乱窜的脚当中打起滚来。人们在世间的事业是多么虚幻无常，多么不可靠啊！——已故的那位好国王才死了三个礼拜，下葬还不过三天，而他煞费苦心从那些显要人物当中挑选出来给他这座伟大的桥做装饰品的东西已经在往下掉了。有一个市民踩着那个人头摔了一跤，把自己的头撞在前面一个人的背上，那个人就回过头来，把身边最顺手的一个人打倒在地，而他又立刻就被那个人的朋友打倒了。那正是最适于乱斗乱打的时候，因为第二天的盛典——加冕礼——的庆祝已经开始了。每个人都装满了一肚子烈酒和爱国的热情；五分钟之内，那场乱斗就占了很大的一块地盘；过了十几分钟，就波及了大约一英亩地的地方，结果就成为一场暴动了。这时候，亨顿和国王被那喧嚣拥挤的人潮冲散了，谁也找不着谁。那么，我们暂时就不谈他们吧。

第三十章　汤姆的进步

真正的国王穿着寒碜的衣服，吃着粗糙的饮食，一度被游民们殴打，受他们奚落，还跟盗贼和凶手们一同坐牢，大家都毫无偏见地把他叫作白痴和骗子；当他这样在各地流浪的时候，假王汤姆·康第却享受着一种完全不同的生活。

上次我们和他分手的时候，皇家生活对他刚刚开始展示光明的一面。这个光明的一面每天都越来越放出光彩，没过多久，就几乎成了一片阳光普照和无限欣喜的气象。他的恐惧消失了，焦虑也渐渐无影无踪了；他的窘态也离开了他，换了一副自然而大胆的风度。他把那代鞭童当作一个矿山来开采，所得的好处越来越大了。

他想要玩耍或是谈话的时候，就吩咐伊丽莎白公主和洁恩·格雷公主到他面前来，他和她们玩够了的时候，就打发她们出去，他那神气就像是向来习惯于这一套似的。这些高贵的人物临别时亲吻他的手，也不再使他慌张了。

他渐渐喜欢在晚间派头十足地被人引着去睡觉，早晨穿衣打扮经过烦琐而庄重的仪式。由一长串衣着华丽、光彩夺目的大官和卫士服侍着，堂而皇之地走去用餐，已经成为他一种很得意的痛快事情了；他因为过于欣赏这种排场，竟至把卫士增加了一倍，加到了一百人。他喜欢听见号角顺着长廊吹响的声音和远处响应的“给国王让路”的呼声。

他甚至还开始对坐朝很感兴趣，故意装作自己并不单只是摄政王的传声筒。他喜欢接见各国大使和他们的盛装的随从，倾听他们从那些称他为“兄弟”的有名的国王那里带来的亲切问候。啊，垃圾大院出身的汤姆·康第多么快乐！

他很欣赏他那些华丽的衣服，并且还添置了一些；他觉得他那四百个仆人还不够配合他的威风，又把他们增加了两倍。那些毕恭毕敬的官臣的阿谀之词渐渐成了他的悦耳的音乐。他始终是仁慈而宽厚的，对于一切被压迫的人，他始终是一个坚决的保卫者，他与那些不公平的法律进行不倦的斗争；但是在某些场合，他要是被触怒了，就会很严厉地对待一个伯爵，甚至对公爵也不客气，他把人家瞪一眼，就能使那个人发抖。有一次，他那严酷对待异教的“皇姊”玛丽公主和他据理力争，认为他赦免了那么多应该囚禁、绞死或烧死的人不是贤明的措施，还提醒他说，他们那已故的威严的父亲曾在同一时期内把六万个犯人关在监狱里，在其出色的统治时期里，曾把七万二千个小偷和强盗交给刽子手处死[①]。这孩子听了大为震怒，命令她回到自己的私室里去，恳求上帝取掉她胸膛里那块石头并给她换上一颗人心。

难道汤姆·康第从来就不惦念那可怜的真正的小王子，完全忘记了他那么和善地对待自己，满腔热忱地飞跑出去，替自己向王宫大门口那无礼的卫士报复的情景吗？不，在他起初在王宫里的那些日子，他日日夜夜很伤心地怀念着那失踪的王子，诚恳地渴望他回来，恢复他原有的权利和荣华。但是后来日子过得久了，王子并没有回来，汤姆心里就越来越沉醉于他那迷人的新生活，失踪的王子就渐渐在他脑子里淡去，以至于几乎无影无踪了；直到最后，即令那不幸的王子偶尔闯入他的记忆里，也就成了一个不受欢迎的幽灵，因为那使汤姆觉得有罪，感到惭愧。

汤姆那可怜的母亲和姐姐也经过同样的历程，从他心里跑出去

① 见休谟的《英国史》。

了。起初他很伤心地惦念她们，为她们而悲痛，渴望着和她们相见；但是后来，他一想起她们不知在哪一天穿着又破又脏的衣服来找他，和他亲吻，以致拆穿他的西洋镜，把他从那高贵的地位拉下来，拖回去过那极度穷苦和卑贱的日子，再到贫民窟里去住——他一想起这些，就不禁浑身打冷战。最后她们几乎完全不再打搅他的心思了。于是他就觉得很满足，甚至还很欢喜；因为现在每逢她们那几副愁苦和怨望的面孔在他脑子里出现的时候，就使他觉得比蠕动的蛆虫还更加可鄙了。

二月十九日午夜时分，汤姆·康第在王宫里躺在他那阔气的床铺上，进入了梦乡，他身边有那些忠心的仆人卫护着，还有一切皇家的讲究排场，真是个幸福的孩子；因为明天就是预定给他举行庄严的加冕礼、使他当英国国王的日子了。在这同一时刻，真正的国王爱德华却又饿又渴，浑身油泥，又因长途旅行而疲劳不堪，身上穿着撕成了碎片的破衣服——这是他在那一场骚乱中的收获——他挤在一群看热闹的人当中站着，那些人正在兴致很浓地望着一队一队奔忙的工人从威斯敏斯特大教堂川流不息地跑进跑出，忙得像蚂蚁似的；他们正在为国王的加冕礼进行最后的准备工作哩。

第三十一章　新王出巡受贺

汤姆·康第第二天早晨醒来的时候，空中到处一片震耳的人声，远近四方都充满了这种声音。这在他听来，就像音乐一般，因为这表示，英国全国臣民都在兴高采烈地对这个盛大的日子表示由衷的欢迎。

不久，汤姆就在泰晤士河上又一次成了一个辉煌的御艇出巡的主要角色。按照自古以来的习惯，穿过伦敦城的“出巡受贺”的行列必须从伦敦塔出发，现在他就是到那儿去。

他到了那儿的时候，那个庄严的堡垒的四面好像忽然在无数地方裂开了似的，每一条裂缝中都跳出一条通红的火舌和一道白烟来；随后是一阵震耳欲聋的爆炸声，把人群的欢呼声都压倒了，震得地都发抖；火焰和白烟一次又一次出现，爆炸声一次又一次响起来，都迅速得令人惊奇，以至几分钟内那座古塔就被它自己放出的烟雾所笼罩了，只剩下最高的一层叫作白塔的塔顶，还可以看得见；白塔上插着旗子，在那一片浓烟之上突出地耸立着，就像一座山的高峰突出于浮云一般。

汤姆·康第穿着华丽的盛装，骑着一匹雄赳赳的战马，马身上的讲究装饰几乎垂到地上；他的“舅父”摄政王桑莫赛也骑着一匹类似的马，跟在他后面；国王的卫队披着晃亮的盔甲，在他两旁排成竖行；摄政王后面跟着一长串好像是无穷无尽的光彩夺目的贵族行列，都有他们的仆人随侍着；跟在他们后面来的是市长和市参议员的队伍，都穿着天鹅绒的大红袍，胸前挂着金链子；他们后面是伦敦各行会的职员和会员，也都穿得很讲究，举着各个行会的鲜艳旗帜。此外，在这个游行队伍中，还有那古老的名誉炮兵连，算是穿过城区时的特种仪仗队——这个部队当时已经有三百年的历史了，它是英国唯一享有特权、不受国会命令支配的队伍（这种特权它现在还享受着）。这真是壮丽的场景，队伍威风凛凛地从那万头攒动的人群中走过的时候，沿途一直都受到欢呼和祝贺。史官记载道："国王入城时，民众夹道欢迎，都向他祝福，致欢迎词，或是向他欢呼，说些亲切的话，还有各种证明百姓热爱君主的表示；国王满面喜色，抬起头来向远处的市民微笑示意，并对身边的观众说些非常亲切的话，这就是表示他接受百姓的一片好意，对所有祝福他的人，他都表达了谢意。有些人说'愿上帝保佑陛下'，他就回答说，'愿上帝保佑你们大家！'接着还说一声'诚心诚意地感谢你们'。百姓听到他们的国王这种仁爱的回答，看见他那亲切的表情，都感到万分欢喜。"

芬秋奇街上有一个"服装华贵的美貌幼童"站在一个台子上欢迎国王陛下入城。他的颂词最后一节是这样的：

御驾光临，万众欢迎；
欢迎御驾，情意难言；
口舌欢迎，心也欢迎；
天佑吾王，福寿无边。

民众发出一阵欢呼，齐声和唱那孩子念出的颂词。汤姆·康第向四处注视着那波涛汹涌的大海似的一片热切的面孔，他心中就充满了狂喜的情绪；他觉得人生最有意义的事情莫过于当国王，做全国崇拜的偶像。随后他就一眼望见远处有他两个垃圾大院的玩伴，都穿得破破烂烂——其中有一个是他当初模仿的那个朝廷里的海军大臣，另一个是同一假想中的御寝大臣；于是他那得意的情绪就更加高涨了。啊，假如他们现在还能认识他，那多么好！假如他们知道当初那个贫民窟和背巷里的被人嘲笑的假国王现在成了真正的国王，还有那些煊赫的公爵和亲王做他的服服帖帖的臣仆，整个英国都拜倒在他脚下，那该是多么无法形容的荣耀！但是他不得不抑制自己的欲望，因为他如果被那两个孩子认出来，结果就难免使他遭受意想不到的损失；因此他就把头转开，让那两个肮脏的孩子继续欢呼，继续说那些奉承国王的话，毫不怀疑他们所欢迎的对象有什么问题。

人群中时而发出一阵喊声："给赏钱呀！给赏钱呀！"汤姆就响应这种要求，向周围撒出一把亮晃晃的新钱币去，让大家抢夺。

史官记载道："城内市民在格雷斯秋奇街西头那个大鹰招牌前面建了一座华丽的拱门，拱门下面搭了一个戏台，从街道的一边横跨到对面。这是个历史人物展览台，上面陈列着国王最近几代的先人。台上有约克皇族的伊丽莎白，坐在一朵巨大的白玫瑰花当中，花瓣在她周围形成精致的裙褶；她旁边是亨利七世，从一朵巨大的红玫瑰花里伸出身子来，姿势也和她一样；这对皇家配偶是手挽着手的，他们的结婚戒指很显著地露在外面。从那两朵红白玫瑰花上伸出一枝花茎，伸到第二层台子上，上面坐着亨利八世，他的身子是从一朵红白两色的玫瑰花里伸出来的，旁边有新王的母亲洁恩·赛莫尔的造像。从这对配偶身上又发出一条枝，伸到第三层台子上，那上面坐着爱德华六世本人的造像，穿着国王的盛装坐在宝座上。全部展览台都有红白两种玫瑰花的花环包围着。"

这个奇妙而艳丽的展览使狂欢的人们极感兴趣，因此他们欢声如雷，把那个用歌功颂德的诗句来解释这些人物的小孩子的微小声音完全压倒了。但是汤姆·康第并不觉得难过，因为这种忠诚的吼声无论它的性质究竟怎样，在他听来都比任何诗歌更为悦耳。汤姆随便把他那快乐而年轻的面孔向哪一边转，大家都看出那造像和他本人是非常相似的，他自己简直就是那个造像的一份活标本，于是新的喝彩声又像旋风似的一阵一阵爆发出来。

盛大的游行队伍继续前进又前进，从一座又一座的庆祝拱门底下走过。道旁还陈列着连续不断的许多壮观的、含有象征意义的连环画，使人看了眼花缭乱；这些连环画每一套都代表这位小国王的某种品德、才能或特长，含有表扬的意思。“在契普赛街上，从头到尾，家家户户都在屋檐下和窗户上挂着旗子和飘带，最讲究的绒毡、毛料和金丝缎垂在街道两旁作为装饰——这都是那些商店里面的大量财富的象征；别的街道也和这条大街一样壮观，有的甚至还超过了。”

“原来这许多珍奇宝贵的东西都是摆出来欢迎我的——欢迎我的呀！”汤姆·康第喃喃地说。

这个假国王脸上因兴奋而发红，眼睛里闪着光，完全陶醉在愉快的情绪中，有一种飘飘然的感觉。这时候，他正待举起手来，再抛出一把赏钱，恰好一眼瞥见一副苍白而吃惊的面孔，从人群的第二排里拼命探出来，用那双专注的眼睛盯住他。一阵极不愉快的惊慌失措的感觉侵袭了他的全身，他认出了他的母亲！于是他立刻就把手往上一举，掌心向外，遮住眼睛——这是他老早就有的一种不由自主的动作，本来是由一件早已忘记的事情引起的，后来就习惯成自然了。一转眼的工夫，她已经从人群中挤出来，冲过卫士的警戒线，跑到他身边了。她抱着他的腿，在它上面到处亲吻，一面还大声喊道：“啊，我的孩子，我的心肝宝贝！”她抬头望着他，脸上因欢喜和慈爱而改变神色了。国王的卫队里有一个军官马上就大骂一声，把她揪住，用他那强壮的胳臂猛推了一下，把她推得一摇一摆地滚回原处去了。这件惨事发生的时候，汤姆·康第嘴里正在说：“我不认识你呀，你这个女人！”但是他看见她受到这种侮辱，良心上非常难受；后来人群把她吞没，使她看不见他的时候，她转过头来望了他最后一眼；看她那样子，似乎非常委屈、非常伤心，因此他突然感到一阵耻辱，把他的得意情绪完全化成了灰烬，他那盗窃而来的国王的威风也烟消云散了。他的荣华一下子变得一钱不值，好像一些碎布片似的从他身上脱落下去了。

出巡的队伍继续前进再前进，经过的地方越来越华丽，民众的欢呼也越来越响亮；但是这一切对于汤姆·康第毫无作用，好像根本没有这回事一般。他什么也没有看见，什么也没有听见。国王的身份已经失去了光彩，失去了甜蜜的滋味，那些威风凛凛的排场已经成了一种羞辱。悔恨正在啃着他的良心。他说：“但愿上帝让我摆脱这种束缚吧！”

他不知不觉地恢复了他最初被迫做了国王的那些日子里的说话语调。

辉煌的出巡队伍继续前进，像一条发光的绵延不断的长蛇似的，穿过这座古雅的城市里那些弯弯曲曲的街巷，从那些欢呼的人群中走过；但是国王始终骑在马上低着头，无精打采，他只看见他母亲的脸和她脸上那副委屈的神色。

“给赏钱呀！给赏钱呀！”这种喊声钻进了一双对此毫不在意的耳朵里。

“英王爱德华万岁！”这种呼声好像把大地都震动了，但是国王仍然没有反应。他听到这种呼声，也不过是像听见远处随风飘来的波涛声一样，因为它被另一种更近的声音压倒了——那是他自己胸膛中那颗兴师问罪的良心所发出来的声音，这个声音老是重复那一句可耻的话：“我不认识你呀，你这个女人！”

这句话刺痛着假国王的心，正如一个用阴谋诡计害死了自己的朋友的人听到死者的丧钟的时候，良心上受到谴责一般。

每到一处，都有新的壮丽场面展现出来，新的奇观和新的奇景在眼前迸发；憋了很久的欢呼像放炮似的爆发出来，等待着的群众从他们嗓子里倾泻出新的狂喜；但是国王毫无表示，他所听见的只有他那不安的胸膛里不断呻吟的那个谴责的声音。

后来群众脸上的喜色稍微起了一点变化，换上了几分关切的表情；喝彩的声音也显而易见地减弱了。摄政王很快就注意到这种情况，他也很快就找出了原因。他赶着马跑到国王身边，在鞍子上深深鞠躬致敬，一面说：

“陛下，现在是不宜于幻想的。老百姓看见您低着头，郁郁不乐，会把这当成不好的预兆哩。请您听我的劝告吧，皇家的御颜要像太阳那样发出光来，照耀这种不祥之气，把它驱散。请您抬起头来，向百姓微笑吧。”

公爵一面这么说，一面向左右撒出一把钱币，然后退回原位。假国王机械地依照公爵的吩咐行事。他的微笑是没有感情成分的，但是大家的眼睛都离得远，并且也不仔细看，所以很少有人能看出破绽。他向百姓答礼的时候，他那戴着翎毛的头一点一点的，显得非常文雅而慈祥；他手里撒出去的赏钱相当慷慨，很适合国王的身份。于是群众的焦虑就消失了，大家的欢呼声又像原先那样响亮地爆发出来了。

但是临到出巡将近结束的时候，公爵不得不再一次驱马上前去，提醒国王。他低声说：

“啊，令人敬畏的君主！请您甩掉这种扫兴的神情吧，全世界的眼睛都在望着您哪。”然后他又极为烦躁地接着说了一句，“那个疯子叫花婆真该死！就是她搅扰了陛下的心情。”

那漂亮的角色把一双无精打采的眼睛转过去望着公爵，用一种死气沉沉的声调说：

“她本是我的母亲呀！”

“我的天哪！”摄政王一面拉着缰绳把他的马退回原位，一面呻吟着说，“那个预兆果然灵验，他又发疯了！”

第三十二章　加冕大典

我们现在且倒退几小时，在这值得纪念的加冕大典的日子，清早四点钟到威斯敏斯特大教堂去看看吧。我们并不是没有同伴；因为那时候虽然还是夜里，我们却已经看见那些点着火把的看台上挤满了人，他们都情愿在那儿规规矩矩地坐着，等待七八个钟头，一直等到他们可以看到国王加冕的时候——这个大典也许是他们终身难得再看到的。是呀，自从清早三点钟预告的炮声响过之后，伦敦和威斯敏斯特就忙乱起来了。那时候已经有一群一群的没有官爵的阔人拥进那些专为他们保留的看台的入口，这些阔人是早就花钱打点好了，可以到看台上找座位的。

时间慢慢地熬过，相当沉闷。骚动已经停止了一段时间，因为每个看台早就挤满了。现在我们可以坐下来，逍遥自在地看一看，想一想。我们到处可以透过那教堂里暗淡的微光，瞥见许多看台和楼厢的一部分，每个都挤满了人，这些看台和楼厅的其他部分被隔在当中的柱子和建筑上的突出部分遮住了。我们看得见北边的大袖廊的全部，空着等英国的特权人物来坐。另外还看得见那宽大的教坛，铺着材料讲究的地毯，国王的宝座就摆在那上面。宝座占据着教坛的正当中，有一个四级的台子把它垫高了一些。宝座里放着一块粗糙的扁石头——这就是斯康石[①]，从前有许多世代的苏格兰王

① 斯康石，史称“定命石”，从前苏格兰的国王都坐在上面举行加冕礼，曾长期置于威斯敏斯特大教堂。

坐在那上面加冕，所以后来它成了一块神圣的石头，给英国国王做同一用途也很够资格了。宝座和它的踏脚凳上都蒙着金丝缎。

大教堂里寂静无声，火把在昏暗之中闪烁着，时间慢得难受地熬过去。但是姗姗来迟的晨光终于露面了，于是大家熄掉火把，柔和的阳光把教堂里各处宽大的空间都照遍了。这座雄伟建筑的全部轮廓现在都看得清楚了，但是还有些朦朦胧胧、如梦如幻的感觉，因为太阳被薄云微微遮住了。

七点钟的时候，那呆滞的单调气氛第一次被打破了。因为时钟刚敲过七点，头一个贵族夫人就走进了大袖廊，她的服装若以华丽而论，简直像所罗门王穿的一样；有一位穿着缎子和天鹅绒衣服的官员把她引到她的专席上，同时另外有一位像他一样的官员提起这位贵妇的长裙在她背后跟着，等她坐下之后，又替她把这条衣裙叠在她膝上。然后他又依照她的旨意把她的踏脚凳放好，再把她的花冠放在最适当的地方，好让她在贵族们一齐复冠的时候，顺手就可以拿到。

这时候，贵族妇女们像一道金光闪闪的流水似的源源而来，许多穿缎子衣服的官员们到处来来往往，照顾她们入座，把她们伺候得舒舒服服。现在的场面是相当热闹了，处处都有活动和生气，处处都是变幻的色彩。过了一会儿，又是满场寂静，因为贵族妇女们通通来到，各自就座了——这是一大片人的花朵，五光十色，非常耀眼，她们满身的钻石连成一片，活像天上的银河。这里有各种年龄的人：有肤色棕黄、皱纹满面的白发贵族寡妇，她们可以一代一代地往上回溯，还记得起理查三世加冕的光景和那早已被人忘却的年代里那些动荡的日子；另外还有一些漂亮的中年妇女；还有一些可爱的、娴雅的年轻贵妇；还有一些温柔美丽的年轻姑娘，她们两眼发光，面容清秀，到了举行大典的时候，她们也许会把镶着宝石的花冠戴成古怪的样子，因为这种事情对她们还是生疏的，她们的兴奋不免使她们的举动很不自然。但是也许不会这样，因为这些少女们梳头的时候，都特别注意把头发梳成适当的样式，以便号声一响，很快就可以把花冠恰到好处地戴在头上。

我们已经看到这些成排坐在一起的一大片贵族妇女都是满身钻石，还看到这是一个了不起的场面——但是现在我们才当真要感到惊奇了。在九点钟左右，天上的云忽然散开，一道阳光划破那柔和的天空，慢慢地顺着那一排一排的女宾照射过来；凡是它射到之处，都像火焰似的，放出多种颜色的耀眼的光彩；于是我们就好像浑身触了电似的，直到指尖都因这个场面所引起的惊奇和美丽的感觉而隐隐地震动起来！随后有一个来自东方某一偏远地方的特使和全体外国大使们一同前进，走过这道阳光，他周身放射出来的一闪一闪的光彩简直使人眼花缭乱，以至我们惊讶得连气都透不过来；因为他从头顶到脚跟都戴满了宝石，他稍微动一下都会向四面八方洒出一片跳跃的光彩。

闲话少叙，言归正传。时间不知不觉地过去了——一个钟头——两个钟头——两个半钟头，然后深沉的隆隆炮声报告国王和他那堂皇的队伍终于来到了；于是等待的人们都很欢喜。大家都知道随后还有一阵耽搁，因为国王还要经过一番打扮，穿好礼袍来参加这个隆重的典礼；但是这一段拖延的时间是不会寂寞的，全国的贵族穿着派头十足的礼袍，就在这时候入场。官员们把他们按照礼节引到座位上，还把他们的冠冕放在身边顺手的地方；同时看台上那许多人都兴致勃勃，因为他们大多数都是第一次看到一些公爵、伯爵和男爵，这些头衔已经流传五百年了。后来这些贵族通通坐定了之后，在看台上和一切有利位置上就可以把他们看得清清楚楚；这个豪华的场面实在是很好看，而且是令人难忘的。

这时候那几位穿着法衣、戴着法冠的教会首领和他们的随从依次走上教坛，坐上各自的座位；他们后面跟着摄政王和他的大臣，再后面还来了一队钢盔钢甲的皇家卫队。

又等了一段时间；一声号角之后，突然响起了一阵喜气洋洋的奏乐声，于是汤姆·康第穿着一件金丝缎的长袍在门口出现，走上了教坛。全体在场的人都站起来，随即就举行了承认国王的仪式。

然后一首庄严的赞美歌响起，它洪亮的声浪扫过大教堂全场；汤姆·康第就在这阵歌声的先导和欢迎之下，被引到宝座上去了。古老的仪式进行着，那种庄严的气氛给人很深的印象，观众都定睛注视着。仪式越来越接近结束的时候，汤姆·康第脸色渐渐发白，而且越来越白得厉害，一阵不断地逐渐加深的苦恼和沮丧的情绪笼罩着他的心灵，笼罩着他那懊悔不安的良心。

后来，终于临到最后一项仪式了。坎特伯雷大主教把英国的王冠从垫子上捧起来，举在那发抖的假国王头上。同时在一瞬之间，宽大的袖廊上闪过一片彩虹似的光辉，因为那贵族群中每个人都动作整齐地举起了一顶冠冕，在各自的头上举着——大家都保持着这种姿势不动了。

深沉的寂静遍布了整个大教堂。正在这令人难忘的时刻，一个惊人的鬼影闯入场内来了——这个鬼影在全场聚精会神的人们当中没有被发现，直到后来，他突然出现了，顺着中间那条大过道往前走。那是个男孩子，没戴帽子，鞋袜都不像样子，身上穿着一套到处破成了布片的粗布平民衣服。他庄严地举起手来，那种神情与他那副满身油污的可怜相是很不相称的，同时他发出了一声警告。

“我不许你们把英国的王冠戴在那个假冒的国王头上，我才是国王！”

立刻就有几个愤怒的人伸手抓住了这个孩子；但在同一瞬间，汤姆·康第穿着他那一身帝王的服装，迅速地向前走了一步，用响亮的声音喊道：

“快放了他，不许乱动！他的确是国王！”

一种惊慌失措的气氛扫遍全场，有一部分人从座位上站起来，用惶惑的神色瞪着眼睛互相望着，再望一望这一场戏里面的两个主角，他们的神情好像那些恍恍惚惚的人，简直不知道自己究竟是清醒的，还是睡着觉在做梦哩。摄政王也和别人一样吃惊，但是他很快就恢复了镇静，用一种权威的声调喊道：

“不要听陛下的话吧，他的毛病又发作了，把那野孩子抓起来！”

有人正要听从他的命令，但是假国王跺着脚大声喝道：

“抗命者死！不许动他，他是国王！”

伸出去的手又缩了回去，全场都吓瘫痪了，谁也不动，谁也不说话；事实上，逢着这种稀奇而惊人的紧张场面，谁也不知道该怎么办，或是说什么话才好。大家心里正在极力恢复正常的时候，那孩子沉着地继续往前走，他表现出高贵的风度和自信的神态；他从开始就没有踌躇过；大家心里乱成一团，还在无可奈何地胡思乱想的时候，他却走上了教坛，假国王满脸喜色地跑过去迎接他，在他面前跪下来说：

“啊，国王陛下，让可怜的汤姆·康第首先向您宣誓效忠吧，让我向您说，‘请您戴上王冠，恢复王位吧！’”

摄政王的眼睛严厉地盯着这新来的孩子的脸，但是他严厉的神色马上就消失了，换上了一副惊奇的表情。其他的大官也出现了这种现象。他们互相望了一眼，出于一种共同的、不知不觉的冲动，后退了一步。每个人心里都起了同样的念头：

“这么相像真是奇怪啊！”

摄政王不知如何是好地沉思了一两分钟，然后以严肃而尊敬的态度说：

“请您恕我冒昧，我想问您几个问题，都是……”

“我可以回答，公爵。”

公爵就问了许多问题，有关于朝廷的，有关于先王的，有关于王子和公主们的。这孩子都回答得很正确，而且毫不迟疑。他把宫里那些举行朝见的房子和前王所住的房间和太子的房间都描述了一番。

真是奇怪，真是神妙！是呀，这未免太不可思议了——凡是听见了的人都是这么说。形势开始转变了，汤姆·康第的希望也就随着高涨起来，但是摄政王摇摇头说：

“这固然是非常神奇——可是这些事毕竟没有什么了不起，国王陛下也能说得清楚的。”汤姆·康第一听这句话，并且听见自己还是被称为国王，心里就很发愁，他觉得他的希望垮了。“这都不能算是证明。”摄政王又添了这么一句。

现在形势又在迅速地转向，实在是快得很——但是转变的方向错了；这把可怜的汤姆·康第搁浅在宝座上，把另外那个孩子冲进大海去。摄政王沉思了一会儿——他摇摇头——后来他不由自主地想道：“如果老让这么一个不幸的谜解不开，那对国家很有危险，对我们大家都有危险；结果可能使国家分裂，使王位颠覆。”于是他转过身去说：

“汤玛斯爵士，逮住这个——不，住手！”他脸上露出了喜色，随即他就对这个衣衫褴褛的候补国王提出这么一个问题：

“国玺在什么地方？只要能把这个问题回答得对，就可以解开这个谜了，因为只有真正的前太子才能回答得对。这么小的东西上可悬着宝座和王朝的命运呢！”

有这个想法很幸运，令人开心。大臣们在他们那个圈子里互相望一望，大家眼睛里都流露出赞成的神色，表示无声的喝彩，这就足见他们的看法都是那样。是的，除了真正的王子，谁也不能解开国玺失踪这个难解的谜——这个倒霉的小骗子是有人教过他不少的事情，可是遇到这个难关，他那一套就不灵了，因为连教他的人自己也不能回答这个问题——啊，妙极了，真是妙极了：现在我们很快就可以把这个麻烦和危险的问题解决了！于是大家纷纷点头，心里都很满意地微笑着，他们指望看到这个糊涂的孩子会露出张皇失措的、犯罪的神色，吓得不知如何是好。但是他们所看到的完全不是这么回事，这真使他们大为吃惊——他们听见他立刻就用自信的、从从容容的声音回答，都觉得非常惊奇。他说：

“这个谜根本没有什么难解。”然后他对谁也不说一声客气话，就转过脸去发出一个命令，他那自自然然的态度表示他是个惯于对人下命令的人，“圣约翰勋爵，你进宫去到我的房间里——因为别人对那个地方都不如你清楚——在靠近地板的地方，离那扇通着前厅的门最远的左边那个角落里，你在墙上会找到一个黄铜的钉头形的装饰；你按它一下，就会有一个小宝石箱敞开，这是连你都不知道的——不但是你，除了我自己和替我设计的那个可靠的工匠以外，世界上再没有谁知道。你第一眼看到的就是国玺——把它拿到这里来。”

在场的人一听这些话，都觉得惊奇，尤其是看见这个小叫花子毫不迟疑地指出这位贵族来，一点也不怕弄错，并且还很自然地直呼他的名字，令人信服地显出一辈子就认识他的神气，大家就更加觉得惊奇了。这个突如其来的命令，几乎吓得这位贵族要服从了。他甚至动了一下，好像是要走的样子，但是他赶快恢复了镇定的态度，脸上红了一下，表示承认自己的错误。汤姆·康第转过脸来向他严厉地说：

“你为什么还要迟疑？难道没有听见国王的命令吗？快去！”

圣约翰勋爵深深地行了一个鞠躬——大家看出了他这个鞠躬是特别小心而含糊的，因为他不是向这两个国王之中任何一个行礼，而是对着两者之间那块中立地带行的——然后他就告辞了。

现在那一群华丽的大官里面的组成分子开始移动起来，动得很慢，几乎看不出，但是持续不断地在动——好像我们在一个慢慢转动的万花筒里所看到的情形一样，那里面一个艳丽的花团的组成分子散开，与另一个花团结合起来——在目前这个场面中，这种移动就使汤姆·康第周围站着的那一群光彩夺目的角色解体了，又在那个新来的孩子附近聚拢了。汤姆·康第几乎是独自站着的。随后是一阵短时间的惴惴不安和焦心等待——在这段时间里，连那留在汤姆·康第身边的少数胆小的人也渐渐鼓足了勇气，一个一个地溜到多数那边去了。于是汤姆·康第穿着他那帝王的礼袍，戴着满身钻石，终于完全孤单地站着，与整个世界隔绝了。现在他成了个孤家寡人，占着一大片空地，真是意味深长。

现在，大家看见圣约翰勋爵回来了。他顺着当中的过道往前走的时候，大家的兴趣非常浓厚，因此广大的会众当中的低声谈话停息了，随后是一阵深沉的寂静，大家静得连气都不敢出；在这种气氛中，他的脚步轻轻地发出一阵沉闷的、遥远的声响。他一直往前走，每个人的眼睛都盯着他。

他走到教坛上，踌躇了一会儿，然后向汤姆·康第走过去，行了个深深的鞠躬礼，说：

"陛下，国玺不在那里！"

那一群吓得脸色惨白的大臣马上就从那个要求王位的衣着肮脏的孩子身边连忙散开，即令是躲开一个害瘟疫的病人，也不能比这更快了。片刻之间，他就独自站着，谁也不跟他接近，谁也不支持他了，于是他就成了大家轻视和愤怒的眼光的焦点。摄政王凶恶地喊道：

"把这个叫花子撵到街上去，拿鞭子打着他游街吧——这个小流氓不值得我们再理会了！"

卫队的军官急忙往前去执行命令，但是汤姆·康第挥手把他们挡开，一面说：

"回去！谁敢动他，就处死刑！"

摄政王狼狈到了极点，他对圣约翰勋爵说：

"你仔细找过了吗？——不过问这个毫无好处。这似乎太奇怪了。无关紧要的小东西是可能失踪的，谁也不会因此吃惊；但是像英国的国玺这么个大东西怎么会不见了，还没有谁能找得出一点线索呢？——那么大个金的圆饼子——”

汤姆·康第眼睛里闪出光来，他连忙走上前去，大声嚷道：

“行了，这就够了！是圆的吗？——很厚吗？——是不是上面刻着字母和花纹？——对吗？啊，现在我才知道，你们那么急得要命、大惊小怪地要找的这个国玺，原来是这么个东西呀！要是你们早给我说明了是个什么样子，那你们在三个礼拜以前就找到了。我清清楚楚地知道它在什么地方，不过并不是我把它放在那里——起先不是我放的。”

“那么是谁放的，陛下？”摄政王问道。

“就是那边站着的人——英国的合法国王。让他自己告诉你们放在什么地方吧——那么你们就会相信他是本来就知道的。您想一想吧，国王——动动脑筋吧——那天您穿着我那身破衣服，从王宫里冲出去，要处罚那个侮辱我的卫兵，临走之前干的最后一件事情就是收起国玺，那是您最后干的事情呀。”

随后是一阵沉寂，没有任何动作或是声音来打搅，所有的人都把眼睛注视着那个新来的孩子；他垂着头、皱着眉头站着，从他的脑子里乱七八糟的一大堆毫无价值的回忆中追寻一件小小的、不可捉摸的事情，这件事要是记清楚了，就可以使他登王位——如果想不起来，他就只好永远是现在这样——当个叫花子和流浪儿。时间一点一滴地过去了——慢慢熬过了好几分钟——但是这孩子始终不声不响地拼命在想，毫无表示。最后他叹了一口气，慢慢地摇摇头，用颤抖的嘴唇和沮丧的声音说：

“我回想了当初的情形——通通想过了——可是始终想不起国玺的事。”他停了一会儿，然后抬起头来望着，温和而有尊严地说，“各位大臣和侍从，你们如果为了你们的合法的国王提不出这个证据来，就剥夺他的继承权，我也许不能阻挡你们，因为我毫无权力。但是……”

“啊，我的国王，这太傻了，简直是发疯！”汤姆·康第惊慌地说，“等一等！——再想想！不要放弃！——这事情还没有失败！并且也决不许让它失败呀！您听我说吧——每个字都听清楚——我要把那天早晨的事情说一遍，每样事情都照当初的经过说。我们谈了一阵话——我给您谈到我的姐姐南恩和白特——啊，对了，您还记得；我又谈到我那老奶奶——还谈到垃圾大院的孩子们玩的那些粗野的游戏——对了，这些事情您也都记得；好极了，再听我说下去吧，您什么都会想得起来的。您给了我吃的和喝的，还大开王子的恩典，把仆人打发出来，免得我因那低微的出身在他们面前感到羞耻了——啊，对了，这个您也记得。”

汤姆把当初的详细情形一样样说出来对证，另外那个孩子点头表示同意的时候，在场的广大听众和那些大官都莫名其妙地瞪着眼睛望着他们。这些话听起来好像是真有其事，可是一个王子和一个乞丐居然会凑到一起，这种不可能的事情究竟是怎么发生的呢？现在这么些人在一处，弄得这样莫名其妙，这样感到兴致勃勃，这样目瞪口呆，真是从来没有见过的事情。

“王子，我们为了好玩儿，彼此换了衣服。然后我们在一面大镜子前面站着，我们俩长得一模一样，所以我们都说好像没有换过衣服似的——对，您还记得这个。后来您发现那个卫兵扭伤了我的手——瞧！就在这儿，我现在还不能写字哪，手指头老弯不过来。陛下一看见这个，马上就跳起来，发誓要向那个卫兵报仇，于是就往门口跑——您走过一张桌子——您叫作国玺的那个东西就放在那张桌子上——您把它一下子拿起来，很着急地东张西望，好像是要找个地方把它藏起来——您一眼看见了……”

“得了，这就够了！——多谢上帝！”那要求王位的衣衫褴褛的孩子万分兴奋地喊道，“快去吧，我的圣约翰勋爵——你到墙上挂着的一副米兰盔甲的护臂里就可以找到国玺了！”

“对了，我的国王！对了！”汤姆·康第喊道，“现在英国的权杖归您了。如果再有谁否认，那就不如叫他生来就是个哑巴！快去吧，圣约翰爵士，让你的腿长上翅膀吧！”

现在全场的人都站起来了，大家都深感不安，非常着急，兴奋得要命，几乎因此神经错乱了。台下和台上都爆发了一阵震耳的、疯狂似的谈话声，一时大家都只听见身边的人向自己耳朵里嚷出来的话，或是自己向别人耳朵里嚷出去的话；此外谁也不知道别的什么事情，什么也听不见，什么也不在意。时间在不知不觉之中飞快地过去了——谁也不知道究竟过了多久。后来终于全场鸦雀无声，同时圣约翰走上教坛，手里拿着国玺，高高举起。于是全场就欢呼起来了。

“真正的国王万岁！”

欢呼声和乐器的嘈杂声在空中震动了五分钟，同时一片飞舞的手巾弄得满场像下雪一般。在这阵狂欢中，一个衣衫褴褛的孩子站在那宽大的教坛的中心，他是全英国最引人注目的人物，满脸绯红，喜气洋洋，非常得意，全国的大臣跪在他周围。

然后全体起立，汤姆·康第大声喊道：

“啊，我的国王，现在请您收回这身国王的礼袍，把那些破烂衣服还给您的可怜的奴仆汤姆吧。”

摄政王高声地说：

“把这个小流氓的衣服剥掉，给他关到塔里去吧。”

但真正的新王说：

“我不赞成这么办。如果不是他帮忙，我就不能恢复王位哩——谁也不许动手，不许伤害他。至于您呢，我的好舅舅，我的摄政王，您这种行为对这个可怜的孩子未免太忘恩负义，因为我听说他已经把您封为公爵了。”——摄政王涨红了脸——“但是他并不是国王，所以您那个漂亮头衔现在有什么价值呢？明天您再请求批准这个爵位吧——要托他替您申请才行——否则您就不算什么公爵，仍旧只是一个伯爵。”

桑莫赛公爵挨了这顿骂，连忙从国王面前退后了一点。国王转过身来向着汤姆，很和蔼地对他说：

“可怜的孩子，国玺藏在什么地方，连我自己都想不起来了，你怎么反而记得呢？”

“啊，我的国王，那很容易，因为我把它使了好几天。”

“你使了几天，还说不出它在什么地方吗？”

“我不知道他们要的是这个东西呀。他们并没有说明它是个什么样子哩，陛下。”

“那么你使它做什么呢？”

汤姆脸上的血液悄悄地升上来了，他把眼睛朝下看，一声不响。

“大胆说吧，好孩子，不用害怕，”国王说，“你用英国的国玺干什么来着？”

汤姆慌张得可怜，结结巴巴地说了一会儿，才说出口来：

“用它砸栗子！”

可怜的孩子啊，他这句话引起的一阵山崩似的狂笑几乎把他冲倒了。但是如果还有谁心里有点儿怀疑，不相信汤姆·康第不是英国国王，认为他熟悉皇家的那些尊贵的东西，现在一听他这句回答，就完全把怀疑扫清了。

同时那件华丽的礼袍已经从汤姆身上换到国王身上，把他的破衣服完全遮盖住了。然后加冕礼又继续举行，真正的国王接受了涂油的仪式，王冠也戴在他头上了，同时礼炮的轰隆声把这个消息报告给全城，于是整个伦敦城似乎是被欢呼喝彩的声音所震撼了。

第三十三章　爱德华当了国王

迈尔斯·亨顿在卷入伦敦桥上那一场骚乱之前，他那副样子已经够好看的了——他从那里面摆脱出来之后，就更加好看了。他卷入纠纷的时候，身上的钱本来就很少，出来的时候就分文没有了。扒手把他最后剩下的几个钱通通掏光了。

但是不要紧，只要他能找到他那个孩子就行了。他是个军人，所以他并没有乱七八糟地找，而是首先动脑筋，把寻找的计划安排妥当。

这孩子必然会怎么办呢？他必然要到什么地方去呢？

嗯——迈尔斯推想着——他当然会回到他的老窝去，因为那是神经不健全的人的本能，这种人到了无家可归和没人理睬的时候，一定是回老窝，也跟神经健全的人一样。可是他的老窝在什么地方呢？从他那一身破衣服，从那个好像认识他并且还自称是他父亲的那个下流的坏蛋，都可以看出他的家是在伦敦的某一个最穷、最糟的地区。去找他是不是困难，或是要很久呢？不，大概是很容易的，用不着多久就能找到。他不用去找那孩子，只要找成堆的人就行；他迟早一定会找到他那个小朋友。围在一大堆人或是一小堆人当中，这孩子还是会像往常那样，自称是国王，那些肮脏的家伙一定会作弄他，惹他生气，借此拿他开心。然后迈尔斯·亨顿就要把这些人打伤几个，再把这个受他保护的孩子抱走，对他说些亲密的话来安慰他，使他高兴，他们俩从此以后就再也不分离了。

于是迈尔斯就动身去寻找。他在那些偏僻的巷子和肮脏的街道上钻进钻出，寻找成群成堆的人，找了一个钟头又一个钟头，结果他找到无数处成堆的人，可是始终没有那孩子的踪影。这使他大为惊奇，但是并没有使他丧气。在他看来，他的寻找计划并没有什么不对，唯一估计错误的地方就是寻找的时间大概是要拖长了，而他原来是指望着只需要短时间就行的。

后来终于到了天亮的时候，他已经走了好几英里路，查找过许多处成群的人，但是唯一的结果就是把他累得筋疲力尽，而且又饿又困。他很想吃点早饭，可是没有办法。讨饭吃他又不情愿；至于当掉他那把剑，他又会联想到那是丧失体面的事情；他的衣服倒是可以少穿一点——不错，可是那种衣服如果也能卖得出去的话，那就连出卖疾病也容易找到主顾了。

直到中午，他还在到处游荡——这时候是混在那些跟在国王出巡的队伍后面的乌七八糟的人当中，因为他推断这个堂皇的场面对他那个小疯子的吸引力一定很大。他跟着这个游行队伍，穿过伦敦许多迂回的街巷，一直跟到威斯敏斯特宫和大教堂。他混在那些聚集在游行队伍附近的群众当中到处游荡了很久，走得很累，心里懊丧而烦乱，后来他终于想着心事离开了人群，打算想个办法，修改他的寻找计划。过了一会儿，他从沉思中清醒过来，才发现城市已经被他甩在后面很远，天色也渐近黄昏了。他离河很近，并且是在乡间，那是讲究的乡村别墅所在的地区——这种地方对他所穿的那种衣服是不大欢迎的。

天气一点也不冷，他就在一道篱笆背风的一面躺在地上来休息休息，想想事情。困倦很快就控制了他的神经，远处微弱的轰隆炮声随风飘到他耳朵里来了，他就自言自语地说："新王加冕了。"随即他就入了梦乡。在这以前，他已经有三十多个钟头没有睡眠和休息了。一直到第二天上午快过了一半的时候，他才醒过来。

他又瘸又僵地爬起来，饿得半死，勉强到河里去洗了洗脸，喝了一升米水，顶住饥饿，又很吃力地往威斯敏斯特宫走，一面嘟哝着埋怨自己耽搁了这么大的工夫。饥饿逼着他想出了一个新办法：他要设法找汉弗莱·马洛老爵士谈谈，向他借几个马克，再——可是目前只要打这么个主意就行了；且等这第一步实现了之后，就会有充分的时间来扩大这个计划。

快到十一点钟的时候，他走近了王宫。虽然他身边有许多衣冠华丽的人往同一方向走，他却并不见得不引人注意——他那一身服装帮了他的忙。他仔细打量这些人的面孔，希望找到一个好心的人，愿意替他把名字传达给那位老副官——至于他自己进宫去，那是根本不可能的。

随后我们的代鞭童从对面走过他身边，然后又转过身来，仔细打量他那样子，一面想道："这要不是陛下急于要找到的那个流浪汉，我就是个傻瓜——虽然我从前也许是有些傻。他恰好和陛下说的那个人一模一样，丝毫不差——如果上帝造出两个这样的角色，那就未免是一种重复的浪费，使奇迹太不值价了。我很想能找出一个借口，跟他说说话才好哩。"

迈尔斯·亨顿替这孩子省了麻烦，因为他正在这时候回转身来——一个人要是被人从后面拼命盯住，对他施催眠术的时候，他就总是要回转身来；他一看这孩子眼睛里充满了浓厚的兴趣，就向他走上前去，说：

"你刚从宫里出来，你是宫里的吗？"

"是的，阁下。"

"你认识汉弗莱·马洛爵士吗？"

那孩子吃了一惊，他心里想："天哪！就是我那去世了的老父亲呀！"然后他大声回答说："很熟哩，阁下。"

"那很好——他在里面吗？"

"在里面。"那孩子说，然后他又接着在心里想："在坟墓里面哩。"

"我请你帮个忙，把我的名字给他传进去，说我希望跟他当面说句话，行不行？"

"我很情愿马上替你办这件事情，先生。"

"那么请你告诉他，理查爵士的儿子迈尔斯·亨顿在外面等着，我非常感谢你，小朋友。"

那孩子显得有点儿失望——"国王不是这样称呼他的，"他心里想，"可是这不要紧，这大概是他的双胞弟兄，我相信他一定能给陛下说出另外那个什么爵士的消息来。"于是他对迈尔斯说："你上那里面去等一会儿，先生，等我去给你带个话来。"

亨顿走进那孩子所指的地方——那是宫墙上一个凹进去的小屋子，里面有一条石头长凳——是天气不好的时候警卫避风雨的地方。他刚刚坐下，就有一个军官领着几个戟兵走过。那军官看见了他，就叫士兵站住，命令亨顿出来。他遵命出来了，那军官认为他是个可疑的家伙，偷偷地跑到王宫附近来干坏事，马上就把他逮捕起来。情形显得很不妙，可怜的迈尔斯正想解释一下，但是那军官很粗暴地不许他说话，随即叫士兵解除了他的武装，搜查他身上。

"但愿老天显灵，让他们搜出一点儿什么东西来，"可怜的迈尔斯想道，"我自己搜遍了全身，什么也没有找到，我倒是比他们更希望找出点东西来哩。"

什么也没有找到，只有一封信。军官把它撕开，亨顿认出了他那失踪的小朋友在那遭殃的一天在亨顿府写的那些鬼画符的字，就笑了一笑。但是那军官念了用英文写的一段，脸色就发黑，同时迈尔斯听着他念，却吓得脸色惨白。

"又来了一个要求王位的！"军官喊道，"现在这种人简直像兔子似的繁殖得快哩。弟兄们，抓住这个坏蛋吧，你们千万要把他抓得紧紧的，好让我把这封宝贵的信送到宫里去，交给国王。"

他把犯人让戟兵们抓着，自己赶紧走开了。

“现在我的厄运终归走到头了，”亨顿嘟哝着说，“因为我为了那封信，准会吊在绳子上打秋千。我那可怜的孩子会遭到什么结局啊！——哎，只有仁慈的上帝才知道。”

过了不久，他就看见那个军官又匆匆忙忙地回来了，于是他就鼓起勇气来，准备以大丈夫的气概承当他的灾难。那军官命令士兵们放开犯人，把他的剑还他，然后很恭敬地行了个鞠躬礼，说：

“大人，请您跟我去吧。”

亨顿跟着他走，心里想：“我是去接受死刑和天罚的，所以必须少犯点儿罪才行，否则这个浑蛋故意对我这么恭敬，跟我开玩笑，我非掐死他不可。”

他们两个穿过一个人多的庭院，走到王宫的大门口，那军官又对亨顿行了个鞠躬礼，把他交给一个服装华丽的大官手里，这个大官非常恭敬地接待了他，引着他穿过一个大厅往前走。大厅两旁站着一排一排穿得很漂亮的仆人（这些人在他们两个走过的时候，都恭恭敬敬地行礼，但是等我们这个稻草人似的贵人刚一转背，他们就开始闷声闷气地笑得要命），后来又引着他上了一道很宽的楼梯，在一群一群的体面人物当中走过，最后把他领到一个顶大的房间里，从那些聚集在一起的英国贵族当中替他辟开一条路，然后又鞠了一躬，提醒他脱掉帽子，让他一人站在屋子当中；于是他就成了大家注目的对象，并且还有许多人愤愤不平地对他皱着眉头，许多人很开心、很鄙视地对他微笑。

迈尔斯·亨顿狼狈极了。五步以外坐着那年轻的国王，在一把堂皇的华盖之下，向旁边低着头、跟一个极乐鸟似的人物说话——那大概是个公爵；亨顿心里想着，正当壮年有为的时候被判死刑，即令不添上这种当众的羞辱，已经就够不幸的了。他希望国王赶快给自己定罪——他身边有些服装俗艳的人简直使他恶心起来了。正在这时候，国王微微抬起头来，亨顿就把他的面孔看得清清楚楚。这一下几乎使他惊讶得连气都透不过来了！他站在那儿注视着这个年轻的漂亮面孔，自己好像变成了石头人似的，随即他就突然喊道：

"瞧，梦与幻影国的国王居然登了宝座！"

他嘟哝着说了些不连贯的话，还是瞪着眼睛，非常惊奇；然后他向四周张望，仔细打量那一群华丽的人物和那豪华的大厅，一面低声自言自语地说："可是这些都是真的——的确是真的——当然不是个梦呀。"

他又向国王注视了一下，心想："这究竟是不是个梦呢？……他究竟是不是真正的英国国王，而不是我所认为的疯人院里的无亲无友的穷孩子呢？——谁能给我解开这个谜？"

他忽然灵机一动，想出了一个主意。他迈着大步走到墙边，拿起一把椅子搬回来，放在地板上，在那上面坐下了！一阵愤怒的声音爆发了，有一只粗暴的手按在他身上，同时有一个声音喊道：

"站起来，你这个不懂礼的野人！你怎么竟敢在国王面前坐下？"

这阵纷扰引起了国王陛下的注意，他伸出手去，大声喊道：

"不许动他，他有这种权利！"

众人大吃一惊，退回去了。国王继续说：

"我告诉你们，小姐和夫人们，大臣和侍从们，这是我的亲信和最亲近的仆人迈尔斯·亨顿，他伸出他那把好剑，救了他的王子，免得他受到伤害，也许还救了他的命——因此国王宣布，封他为爵士。你们还要知道，他立了个更大的功劳，那就是他使国王免了挨鞭子打，免了受羞辱，由他自己代替受了刑罚，因此我封他为英国的贵族，肯特伯爵，还要封给他与这个爵位相称的钱财和土地。还有一点——他刚才行使的这种特权也是国王钦准归他享有的，我已经颁布过命令，特许他一家子子孙孙，凡为首的都有权在大英国王面前坐下，世世代代，王位一日存在，这种特权永不取消。不许干涉他。"

有两个人因为耽误了时间，今天早晨才从乡下赶到，来到这间屋子里还只有五分钟；他们站着听了这些话，望着国王，又望着那个衣衫褴褛的人，再望着国王，有些惊慌失措的样子。这两个人就是休吾爵士和爱迪思小姐，但是新封的伯爵并没有看见他们。他还在心神恍惚地瞪着眼睛望着国王，嘟哝着自言自语地说：

“啊，我的天哪！这就是我那个小叫花子！这就是我那个小疯子！我还打算让他看看我那所七十间屋子和二十七个仆人的府邸多么豪华哪！这就是那个一辈子只穿过破衣服，只挨过脚踢，只吃过残汤剩菜，什么舒服日子也没见过的穷孩子呀！这就是我收养过来，要把他弄成个体面人的流浪儿！我真希望上帝给我一只口袋，我好把脑袋套起来！”

然后他忽然想起了礼貌，于是他就跪下来，把手放到国王手中，对国王宣誓效忠，并为他受封的土地和爵位谢恩。然后他就站起来，毕恭毕敬地站在旁边，还是个大家注目的对象——而且使人非常羡慕。

这时候国王发现了休吾爵士，于是他眼睛里闪出激动的光，用暴怒的声音说：

“剥掉这个强盗的伪装，取消他强占的产业吧，把他关起来，且等我来找他算账。”

原来的休吾爵士被押走了。

现在这个房间的另一头有一阵骚动，在场的人向两边后退，汤姆·康第穿着一身特别而又讲究的衣服，由一个前导官引着，在这两道人墙当中走过来。他在国王面前跪下，国王说：

“我已经听说了过去这几个礼拜的经过情形，对你很满意。你以正确的王室的慈爱和仁义之心治理了国家。你又找到了你的母亲和姐姐吗？好，我们一定要照顾她们——至于你的父亲，如果你同意，法律也允许的话，就要给他处绞刑。现在你们所有听见我的话的人都要知道，从今天起，住在基督教养院里享受国王恩惠的人，除了要使他们吃饱穿暖以外，还要让他们的心灵得到营养；我要这个孩子到那里去住着，终身担任该院管理人员的主管。因为他当过国王，大家对他应该比对一般人更恭敬，所以你们要注意他这套特别的服装，因为他就靠这样的服装表示他与别人的区别，谁也不许模仿；以后无论他到什么地方，他这种服装都可以提醒大家，使大家知道他曾经当过国王，谁也不许对他免掉应有的尊敬，必须对他敬礼。他有国王保护，他有国王支持，现在宣布他为‘国王的受惠人’，从此大家就用这个头衔称呼他。”

得意而快乐的汤姆·康第站起来，吻了吻国王的手，随即就被前导官引着出去了。他一点也没有耽搁时间，赶紧就跑去找他的母亲，把一切情形告诉她和南恩、白特，让她们听到这个好消息，可以助他的兴，大家共同欢乐一番。

尾声　赏罚分明

全部秘密被揭穿的时候，才从休吾·亨顿的招供中知道，他的妻子那天在亨顿府否认迈尔斯，是出自他的命令——他对她发出了这个命令，同时还非常严厉地威胁她，如果她不坚持否认迈尔斯·亨顿，他就要她的命；她一听这话，就说他尽管要她的命，她并不稀罕——反正她不肯否认迈尔斯；于是她的丈夫就说要饶了她的命，而要暗杀迈尔斯！这可是另一回事了，于是她就答应了他的要求，并且实践了诺言。

休吾并没有因为他的威胁行为和他窃取他哥哥的产业和爵位而受到惩罚，因为他的妻子和哥哥都不肯证实他的罪状——即使爱迪思要揭发他，迈尔斯也不会同意她这样做。后来休吾遗弃了他的妻子，跑到大陆上去，不久就死了；过了不久，肯特伯爵就跟他的寡妇结了婚。他们这对夫妇第一次回到亨顿府的时候，那个村里大大地庆祝了一番。

汤姆·康第的父亲再也没有什么消息了。

国王找到了那个烙了火印被卖为奴隶的农民，把他和帮头那一伙人都从罪恶的生活中拯救出来，使他们过着舒适的生活。

他还把那个老律师从监狱里释放出来，退还了他的罚金。他替他亲眼看见在火刑柱上烧死的那两个浸礼会女教友的女儿安顿了很好的家，严厉地惩罚了那个毫无道理地鞭打了迈尔斯·亨顿的军官。

他救了那个捉了逃鹰的小孩和那个偷了织布匠一截布头的女人，使他们免于绞刑；他想救那个被控打死了御猎场里的鹿的人，却已经来不及了。

他当初犯了偷烤猪的嫌疑，法官很怜恤他，现在他对那个法官也施了一些恩惠，结果他很高兴地看到这位法官更加受到公众的尊敬，成了一个伟大的、光荣的人物。

国王终身都爱把他的历险经过从头到尾讲给人家听，从那卫兵把他从王宫门口打出去的时候说起，一直说到最后他在那天半夜里很机警地混进一群匆匆忙忙往里面跑的工人当中，溜到大教堂里时为止；他混进去了之后，就爬到爱德华王的坟墓上藏起来。第二天他在那儿睡了很久，等他醒来的时候，几乎错过了加冕礼的机会。他说他常常把这个宝贵的教训搬出来讲一讲，就可以使他永远抱定决心，借着这些教训给人民多造一些福利；因此他一日在世，就要继续讲这个故事，使他所经历的那些悲惨景象在他脑海中永远留下鲜明的印象，并使他心中重新充满慈爱的源泉。

国王在位的短时期中，迈尔斯·亨顿和汤姆·康第始终是他最欢喜的人，他死后他们也是最真切的哀悼者。善良的肯特伯爵是个很有见识的人，因此他并没有滥用他那稀奇的特权；但是他从我们在前面说过的那次之后，到他离开人间以前，曾经行使过两次这种特权，一次是玛丽女王登基的时候，另一次是伊丽莎白女王登基的时候。他有一个后裔在詹姆士一世即位的时候使用了一次。后来这个后裔的儿子打算使用这种特权的时候，已经相隔二十五年，“肯特家族的特权”在人们的记忆中已经渐渐淡薄了；因此当时的肯特伯爵朝见查理一世，在国王面前坐下来，行使他家里那种权利的时候，就引起了很大的惊扰。但是这件事情经过一番解释，这种特权仍旧被肯定了。这个家族的最后一个伯爵在共和政治时代为国王出征，结果阵亡在外，这个古怪的特权也就随着他的去世而终止了。

汤姆·康第很长寿，他后来成了一个很漂亮的白发老人，态度庄严而仁慈。他在世的时候，始终是受人尊重的；他也很受人敬爱，因为他那显眼的奇特服装老是提醒人家，使他们想起“他曾经当过国王”；所以他无论走到什么地方，人们就向两边后退，给他让路，同时互相耳语，“脱下帽子吧，这是国王的受惠人！”——于是他们就对他行礼，他也温和地微笑着，表示答礼——大家都觉得他的微笑很宝贵，因为他一生的事迹是很光荣的。

爱德华王只活了几年——这不幸的孩子——但是他活得很有价值。曾经不止一次，有某一位大官，国王的大臣，为了反对国王的宽大，和他争论。这位大官说，某一条法律国王有意加以修订，其实那条法律是够宽大的，并不致使人感到痛苦或是压迫，谁也不会十分介意。但是年轻的国王把他那双充满同情的眼睛转过去，露出十足凄凉的神情，回答说：

“你知道什么痛苦和压迫？我和我的老百姓是知道的，你可不知道。”

在那严酷的时代，爱德华六世在位那几年是一个特别仁慈的时期。现在我们要和他告别了，最好是把这一点记在心里，纪念他的功德吧。

译后记

《王子与贫儿》是马克·吐温的童话式讽刺小说，发表于一八八一年。故事以十六世纪英国的生活情况为背景，讲一个衣衫褴褛的贫儿汤姆·康第和太子爱德华同时出生，相貌极为相似；他们由于一个偶然的机会，戏剧性地互换了服装和身份。汤姆登上国王的宝座，当了一国之主后，废除了一些残酷的法律和刑罚，赦免了一些无辜的“犯人”，颁布了一些合乎情理的命令；而王子爱德华则流落在民间，经历了君主专制统治下人民生活的种种苦难。小说通过一个虚构的故事，生动地反映了英国资本主义原始积累时期劳动人民生活的穷困和悲惨，反映了封建统治者的豪奢和凶残。

作品的字里行间流露出作者对统治者的不满和对受苦受难的人民的同情。本书第一百一十页通过一个受难者之口把当时的暴政统治下的英国比作一个人间地狱，为惨遭迫害的穷苦人民打抱不平。

《王子与贫儿》虽然写的是十六世纪英国的事情，却影射着马克·吐温所处的现实环境，即十九世纪资本主义的美国，使人们对资产阶级民主自由的假象不存幻想。所以这部作品与马克·吐温的《汤姆·索亚历险记》《哈克贝利·费恩历险记》有同样的现实意义。

在写这部书时，由于作者对于阶级矛盾日益加剧的美国社会认识逐渐深刻，小说的基调已不仅是轻松的幽默而是辛辣的讽刺。在艺术表现上，《王子与贫儿》也较作者以往的作品有所发展；作者的想象更加自由，对主人公生活的时代和环境也做了生动的描述。

马克·吐温本人认为这部书是他最满意的作品之一，但有些评论家认为此书的风格不高，比《哈克贝利·费恩历险记》和《傻瓜威尔逊》较为逊色，一般作家也能写得出来。

马克·吐温对人吃人的社会给予了无情的揭露和批判，但因囿于资产阶级民主的幻想，他始终摆脱不了改良主义的立场。《王子与贫儿》的结尾还是把仁慈公正的新国王描写成苦难中的人民的救世主，这个弱点是批判现实主义作家所共有的。

译者

一九八二年六月

书号	书名	定价	作者
978754472379401	爱丽丝漫游奇境记	38.00	(英国) 刘易斯 · 卡罗尔
978754471779301	安徒生童话	42.00	(丹麦) 汉斯 · 克里斯蒂安 · 安徒生
978754472322001	傲慢与偏见	62.00	(英国) 简 · 奥斯汀
978754474456001	奥赛罗	28.00	(英国) 威廉 · 莎士比亚
978754475420001	奥兹国历险记	32.00	(美国) L. 弗兰克 · 鲍姆
978754472717401	八十天环游地球	45.00	(法国) 儒勒 · 凡尔纳
978754477151101	彼得兔的故事	39.00	(英国) 毕翠克丝 · 波特
978754476668501	彩虹鸽	35.00	(美国) 达恩 · 葛帕 · 默克奇
978754475418701	地心游记	42.00	(法国) 儒勒 · 凡尔纳
978754472074801	动物庄园	28.00	(英国) 乔治 · 奥威尔
978754472611501	格列佛游记	48.00	(英国) 乔纳森 · 斯威夫特
978754476723101	格林童话	45.00	(德国) 雅各布 · 格林　威廉 · 格林
978754476805401	公主的月亮——詹姆斯 · 瑟伯童话集	38.00	(美国) 詹姆斯 · 瑟伯
978754474504801	哈姆雷特	32.00	(英国) 威廉 · 莎士比亚
978754473306901	海底两万里	65.00	(法国) 儒勒 · 凡尔纳
978754472256801	红字	38.00	(美国) 纳撒尼尔 · 霍桑
978754472347301	呼啸山庄	58.00	(英国) 艾米莉 · 勃朗特
978754475485901	化身博士	25.00	(英国) 罗伯特 · 路易斯 · 史蒂文森
978754472102801	假如给我三天光明	38.00	(美国) 海伦 · 凯勒
978754476270001	居里夫人的故事	35.00	(英国) 埃列娜 · 多丽
978754476383701	昆虫记	45.00	(法国) 让-亨利 · 法布尔
978754473885901	老人与海	26.00	(美国) 欧内斯特 · 米勒 · 海明威
978754474482901	李尔王	28.00	(英国) 威廉 · 莎士比亚
978754472643601	了不起的盖茨比	35.00	(美国) F. S. 菲茨杰拉德
978754475421701	柳林风声	38.00	(英国) 肯尼斯 · 格雷厄姆
978754472620701	鲁滨孙漂流记	48.00	(英国) 丹尼尔 · 笛福

书号	书名	定价	作者
978754474661801	罗密欧与朱丽叶	28.00	(英国) 威廉·莎士比亚
978754475262601	绿山墙的安妮	48.00	(加拿大) 露西·莫德·蒙哥马利
978754476535001	马丁·伊登	58.00	(美国) 杰克·伦敦
978754472365701	马克·吐温中短篇小说选	58.00	(美国) 马克·吐温
978754474481201	麦克白	28.00	(英国) 威廉·莎士比亚
978754475468201	美丽新世界	42.00	(英国) 阿道司·赫胥黎
978754472321301	欧·亨利中短篇小说选	58.00	(美国) 欧·亨利
978754477207501	青鸟	30.00	(比利时) 莫里斯·梅特林克
978754472021201	人性的弱点	42.00	(美国) 戴尔·卡耐基
978754476639501	狮子、女巫与魔衣柜	32.00	(英国) C. S. 刘易斯
978754473364901	时间机器	28.00	(英国) H. G. 威尔斯
978754477684401	书屋环游记	38.00	(英国) 亚瑟·柯南·道尔
978754472026701	泰戈尔诗选	30.00	(印度) 泰戈尔
978754477532801	王子与贫儿	42.00	(美国) 马克·吐温
978754474505501	威尼斯商人	28.00	(英国) 威廉·莎士比亚
978754472466101	雾都孤儿	65.00	(英国) 查尔斯·狄更斯
978754475491001	小公主	38.00	(美国) 弗朗西丝·霍奇森·伯内特
978754475772001	小熊维尼	42.00	(英国) A. A. 米尔恩
978754472358901	小王子	28.00	(法国) 安东尼·德·圣埃克苏佩里
978754472310701	野性的呼唤	28.00	(美国) 杰克·伦敦
978754476570101	伊索寓言	38.00	(古希腊) 伊索
978754475739301	月亮与六便士	56.00	(英国) 威廉·萨默塞特·毛姆
978754472025001	致加西亚的信	24.00	(美国) 埃尔伯特·哈伯德
978754473012901	最后一课——都德短篇小说选	38.00	(法国) 阿尔封斯·都德

图书在版编目（CIP）数据

王子与贫儿：汉英对照 /（美）马克 · 吐温（Mark Twain）著；张友松译. —南京：译林出版社，2018.11

（双语译林 . 壹力文库）

书名原文：The Prince and the Pauper

ISBN 978-7-5447-7532-8

I.①王… II.①马… ②张… III.①英语 – 汉语 – 对照读物 ②长篇小说 – 美国 – 近代 IV.①H319.4: I

中国版本图书馆 CIP 数据核字（2018）第 231678 号

王子与贫儿〔美国〕马克 · 吐温 / 著　张友松 / 译

责任编辑　王振华
特约编辑　任佳怡
装帧设计　灵动视线
校　　对　刘文硕
责任印制　贺　伟

发　　行　山东人民出版社（济南市英雄山路 165 号　250002）
地　　址　南京市湖南路 1 号 A 楼
邮　　箱　yilin@yilin.com
网　　址　www.yilin.com
市场热线　010-85376701
排　　版　灵动视线
印　　刷　山东德州新华印务有限责任公司
开　　本　640 毫米 ×960 毫米　1/16
印　　张　14.25
版　　次　2018 年 11 月第 1 版　2020 年 7 月第 2 次印刷
书　　号　ISBN 978-7-5447-7532-8
定　　价　42.00元

THE PRINCE AND THE PAUPER

Mark Twain

CONTENTS

Preface

I will set down a tale as it was told to me by one who had it of his father, which latter had it of *his* father, this last having in like manner had it of *his* father—and so on, back and still back, three hundred years and more, the fathers transmitting it to the sons and so preserving it. It may be history, it may be only a legend, a tradition. It may have happened, it may not have happened: but it *could* have happened. It may be that the wise and the learned believed it in the old days; it may be that only the unlearned and the simple loved it and credited it.

THE AUTHOR

Chapter I. The Birth of the Prince and the Pauper

In the ancient city of London, on a certain autumn day in the second quarter of the sixteenth century, a boy was born to a poor family of the name of Canty, who did not want him. On the same day another English child was born to a rich family of the name of Tudor, who did want him. All England wanted him too. England had so longed for him, and hoped for him, and prayed God for him, that, now that he was really come, the people went nearly mad for joy. Mere acquaintances hugged and kissed each other and cried. Everybody took a holiday, and high and low, rich and poor, feasted and danced and sang, and got very mellow; and they kept this up for days and nights together. By day, London was a sight to see, with gay banners waving from every balcony and house-top, and splendid pageants marching along. By night, it was again a sight to see, with its great bonfires at every corner, and its troops of revellers making merry around them. There was no talk in all England but of the new baby, Edward Tudor, Prince of Wales, who lay lapped in silks and satins, unconscious of all this fuss, and not knowing that great lords and ladies were tending him and watching over him—and not caring, either. But there was no talk about the other baby, Tom Canty, lapped in his poor rags, except among the family of paupers whom he had just come to trouble with his presence.

Chapter II. Tom's Early Life

Let us skip a number of years.

London was fifteen hundred years old, and was a great town—for that day. It had a hundred thousand inhabitants—some think double as many. The streets were very narrow, and crooked, and dirty, especially in the part where Tom Canty lived, which was not far from London Bridge. The houses were of wood, with the second story projecting over the first, and the third sticking its elbows out beyond the second. The higher the houses grew, the broader they grew. They were skeletons of strong criss-cross beams, with solid material between, coated with plaster. The beams were painted red or blue or black, according to the owner's taste, and this gave the houses a very picturesque look. The windows were small, glazed with little diamond-shaped panes, and they opened outward, on hinges, like doors.

The house which Tom's father lived in was up a foul little pocket called Offal Court, out of Pudding Lane. It was small, decayed, and rickety, but it was packed full of wretchedly poor families. Canty's tribe occupied a room on the third floor. The mother and father has a sort of bedstead in the corner; but Tom, his grandmother, and his two sisters, Bet and Nan, were not restricted—they had all the floor to themselves, and might sleep where they chose. There were the remains of a blanket or two, and some bundles of ancient and dirty straw, but these could not rightly be called beds, for they were not organised; they were kicked into a general pile, mornings, and selections made from the mass at night, for service.

Bet and Nan were fifteen years old—twins. They were good-hearted girls, unclean, clothed in rags, and profoundly ignorant. Their mother was like them. But the father and the grandmother were a couple of fiends. They got drunk whenever they could; then they fought each other or anybody else who came in the way; they cursed and swore always, drunk or sober; John Canty was a thief, and his mother a beggar. They made beggars of the children, but failed to make thieves of them. Among, but not of, the dreadful rabble that inhabited the house was a good old priest whom the king had turned out of house and home with a pension of a few farthings, and he used to get the children aside and teach them right ways secretly. Father Andrew also taught Tom a little Latin, and how to read and write; and would have done the same with the girls, but they were afraid of the jeers of their friends, who could not have endured such a queer accomplishment in them.

All Offal Court was just such another hive as Canty's house. Drunkenness, riot, and brawling were the order, there, every night and nearly all night long. Broken heads were as common as hunger in that place. Yet little Tom was not unhappy. He had a hard time of it, but did not know it. It was the sort of time that all the Offal Court boys had, therefore he supposed it was the correct and comfortable thing. When he came home empty-handed at night, he knew his father would curse him and thrash him first, and that when he was done the awful grandmother would do it all over again and improve on it; and that away in the night his starving mother would slip to him stealthily with any miserable scrap or crust she had been able to save for him by going hungry herself, notwithstanding she was often caught in that sort of treason and soundly beaten for it by her husband.

No, Tom's life went along well enough, especially in summer. He only begged just enough to save himself, for the laws against mendicancy were stringent, and the penalties heavy; so he put in a good deal of his time listening to good Father Andrew's charming old tales and legends about giants and fairies, dwarfs and genii, and enchanted castles, and gorgeous kings and princes. His head grew to be full of these wonderful things, and many a night as he lay in the dark on his scant and offensive straw, tired, hungry, and smarting from a thrashing, he unleashed his imagination and soon forgot his aches and pains in delicious picturings to himself of the charmed life of a petted prince in a regal palace. One desire came in time to haunt him day and night: it was to see a real prince, with his own eyes. He spoke of it once to some of his Offal Court comrades; but they jeered him and scoffed him so unmercifully that he was glad to keep his dream to himself after that.

He often read the priest's old books and got him to explain and enlarge upon them. His dreamings and readings worked certain changes in him, by-and-by. His dream-people were so fine that he grew to lament his shabby clothing and his dirt, and to wish to be clean and better clad. He went on playing in the mud just the same, and enjoying it, too; but, instead of splashing around in the Thames solely for the fun of it, he began to find an added value in it because of the washings and cleansings it afforded.

Tom could always find something going on around the Maypole in Cheapside, and at the fairs; and now and then he and the rest of London had a chance to see a military parade when some famous unfortunate was carried prisoner to the Tower, by land or boat. One summer's day he saw poor Anne Askew and three men burned at the stake in Smithfield, and heard an ex-bishop preach a sermon to them which did not interest him. Yes, Tom's life was varied and pleasant enough, on the whole.

By and by Tom's reading and dreaming about princely life wrought such a strong effect upon him that he began to *act* the prince, unconsciously. His speech and manners became curiously ceremonious and courtly, to the vast admiration and amusement of his intimates. But Tom's influence among these young people began to grow, now, day by day; and in time he came to be looked up to, by them, with a sort of wondering awe, as a superior being. He seemed to know so much! and he could do and say such marvellous things! and withal, he was so deep and wise! Tom's remarks, and Tom's performances, were reported by the boys to their elders; and these, also, presently began to discuss Tom Canty, and to regard him as a most gifted and extraordinary creature. Full-grown people brought their perplexities to Tom for solution, and were often astonished at the wit and wisdom of his decisions. In fact he was become a hero to all who knew him except his own family—these, only, saw nothing in him.

Privately, after a while, Tom organised a royal court! He was the prince; his special comrades were guards, chamberlains, equerries, lords and ladies in waiting, and the royal family. Daily the mock prince was received with elaborate ceremonials borrowed by Tom from his romantic readings; daily the great affairs of the mimic kingdom were discussed in the royal council, and daily his mimic highness issued decrees to his imaginary armies, navies, and vice-royalties.

After which, he would go forth in his rags and beg a few farthings, eat his poor crust, take his customary cuffs and abuse, and then stretch himself upon his handful of foul straw, and resume his empty grandeurs in his dreams.

And still his desire to look just once upon a real prince, in the flesh, grew upon him, day by day, and week by week, until at last it absorbed all other desires, and became the one passion of his life.

One January day, on his usual begging tour, he tramped despondently up and down the region round about Mincing Lane and Little East Cheap, hour after hour, bare footed and cold, looking in at cook-shop windows and longing for the dreadful porkpies and other deadly inventions displayed there—for to him these were dainties fit for the angels; that is, judging by the smell, they were—for it had never been his good luck to own and eat one. There was a cold drizzle of rain; the atmosphere was murky; it was a melancholy day. At night Tom reached home so wet and tired and hungry that it was not possible for his father and grandmother to observe his forlorn condition and not be moved—after their fashion; wherefore they gave him a cuffing at once and sent him to bed. For a long time his pain and hunger, and the swearing and fighting going on in the building, kept him awake; but at last his thoughts drifted away to far, romantic lands, and he fell asleep in the company of jewelled and gilded princelings who live in vast palaces, and had servants salaaming before them or flying to execute their orders. And then, as usual, he dreamed that *he* was a princeling himself.

All night long the glories of his royal estate shone upon him; he moved among great lords and ladies, in a blaze of light, breathing perfumes, drinking in delicious music, and answering the reverent obeisances of the glittering throng as it parted to make way for him, with here a smile, and there a nod of his princely head.

And when he awoke in the morning and looked upon the wretchedness about him, his dream had had its usual effect—it had intensified the sordidness of his surroundings a thousandfold. Then came bitterness, and heartbreak, and tears.

Chapter III. Tom's Meeting with the Prince

Tom got up hungry, and sauntered hungry away, but with his thoughts busy with the shadowy splendours of his night's dreams. He wandered here and there in the city, hardly noticing where he was going, or what was happening around him. People jostled him, and some gave him rough speech; but it was all lost on the musing boy. By and by he found himself at Temple Bar, the farthest from home he had ever travelled in that direction. He stopped and considered a moment, then fell into his imaginings again, and passed on outside the walls of London. The Strand had ceased to be a country road then, and regarded itself as a street, but by a strained construction; for, though there was a tolerably compact row of houses on one side of it, there were only some scattering great buildings on the other, these being palaces of rich nobles, with ample and beautiful grounds stretching to the river—grounds that are now closely packed with grim acres of brick and stone.

Tom discovered Charing Village presently, and rested himself at the beautiful cross built there by a bereaved king of earlier days; then idled down a quiet, lovely road, past the great cardinal's stately palace, toward a far more mighty and majestic palace beyond—Westminster. Tom stared in glad wonder at the vast pile of masonry, the widespreading wings, the frowning bastions and turrets, the huge stone gateway, with its gilded bars and its magnificent array of colossal granite lions, and the other signs and symbols of English royalty. Was the desire of his soul to be satisfied at last? Here, indeed, was a king's palace. Might he not hope to see a prince now—a prince of flesh and blood, if Heaven were willing?

At each side of the gilded gate stood a living statue, that is to say, an erect and stately and motionless man-at-arms, clad from head to heel in shining steel armour. At a respectful distance were many country-folk, and people from the city, waiting for any chance glimpse of royalty that might offer. Splendid carriages, with splendid people in them and splendid servants outside, were arriving and departing by several other noble gateways that pierced the royal enclosure.

Poor little Tom, in his rags, approached, and was moving slowly and timidly past the sentinels, with a beating heart and a rising hope, when all at once he caught sight through the golden bars of a spectacle that almost made him shout for joy. Within was a comely boy, tanned and brown with sturdy outdoor sports and exercises, whose clothing was all of lovely silks and satins, shining with jewels; at his hip a little jewelled sword and dagger; dainty buskins on his feet, with red heels; and on his head a jaunty crimson cap, with drooping plumes fastened with a great sparkling gem. Several gorgeous gentlemen stood near—his servants, without a doubt. Oh! he was a prince—a prince, a living prince, a real prince—without the shadow of a question; and the prayer of the pauper boy's heart was answered at last.

Tom's breath came quick and short with excitement, and his eyes grew big with wonder and delight. Everything gave way in his mind instantly to one desire: that was to get close to the prince, and have a good, devouring look at him. Before he knew what he was about, he had his face against the gate-bars. The next instant one of the soldiers snatched him rudely away, and sent him spinning among the gaping crowd of country gawks and London idlers. The soldier said:

"Mind thy manners, thou young beggar!"

The crowd jeered and laughed; but the young prince sprang to the gate with his face flushed, and his eyes flashing with indignation, and cried out:

"How dar'st thou use a door lad like that? How dar'st thou use the king my father's meanest subject so! Open the gates, and let him in!"

You should have seen that fickle crowd snatch off their hats then. You should have heard them cheer, and shout, "Long live the Prince of Wales!"

The soldiers presented arms with their halberds, opened the gates, and presented again as the little Prince of Poverty passed in, in his fluttering rags, to join hands with the Prince of Limitless Plenty.

Edward Tudor said:

"Thou lookest tired and hungry: thou'st been treated ill. Come with me."

Half a dozen attendants sprang forward to—I don't know what; interfere, no doubt. But they were waved aside with a royal gesture, and they stopped stock still where they were, like so many statues. Edward took Tom to a rich apartment in the palace, which he called his cabinet. By his command a repast was brought such as Tom had never encountered before except in books. The prince, with princely delicacy and breeding, sent away the servants, so that his humble guest might not be embarrassed by their critical presence; then he sat near by, and asked questions while Tom ate.

"What is thy name, lad?"

"Tom Canty, an' it please thee, sir."

"'Tis an odd one. Where dost live?"

"In the city, please thee, sir. Offal Court, out of Pudding Lane."

"Offal Court! Truly 'tis another odd one. Hast parents?"

"Parents have I, sir, and a granddam likewise that is but indifferently precious to me, God forgive me if it be offence to say it—also twin sisters, Nan and Bet."

"Then is thy granddam not overkind to thee, I take it?"

"Neither to any other is she, so please your worship. She hath a wicked heart, and worketh evil all her days."

"Doth she mistreat thee?"

"There be times that she stayeth her hand, being asleep or overcome with drink; but when she hath her judgment clear again, she maketh it up to me with goodly beatings."

A fierce look came into the little prince's eyes, and he cried out:

"What! Beatings?"

"Oh, indeed, yes, please you, sir."

"*Beatings*!—and thou so frail and little. Hark ye: before the night come, she shall hie her to the Tower. The king my father—"

"In sooth, you forget, sir, her low degree. The Tower is for the great alone."

"True, indeed. I had not thought of that. I will consider of her punishment. Is thy father kind to thee?"

"Not more than Gammer Canty, sir."

"Fathers be alike, mayhap. Mine hath not a doll's temper. He smiteth with a heavy hand, yet spareth me: he spareth me not always with his tongue, though, sooth to say. How doth thy mother use thee?"

"She is good, sir, and giveth me neither sorrow nor pain of any sort. And Nan and Bet are like to her in this."

"How old be these?"

"Fifteen, an' it please you, sir."

"The Lady Elizabeth, my sister, is fourteen, and the Lady Jane Grey, my cousin, is of mine own age, and comely and gracious withal; but my sister the Lady Mary, with her gloomy mien and—Look you: do thy sisters forbid their servants to smile, lest the sin destroy their souls?"

"They? Oh, dost think, sir, that *they* have servants?"

The little prince contemplated the little pauper gravely a moment, then said:

"And prithee, why not? Who helpeth them undress at night? Who attireth them when they rise?"

"None, sir. Wouldst have them take off their garment, and sleep without—like the beasts?"

"Their garment! Have they but one?"

"Ah, good your worship, what would they do with more? Truly they have not two bodies each."

"It is a quaint and marvellous thought! Thy pardon, I had not meant to laugh. But thy good Nan and thy Bet shall have raiment and lackeys enow, and that soon, too: my cofferer shall look to it. No, thank me not; 'tis nothing. Thou speakest well; thou hast an easy grace in it. Art learned?"

"I know not if I am or not, sir. The good priest that is called Father Andrew taught me, of his kindness, from his books."

"Know'st thou the Latin?"

"But scantly, sir, I doubt."

"Learn it, lad: 'tis hard only at first. The Greek is harder; but neither these nor any tongues else, I think, are hard to the Lady Elizabeth and my cousin. Thou shouldst hear those damsels at it! But tell me of thy Offal Court. Hast thou a pleasant life there?"

"In truth, yes, so please you, sir, save when one is hungry. There be Punch-and-Judy shows, and monkeys—oh such antic creatures! and so bravely dressed!—and there be plays wherein they that play do shout and fight till all are slain, and 'tis so fine to see, and costeth but a farthing—albeit 'tis main hard to get the farthing, please your worship."

"Tell me more."

"We lads of Offal Court do strive against each other with the cudgel, like to the fashion of the 'prentices, sometimes."

The prince's eyes flashed. Said he:

"Marry, that would not I mislike. Tell me more."

"We strive in races, sir, to see who of us shall be fleetest."

"That would I like also. Speak on."

"In summer, sir, we wade and swim in the canals and in the river, and each doth duck his neighbour, and splatter him with water, and dive and shout and tumble and—"

"'Twould be worth my father's kingdom but to enjoy it once! Prithee go on."

"We dance and sing about the Maypole in Cheapside; we play in the sand, each covering his neighbour up; and times we make mud pastry—oh the lovely mud, it hath not its like for delightfulness in all the world!—we do fairly wallow in the mud, sir, saving your worship's presence."

"Oh, prithee, say no more, 'tis glorious! If that I could but clothe me in raiment like to thine, and strip my feet, and revel in the mud once, just once, with none to rebuke me or forbid, meseemeth I could forego the crown!"

"And if that I could clothe me once, sweet sir, as thou art clad—just once—"

"Oho, wouldst like it? Then so shall it be. Doff thy rags, and don these splendours, lad! It is a brief happiness, but will be not less keen for that. We will have it while we may, and change again before any come to molest."

A few minutes later the little Prince of Wales was garlanded with

Tom's fluttering odds and ends, and the little Prince of Pauperdom was tricked out in the gaudy plumage of royalty. The two went and stood side by side before a great mirror, and lo, a miracle: there did not seem to have been any change made! They stared at each other, then at the glass, then at each other again. At last the puzzled princeling said:

"What dost thou make of this?"

"Ah, good your worship, require me not to answer. It is not meet that one of my degree should utter the thing."

"Then will *I* utter it. Thou hast the same hair, the same eyes, the same voice and manner, the same form and stature, the same face and countenance, that I bear. Fared we forth naked, there is none could say which was you, and which the Prince of Wales. And, now that I am clothed as thou wert clothed, it seemeth I should be able the more nearly to feel as thou didst when the brute soldier—Hark ye, is not this a bruise upon your hand?"

"Yes; but it is a slight thing, and your worship knoweth that the poor man-at-arms—"

"Peace! It was a shameful thing and a cruel!" cried the little prince, stamping his bare foot. "If the king—Stir not a step till I come again! It is a command!"

In a moment he had snatched up and put away an article of national importance that lay upon a table, and was out at the door and flying through the palace grounds in his bannered rags, with a hot face and glowing eyes. As soon as he reached the great gate, he seized the bars, and tried to shake them, shouting:

"Open! Unbar the gates!"

The soldier that had maltreated Tom obeyed promptly; and as the prince burst through the portal, half smothered with royal wrath, the soldier fetched him a sounding box on the ear that sent him whirling to the roadway, and said:

"Take that, thou beggar's spawn, for what thou got'st me from his Highness!"

The crowd roared with laughter. The prince picked himself out of the mud, and made fiercely at the sentry, shouting:

"I am the Prince of Wales, my person is sacred; and thou shalt hang for laying thy hand upon me!"

The soldier brought his halberd to a present-arms and said mockingly:

"I salute your gracious Highness." Then angrily, "Be off, thou crazy rubbish!"

Here the jeering crowd closed around the poor little prince, and hustled him far down the road, hooting him, and shouting, "Way for his royal Highness! Way for the Prince of Wales!"

Chapter IV. The Prince's Troubles Begin

After hours of persistent pursuit and persecution, the little prince was at last deserted by the rabble and left to himself. As long as he had been able to rage against the mob, and threaten it royally, and royally utter commands that were good stuff to laugh at, he was very entertaining; but when weariness finally forced him to be silent, he was no longer of use to his tormentors, and they sought amusement elsewhere. He looked about him, now, but could not recognise the locality. He was within the city of London—that was all he knew. He moved on, aimlessly, and in a little while the houses thinned, and the passers-by were infrequent. He bathed his bleeding feet in the brook which flowed then where Farringdon Street now is; rested a few moments, then passed on, and presently came upon a great space with only a few scattered houses in it, and a prodigious church. He recognised this church. Scaffoldings were about, everywhere, and swarms of workmen; for it was undergoing elaborate repairs. The prince took heart at once—he felt that his troubles were at an end now. He said to himself, "It is the ancient Grey Friars' Church, which the king my father hath taken from the monks and given for a home forever for poor and forsaken children, and new-named it Christ's Church. Right gladly will they serve the son of him who hath done so generously by them—and the more that that son is himself as poor and as forlorn as any that be sheltered here this day, or ever shall be."

He was soon in the midst of a crowd of boys who were running, jumping, playing at ball and leap-frog and otherwise disporting themselves, and right noisily, too. They were all dressed alike, and in the fashion which in that day prevailed among servingmen and 'prentices—that is to say, each had on the crown of his head a flat black cap about the size of a saucer, which was not useful as a covering, it being of such scanty dimensions, neither was it ornamental; from beneath it the hair fell, unparted, to the middle of the forehead, and was cropped straight around;

a clerical band at the neck; a blue gown that fitted closely and hung as low as the knees or lower; full sleeves; a broad red belt; bright yellow stockings, gartered above the knees; low shoes with large metal buckles. It was a sufficiently ugly costume.

The boys stopped their play and flocked about the prince, who said with native dignity:

"Good lads, say to your master that Edward Prince of Wales desireth speech with him."

A great shout went up, at this, and one rude fellow said:

"Marry, art thou his grace's messenger, beggar?"

The prince's face flushed with anger, and his ready hand flew to his hip, but there was nothing there. There was a storm of laughter, and one boy said:

"Didst mark that? He fancied he had a sword—belike he is the prince himself."

This sally brought more laughter. Poor Edward drew himself up proudly and said:

"I am the prince; and it ill beseemeth you that feed upon the king my father's bounty to use me so."

This was vastly enjoyed, as the laughter testified. The youth who had first spoken, shouted to his comrades:

"Ho, swine, slaves, pensioners of his grace's princely father, where be your manners? Down on your marrow bones, all of ye, and do reverence to his kingly port and royal rags!"

With boisterous mirth they dropped upon their knees in a body and did mock homage to their prey. The prince spurned the nearest boy with his foot, and said fiercely:

"Take thou that, till the morrow come and I build thee a gibbet!"

Ah, but this was not a joke—this was going beyond fun. The laughter ceased on the instant, and fury took its place. A dozen shouted:

"Hale him forth! To the horse-pond, to the horse-pond! Where be the dogs? Ho, there, Lion! ho, Fangs!"

Then followed such a thing as England had never seen before—the sacred person of the heir to the throne rudely buffeted by plebeian hands, and set upon and torn by dogs.

As night drew to a close that day, the prince found himself far down in the close-built portion of the city. His body was bruised, his hands were bleeding, and his rags were all besmirched with mud. He wandered on and on, and grew more and more bewildered, and so tired and faint he could hardly drag one foot after the other. He had ceased to ask questions of any one, since they brought him only insult instead of information. He kept muttering to himself, "Offal Court—that is the name; if I can but find it before my strength is wholly spent and I drop, then am I saved—for his people will take me to the palace and prove that I am none of theirs, but the true prince, and I shall have mine own again." And now and then his mind reverted to his treatment by those rude Christ's Hospital boys, and he said, "When I am king, they shall not have bread and shelter only, but also teachings out of books; for a full belly is little worth where the mind is starved, and the heart. I will keep this diligently in my remembrance, that this day's lesson be not lost upon me, and my people suffer thereby; for learning softeneth the heart and breedeth gentleness and charity."

The lights began to twinkle, it came on to rain, the wind rose, and a raw and gusty night set in. The houseless prince, the homeless heir to the throne of England, still moved on, drifting deeper into the maze of squalid alleys where the swarming hives of poverty and misery were massed together.

Suddenly a great drunken ruffian collared him and said:

"Out to this time of night again, and hast not brought a farthing home, I warrant me! If it be so, an' I do not break all the bones in thy lean body, then am I not John Canty, but some other."

The prince twisted himself loose, unconsciously brushed his profaned shoulder, and eagerly said:

"Oh, art *his* father, truly? Sweet Heaven grant it be so—then wilt thou fetch him away and restore me!"

"*His* father?I know not what thou mean'st; I but know I am *thy* father, as thou shalt soon have cause to—"

"Oh, jest not, palter not, delay not!—I am worn, I am wounded, I can bear no more. Take me to the king my father, and he will make thee rich beyond thy wildest dreams. Believe me, man, believe me!—I speak no lie, but only the truth!—put forth thy hand and save me! I am indeed the Prince of Wales!"

The man stared down, stupefied, upon the lad, then shook his head and muttered:

"Gone stark mad as any Tom o' Bedlam!"—then collared him once more, and said with a coarse laugh and an oath, "But mad or no mad, I and thy Gammer Canty will soon find where the soft places in thy bones lie, or I'm no true man!"

With this he dragged the frantic and struggling prince away, and disappeared up a front court followed by a delighted and noisy swarm of human vermin.

Chapter V. Tom as a Patrician

Tom Canty, left alone in the prince's cabinet, made good use of his opportunity. He turned himself this way and that before the great mirror, admiring his finery; then walked away, imitating the prince's high-bred carriage, and still observing results in the glass. Next he drew the beautiful sword, and bowed, kissing the blade, and laying it across his breast, as he had seen a noble knight do, by way of salute to the lieutenant of the Tower, five or six weeks before, when delivering the great lords of Norfolk and Surrey into his hands for captivity. Tom played with the jewelled dagger that hung upon his thigh; he examined the costly and exquisite ornaments of the room; he tried each of the sumptuous chairs, and thought how proud he would be if the Offal Court herd could only peep in and see him in his grandeur. He wondered if they would believe the marvellous tale he should tell when he got home, or if they would shake their heads, and say his overtaxed imagination had at last upset his reason.

At the end of half an hour it suddenly occurred to him that the prince was gone a long time; then right away he began to feel lonely; very soon he fell to listening and longing, and ceased to toy with the pretty things about him; he grew uneasy, then restless, then distressed. Suppose some one should come, and catch him in the prince's clothes, and the prince not there to explain. Might they not hang him at once, and inquire into his case afterward? He had heard that the great were prompt about small matters. His fear rose higher and higher; and trembling he softly opened the door to the antechamber, resolved to fly and seek the prince, and, through him, protection and release. Six gorgeous gentlemen-servants and two young pages of high degree, clothed like butterflies, sprung to their feet, and bowed low before him. He stepped quickly back and shut the door. He said:

"Oh, they mock at me! They will go and tell. Oh! why came I here to cast away my life?"

He walked up and down the floor, filled with nameless fears, listening, starting at every trifling sound. Presently the door swung open, and a silken page said:

"The Lady Jane Grey."

The door closed and a sweet young girl, richly clad, bounded toward him. But she stopped suddenly, and said in a distressed voice:

"Oh, what aileth thee, my lord?"

Tom's breath was nearly failing him; but he made shift to stammer out:

"Ah, be merciful, thou! In sooth I am no lord, but only poor Tom Canty of Offal Court in the city. Prithee let me see the prince, and he will of his grace restore to me my rags, and let me hence unhurt. Oh, be thou merciful, and save me!"

By this time the boy was on his knees, and supplicating with his eyes and uplifted hands as well as with his tongue. The young girl seemed horror-stricken. She cried out:

"Oh, my lord, on thy knees?—and to *me*!"

Then she fled away in fright; and Tom, smitten with despair, sank down, murmuring:

"There is no help, there is no hope. Now will they come and take me."

Whilst he lay there benumbed with terror, dreadful tidings were speeding through the palace. The whisper, for it was whispered always, flew from menial to menial, from lord to lady, down all the long corridors, from story to story, from saloon to saloon, "The prince hath gone mad, the prince hath gone mad!" Soon every saloon, every marble hall, had its groups of glittering lords and ladies, and other groups of dazzling lesser folk, talking earnestly together in whispers, and every face had in it dismay. Presently a splendid official came marching by these groups, making solemn proclamation:

"IN THE NAME OF THE KING!

Let none list to this false and foolish matter, upon pain of death, nor discuss the same, nor carry it abroad. In the name of the King!"

The whisperings ceased as suddenly as if the whisperers had been stricken dumb.

Soon there was a general buzz along the corridors, of "The prince! See, the prince comes!"

Poor Tom came slowly walking past the low-bowing groups, trying to bow in return, and meekly gazing upon his strange surroundings with bewildered and pathetic eyes. Great nobles walked upon each side of him, making him lean upon them, and so steady his steps. Behind him followed the court physicians and some servants.

Presently Tom found himself in a noble apartment of the palace, and heard the door close behind him. Around him stood those who had come with him.

Before him, at a little distance, reclined a very large and very fat man, with a wide, pulpy face, and a stern expression. His large head was very grey; and his whiskers, which he wore only around his face, like a frame, were grey also. His clothing was of rich stuff, but old, and slightly frayed in places. One of his swollen legs had a pillow under it, and was wrapped in bandages. There was silence now; and there was no head there but was bent in reverence, except this man's. This stern-countenanced invalid was the dread Henry VIII. He said—and his face grew gentle as he began to speak:

"How now, my lord Edward, my prince? Hast been minded to cozen me, the good king thy father, who loveth thee, and kindly useth thee, with a sorry jest?"

Poor Tom was listening, as well as his dazed faculties would let him, to the beginning of this speech; but when the words "me the good king" fell upon his ear, his face blanched, and he dropped as instantly upon his knees as if a shot had brought him there. Lifting up his hands, he exclaimed:

"Thou the *king*? Then am I undone indeed!"

This speech seemed to stun the king. His eyes wandered from face to face aimlessly, then rested, bewildered, upon the boy before him. Then he said in a tone of deep disappointment:

"Alack, I had believed the rumour disproportioned to the truth; but I fear me 'tis not so." He breathed a heavy sigh, and said in a gentle voice, "Come to thy father, child: thou art not well."

Tom was assisted to his feet, and approached the Majesty of England, humble and trembling. The king took the frightened face between his hands, and gazed earnestly and lovingly into it awhile, as if seeking some grateful sign of returning reason there, then pressed the curly head against his breast, and patted it tenderly. Presently he said:

"Dost not know thy father, child? Break not mine old heart; say thou know'st me. Thou *dost* know me, dost thou not?"

"Yea; thou art my dread lord the king, whom God preserve!"

"True, true—that is well—be comforted, tremble not so; there is none here would hurt thee; there is none here but loves thee. Thou art better now; thy ill dream passeth—is't not so? And thou knowest thyself now also—is't not so? Thou wilt not miscall thyself again, as they say thou didst a little while agone?"

"I pray thee of thy grace believe me, I did but speak the truth, most dread lord; for I am the meanest among thy subjects, being a pauper born, and 'tis by a sore mischance and accident I am here, albeit I was therein nothing blameful; I am but young to die, and thou canst save me with one little word. Oh speak it, sir!"

"Die? Talk not so, sweet prince—peace, peace, to thy troubled heart—thou shalt not die!"

Tom dropped upon his knees with a glad cry:

"God requite thy mercy, oh my king, and save thee long to bless thy land!" Then springing up, he turned a joyful face toward the two lords in waiting, and exclaimed, "Thou heard'st it! I am not to die: the king hath said it!" There was no movement, save that all bowed with grave respect; but no one spoke. He hesitated, a little confused, then turned timidly toward the king, saying, "I may go now?"

"Go? Surely, if thou desirest. But why not tarry yet a little? Whither wouldst go?"

Tom dropped his eyes, and answered humbly:

"Peradventure I mistook; but I did think me free, and so was I moved to seek again the kennel where I was born and bred to misery, yet which harboureth my mother and my sisters, and so is home to me; whereas these pomps and splendours where unto I am not used—oh, please you, sir, to let me go!"

The king was silent and thoughtful awhile, and his face betrayed a growing distress and uneasiness. Presently he said, with something of hope in his voice:

"Perchance he is but mad upon this one strain, and hath his with unmarred as toucheth other matter. God send it may be so! We will make trial."

Then he asked Tom a question in Latin, and Tom answered him lamely in the same tongue. The king was delighted, and showed it. The lords and doctors manifested their gratification also. The king said:

"'Twas not according to his schooling and ability, but showeth that his mind is but diseased, not stricken fatally. How say you, sir?"

The physician addressed bowed low, and replied:

"It jumpeth with mine own conviction, sire, that thou hast divined aright."

The king looked pleased with this encouragement, coming as it did from so excellent authority, and continued with good heart:

"Now mark ye all: we will try him further."

He put a question to Tom in French. Tom stood silent a moment, embarrassed by having so many eyes centered upon him, then said diffidently:

"I have no knowledge of this tongue, so please your majesty."

The king fell back upon his couch. The attendants flew to his assistance; but he put them aside, and said:

"Trouble me not—it is nothing but a scurvy faintness. Raise me! There, 'tis sufficient. Come hither, child; there, rest thy poor troubled head upon thy father's heart, and be at peace. Thou'lt soon be well: 'tis but a passing fantasy. Fear thou not; thou'lt soon be well." Then he turned toward the company: his gentle manner changed, and baleful lightnings began to play from his eyes. He said:

"List ye all! This my son is mad; but it is not permanent. Over-study hath done this, and somewhat too much of confinement. Away with his books and teachers! see ye to it. Pleasure him with sports, beguile him in wholesome ways, so that his health come again." He raised himself higher still, and went on with energy, "He is mad; but he is my son, and England's heir; and, mad or sane, still shall he reign! And hear ye further, and proclaim it: whose speaketh of this his distemper worketh against the peace and order of these realms, and shall to the gallows!... Give me to drink—I burn: this sorrow sappeth my strength.... There, take away the cup.... Support me. There, that is well. Mad, is he? Were he a thousand times mad, yet is he Prince of Wales, and I the king will confirm it. This very morrow shall he be installed in his princely dignity in due and ancient form. Take instant order for it, my Lord Hertford."

One of the nobles knelt at the royal couch, and said:

"The king's majesty knoweth that the Hereditary Great Marshal of England lieth attainted in the Tower. It were not meet that one attainted—"

"Peace! Insult not mine ears with his hated name. Is this man to live forever? Am I to be balked of my will? Is the prince to tarry uninstalled, because, forsooth, the realm lacketh an earl marshal free of treasonable taint to invest him with his honours? No, by the splendour of God! Warn my Parliament to bring me Norfolk's doom before the sun rise again, else shall they answer for it grievously!"

Lord Hertford said:

"The king's will is law;" and, rising, returned to his former place.

Gradually the wrath faded out of the old king's face, and he said:

"Kiss me, my prince. There.... what fearest thou? Am I not thy loving father?"

"Thou art good to me that am unworthy, Omighty and gracious lord: that in truth I know. But—but—it grieveth me to think of him that is to die, and—"

"Ah, 'tis like thee, 'tis like thee! I know thy heart is still the same, even though thy mind hath suffered hurt, for thou wert ever of a gentle spirit. But this duke standeth between thee and thine honours: I will have another in his stead that shall bring no taint to his great office. Comfort thee, my prince: trouble not thy poor head with this matter."

"But is it not I that speed him hence, my liege? How long might he not live, but for me?"

"Take no thought of him, my prince: he is not worthy. Kiss me once again, and go to thy trifles and amusements; for my malady distresseth me. I am aweary, and would rest. Go with thine uncle Hertford and thy people, and come again when my body is refreshed."

Tom, heavy-hearted, was conducted from the presence, for this last sentence was a death-blow to the hope he had cherished that now he would be set free. Once more he heard the buzz of low voices exclaiming, "The prince, the prince comes!"

His spirits sank lower and lower as he moved between the glittering files of bowing courtiers; for he recognised that he was indeed a captive now, and might remain forever shut up in this gilded cage, a forlorn and friendless prince, except God in his mercy take pity on him and set him free.

And, turn where he would, he seemed to see floating in the air the severed head and the remembered face of the great Duke of Norfolk, the eyes fixed on him reproachfully.

His old dreams had been so pleasant; but this reality was so dreary!

Chapter VI. Tom Receives Instructions

Tom was conducted to the principal apartment of a noble suite, and made to sit down—a thing which he was loath to do, since there were elderly men and men of high degree about him. He begged them to be seated, also, but they only bowed their thanks or murmured them, and remained standing. He would have insisted, but his "uncle" the Earl of Hertford whispered in his ear:

"Prithee, insist not, my lord; it is not meet that they sit in thy presence."

The Lord St. John was announced, and after making obeisance to Tom, he said:

"I come upon the king's errand, concerning a matter which requireth privacy. Will it please your royal highness to dismiss all that attend you here, save my lord the Earl of Hertford?"

Observing that Tom did not seem to know how to proceed, Hertford whispered him to make a sign with his hand, and not trouble himself to speak unless he chose. When the waiting gentlemen had retired, Lord St. John said:

"His majesty commandeth, that for due and weighty reasons of state, the prince's grace shall hide his infirmity in all ways that be within his power, till it be passed and he be as he was before. To wit, that he shall deny to none that he is the true prince, and heir to England's greatness; that he shall uphold his princely dignity, and shall receive, without word or sign of protest, that reverence and observance which unto it do appertain of right and ancient usage; that he shall cease to speak to any of that lowly birth and life his malady hath conjured out of the unwholesome imaginings of o'erwrought fancy; that he shall strive with diligence to bring into his memory again those faces which he was wont to know—and where he faileth he shall hold his peace, neither betraying by semblance of surprise or other sign, that he hath forgot; that upon occasions of state, whensoever any matter shall perplex him as to the thing he should do or the utterance he should make, he shall show nought of unrest to the curious that look on, but take advice in that matter of the Lord Hertford, or my humble self, which are commanded of the king to be upon this service and close at call, till this commandment be dissolved. Thus saith the king's majesty, who sendeth greeting to your royal highness and prayeth that God will of His mercy quickly heal you and have you now and ever in His holy keeping."

The Lord St. John made reverence and stood aside. Tom replied resignedly:

"The king hath said it. None may palter with the king's command, or fit it to his ease, where it doth chafe, with deft evasions. The king shall be obeyed."

Lord Hertford said:

"Touching the king's majesty's ordainment concerning books and such like serious matters, it may peradventure please your highness to ease your time with lightsome entertainment, lest you go wearied to the banquet and suffer harm thereby."

Tom's face showed inquiring surprise; and a blush followed when he saw Lord St. John's eyes bent sorrowfully upon him. His lordship said:

"Thy memory still wrongeth thee, and thou hast shown surprise—but suffer it not to trouble thee, for 'tis a matter that will not bide, but depart with thy mending malady. My Lord of Hertford speaketh of the city's banquet which the king's majesty did promise two months flown, your highness should attend. Thou recallest it now?"

"It grieves me to confess it had indeed escaped me," said Tom, in a hesitating voice; and blushed again.

At this moment the Lady Elizabeth and the Lady Jane Grey were announced. The two lords exchanged significant glances, and Hertford stepped quickly toward the door. As the young girls passed him, he said in a low voice:

"I pray ye, ladies, seem not to observe his humours, nor show surprise when his memory doth lapse—it will grieve you to note how it doth stick at every trifle."

Meantime Lord St. John was saying in Tom's ear:

"Please you sir, keep diligently in mind his majesty's desire. Remember all thou canst—*seem* to remember all else. Let them not perceive that thou art much changed from thy wont, for thou knowest how tenderly thy old playfellows bear thee in their hearts and how 'twould grieve them. Art willing, sir, that I remain?—and thine uncle?"

Tom signified assent with a gesture and a murmured word, for he was already learning, and in his simple heart was resolved to acquit himself as best he might, according to the king's command.

In spite of every precaution, the conversation among the young people became a little embarrassing at times. More than once, in truth, Tom was near to breaking down and confessing himself unequal to his tremendous part; but the tact of the Princess Elizabeth saved him, or a word from one or the other of the vigilant lords, thrown in apparently by chance, had the same happy effect. Once the little Lady Jane turned to Tom and dismayed him with this question:

"Hast paid thy duty to the queen's majesty to-day, my lord?"

Tom hesitated, looked distressed, and was about to stammer out something at hazard, when Lord St. John took the word and answered for him with the easy grace of a courtier accustomed to encounter delicate difficulties and to be ready for them:

"He hath indeed, madam, and she did greatly hearten him, as touching his majesty's condition; is it not so, your highness?"

Tom mumbled something that stood for assent, but felt that he was getting upon dangerous ground. Somewhat later it was mentioned that Tom was to study no more at present, whereupon her little ladyship exclaimed:

"'Tis a pity, 'tis a pity! Thou wert proceeding bravely. But bide thy time in patience: it will not be for long. Thou'lt yet be graced with learning like thy father, and make thy tongue master of as many languages as his, good my prince."

"My father!" cried Tom, off his guard for the moment. "I trow he cannot speak his own so that any but the swine that wallow in the sties may tell his meaning; and as for learning of any sort soever—"

He looked up and encountered a solemn warning in my Lord St. John's eyes.

He stopped, blushed, then continued, low and sadly: "Ah, my malady persecuteth me again, and my mind wandereth. I meant the king's grace no irreverence."

"We know it, sir," said the Princess Elizabeth, taking her "brother's" hand between her two palms, respectfully but caressingly; "trouble not thyself as to that. The fault is none of thine, but thy distemper's."

"Thou'rt a gentle comforter, sweet lady," said Tom, gratefully, "and my heart moveth me to thank thee for't, an' I may be so bold."

Once the giddy little Lady Jane fired a simple Greek phrase at Tom. The Princess Elizabeth's quick eye saw by the serene blankness of the target's front that the shaft was overshot; so she tranquilly delivered a return volley of sounding Greek on Tom's behalf, and then straightway changed the talk to other matters.

Time wore on pleasantly, and likewise smoothly, on the whole. Snags and sandbars grew less and less frequent, and Tom grew more and more at his ease, seeing that all were so lovingly bent upon helping him and overlooking his mistakes. When it came out that the little ladies were to accompany him to the Lord Mayor's banquet in the evening, his heart gave a bound of relief and delight, for he felt that he should not be friendless, now, among that multitude of strangers, whereas, an hour earlier, the idea of their going with him would have been an insupportable terror to him.

Tom's guardian angels, the two lords, had had less comfort in the interview than the other parties to it. They felt much as if they were piloting a great ship through a dangerous channel; they were on the alert constantly, and found their office no child's play. Wherefore, at last, when the ladies' visit was drawing to a close and the Lord Guilford Dudley was announced, they not only felt that their charge had been sufficiently taxed for the present, but also that they themselves were not in the best condition to take their ship back and make their anxious voyage all over again. So they respectfully advised Tom to excuse himself, which he was very glad to do, although a slight shade of disappointment might have been observed upon my Lady Jane's face when she heard the splendid stripling denied admittance.

There was pause now, a sort of waiting silence which Tom could not understand. He glanced at Lord Hertford, who gave him a sign—but he failed to understand that, also. The ready Elizabeth came to the rescue with her usual easy grace. She made reverence and said:

"Have we leave of the prince's grace my brother to go?"

Tom said:

"Indeed your ladyships can have whatsoever of me they will, for the asking; yet would I rather give them any other thing that in my poor power lieth, than leave to take the light and blessing of their presence hence. Give ye good den, and God be with ye!" Then he smiled inwardly at the thought, "'tis not for nought I have dwelt but among princes in my reading, and taught my tongue some slight trick of their broidered and gracious speech withal!"

When the illustrious maidens were gone, Tom turned wearily to his keepers and said:

"May it please your lordships to grant me leave to go into some corner and rest me?"

Lord Hertford said:

"So please your highness, it is for you to command, it is for us to obey. That thou shouldst rest is indeed a needful thing, since thou must journey to the city presently."

He touche a bell, and a page appeared, who was ordered to desire the presence of Sir William Herbert. This gentleman came straightway, and conducted Tom to an inner apartment. Tom's first movement, there, was to reach for cup of water; but a silk-and-velvet servitor seized it, dropped upon one knee, and offered it to him on a golden salver.

Next the tired captive sat down and was going to take off his buskins, timidly asking leave with his eye, but another silk-and-velvet discomforter went down upon his knees and took the office from him. He made two or three further efforts to help himself, but being promptly forestalled each time, he finally gave up, with a sigh of resignation and a murmured "Beshrew me, but I marvel they do not require to breathe for me also!"

Slippered, and wrapped in asumptuous robe, he laid himself down at last to rest, but not to sleep, for his head was too full of thoughts and the room too full of people. He could not dismiss the former, so they stayed; he did not know enough to dismiss the latter, so they stayed also, to his vast regret—and theirs.

Tom's departure had left his two noble guardians alone. They mused awhile, with much head-shaking and walking the floor, then Lord St. John said:

"Plainly, what dost thou think?"

"Plainly, then, this. The king is near his end, my nephew is mad, mad will mount the throne, and mad remain. God protect England, since she will need it!"

"Verily it promiseth so, indeed. But… have you no misgivings as to…as to…"

The speaker hesitated, and finally stopped. He evidently felt that he was upon delicate ground. Lord Hertford stopped before him, looked into his face with a clear, frank eye, and said:

"Speak on—there is none to hear but me. Misgivings as to what?"

"I am full loth to word the thing that is in my mind, and thou so near to him in blood, my lord. But craving pardon if I do offend, seemeth it not strange that madness could so change his port and manner!—not but that his port and speech are princely still, but that they *differ* in one unweighty trifle or another, from what his custom was aforetime. Seemeth it not strange that madness should filch from his memory his father's very lineaments; the customs and observances that are his due from such as be about him; and, leaving him his Latin, strip him of his Greek and French? My lord, be not offended, but ease my mind of its disquiet and receive my grateful thanks. It haunteth me, his saying he was not the prince, and so—"

"Peace, my lord, thou utterest treason! Hast forgot the king's command? Remember I am party to thy crime, if I but listen."

St. John paled, and hastened to say:

"I was in fault, I do confess it. Betray me not, grant me this grace out of thy courtesy, and I will neither think nor speak of this thing more. Deal not hardly with me, sir, else am I ruined."

"I am content, my lord. So thou offend not again, here or in the ears of others, it shall be as though thou hadst not spoken. But thou needst not have misgivings. He is my sister's son; are not his voice, his face, his form, familiar to me from his cradle? Madness can do all the odd conflicting things thou seest in him, and more. Dost not recall how that the old Baron Marley, being mad, forgot the favour of his own countenance that he had known for sixty years, and held it was another's; nay, even claimed he was the son of Mary Magdalene, and that his head was made of Spanish glass; and sooth to say, he suffered none to touch it, lest by mischance some heedless hand might shiver it? Give thy misgivings easement, good my lord. This is the very prince, I know him well—and soon will be thy king; it may advantage thee to bear this in mind and more dwell upon it than the other."

After some further talk, in which the Lord St. John covered up his mistake as well as he could by repeated protests that his faith was thoroughly grounded now, and could not be assailed by doubts again, the Lord Hertford relieved his fellow-keeper, and sat down to keep watch and ward alone. He was soon deep in meditation. And evidently the longer he thought, the more he was bothered. By and by he began to pace the floor and mutter.

"Tush, he *must* be the prince! Will any be in all the land maintain there can be two, not of one blood and birth, so marvellously twinned? And even were it so, 'twere yet a stranger miracle that chance should cast the one into the other's place. Nay, 'tis folly, folly, folly!"

Presently he said:

"Now were he impostor and called himself prince, look you *that* would be natural; that would be reasonable. But lived ever an impostor yet, who, being called prince by the king, prince by the court, prince by all, *denied* his dignity and pleaded against his exaltation? *No!* By the soul of St. Swithin, no! This is the true prince, gone mad!"

Chapter VII. Tom's First Royal Dinner

Somewhat after one in the afternoon, Tom resignedly underwent the ordeal of being dressed for dinner. He found himself as finely clothed as before, but everything different, everything changed, from his ruff to his stockings. He was presently conducted with much state to a spacious and ornate apartment, where a table was already set for one. Its furniture was all of massy gold, and beautified with designs which well-nigh made it priceless, since they were the work of Benvenuto. The room was half filled with noble servitors. A chaplain said grace, and Tom was about to fall to, for hunger had long been constitutional with him, but was interrupted by my lord the Earl of Berkeley, who fastened a napkin about his neck; for the great post of Diaperers to the Princes of Wales was hereditary in this nobleman's family. Tom's cupbearer was present, and forestalled all his attempts to help himself to wine. The Taster to his highness the Prince of Wales was there also, prepared to taste any suspicious dish upon requirement, and run the risk of being poisoned. He was only an ornamental appendage at this time, and was seldom called to exercise his function; but there had been times, not many generations past, when the office of taster had its perils, and was not a grandeur to be desired. Why they did not use a dog or a plumber seems strange; but all the ways of royalty are strange. My Lord d'Arcy, First Groom of the Chamber, was there, to do goodness knows what; but there he was—let that suffice. The Lord Chief Butler was there, and stood behind Tom's chair, overseeing the solemnities, under command of the Lord Great Steward and the Lord Head Cook, who stood near. Tom had three hundred and eighty-four servants besides these; but they were not all in that room, of course, nor the quarter of them; neither was Tom aware yet that they existed.

All those that were present had been well drilled within the hour to remember that the prince was temporarily out of his head, and to be careful to show no surprise at his vagaries. These "vagaries" were soon on exhibition before them; but they only moved their compassion and their sorrow, not their mirth. It was a heavy affliction to them to see the beloved prince so stricken.

Poor Tom ate with his fingers mainly; but no one smiled at it, or even seemed to observe it. He inspected his napkin curiously, and with deep interest, for it was of a very dainty and beautiful fabric, then said with simplicity:

"Prithee, take it away, lest in mine unheedfulness it be soiled."

The Hereditary Diaperer took it away with reverent manner, and without word or protest of any sort.

Tom examined the turnips and the lettuce with interest, and asked what they were, and if they were to be eaten; for it was only recently that men had begun to raise these things in England in place of importing them as luxuries from Holland. His question was answered with grave respect, and no surprise manifested. When he had finished his dessert, he filled his pockets with nuts; but nobody appeared to be aware of it, or disturbed by it. But the next moment he was himself disturbed by it, and showed discomposure; for this was the only service he had been permitted to do with his own hands during the meal, and he did not doubt that he had done a most improper and unprincely thing. At that moment the muscles of his nose began to twitch, and the end of that organ to lift and wrinkle. This continued, and Tom began to evince a growing distress. He looked appealingly, first at one and then another of the lords about him, and tears came into his eyes. They sprang forward with dismay in their faces, and begged to know his trouble. Tom said with genuine anguish:

"I crave your indulgence: my nose itcheth cruelly. What is the custom and usage in this emergence? Prithee speed, for 'tis but a little time that I can bear it."

None smiled; but all were sore perplexed, and looked one to the other in deep tribulation for counsel. But behold, here was a dead wall, and nothing in English history to tell how to get over it. The Master of Ceremonies was not present: there was no one who felt safe to venture upon this uncharted sea, or risk the attempt to solve this solemn problem. Alas! there was no Hereditary Scratcher. Meantime the tears had overflowed their banks, and begun to trickle down Tom's cheeks. His twitching nose was pleading more urgently than ever for relief. At last nature broke down the barriers of etiquette: Tom lifted up an inward prayer for pardon if he was doing wrong, and brought relief to the burdened hearts of his court by scratching his nose himself.

His meal being ended, a lord came and held before him a broad, shallow, golden dish with fragrant rosewater in it, to cleanse his mouth and fingers with; and my lord the Hereditary Diaperer stood by with a napkin for his use. Tom gazed at the dish a puzzled moment or two, then raised it to his lips, and gravely took a draught. Then he returned it to the waiting lord, and said:

"Nay, it likes me not, my lord: it hath a pretty flavour, but it wanteth strength."

This new eccentricity of the prince's ruined mind made all the hearts about him ache; but the sad sight moved none to merriment.

Tom's next unconscious blunder was to get up and leave the table just when the chaplain had taken his stand behind his chair, and with uplifted hands, and closed, uplifted eyes, was in the act of beginning the blessing. Still nobody seemed to perceive that the prince had done a thing unusual.

By his own request, our small friend was now conducted to his private cabinet, and left there alone to his own devices. Hanging upon hooks in the oaken wainscoting were the several pieces of a suit of shining steel armour, covered all over with beautiful designs exquisitely inlaid in gold. This martial panoply belonged to the true prince—a recent present from Madam Parr, the queen. Tom put on the greaves, the gauntlets, the plumed helmet, and such other pieces as he could don without assistance, and for a while was minded to call for help and complete the matter, but bethought him of the nuts he had brought away from dinner, and the joy it would be to eat them with no crowd to eye him, and no Grand Hereditaries to pester him with undesired services; so he restored the pretty things to their several places, and soon was cracking nuts, and feeling almost naturally happy for the first time since God for his sins had made him a prince. When the nuts were all gone, he stumbled upon some inviting books in a closet, among them one about the etiquette of the English court. This was a prize. He lay down upon a sumptuous divan, and proceeded to instruct himself with honest zeal. Let us leave him there for the present.

Chapter VIII. The Question of the Seal

About five o'clock Henry VIII awoke out of an unrefreshing nap, and muttered to himself, "Troublous dreams, troublous dreams! Mine end is now at hand: so say these warnings, and my failing pulses do confirm it." Presently a wicked light flamed up in his eye, and he muttered, "Yet will not I die till *he* go before."

His attendants perceiving that he was awake, one of them asked his pleasure concerning the Lord Chancellor, who was waiting without.

"Admit him, admit him!" exclaimed the king eagerly.

The Lord Chancellor entered, and knelt by the king's couch, saying:

"I have given order, and, according to the king's command, the peers of the realm, in their robes, do now stand at the bar of the House, where, having confirmed the Duke of Norfolk's doom, they humbly wait his majesty's further pleasure in the matter."

The king's face lit up with a fierce joy. Said he:

"Lift me up! In mine own person will I go before my Parliament, and with mine own hand will I seal the warrant that rids me of—"

His voice failed; an ashen pallor swept the flush from his cheeks; and the attendants eased him back upon his pillows, and hurriedly assisted him with restoratives. Presently he said sorrowfully:

"Alack, how have I longed for this sweet hour! and lo, too late it cometh, and I am robbed of this so coveted chance. But speed ye, speed ye! let others do this happy office sith 'tis denied to me. I put my Great Seal in commission: choose thou the lords that shall compose it, and get ye to your work. Speed ye, man! Before the sun shall rise and set again, bring me his head that I may see it."

"According to the king's command, so shall it be. Will't please your majesty to order that the Seal be now restored to me, so that I may forth upon the business?"

"The Seal? Who keepeth the Seal but thou?"

"Please your majesty, you did take it from me two days since, saying it should no more do its office till your own royal hand should use it upon the Duke of Norfolk's warrant."

"Why, so in sooth I did: I do remember it... What did I with it?... I am very feeble... So oft these days doth my memory play the traitor with me... 'Tis strange, strange—"

The king dropped into inarticulate mumblings, shaking his grey head weakly from time to time, and gropingly trying to recollect what he had done with the Seal. At last my Lord Hertford ventured to kneel and offer information:

"Sire, if that I may be so bold, here be several that do remember with me how that you gave the Great Seal into the hands of his highness the Prince of Wales to keep against the day that—"

"True, most true!" interrupted the king. "Fetch it! Go: time flieth!"

Lord Hertford flew to Tom, but returned to the king before very long, troubled and empty-handed. He delivered himself to this effect:

"It grieveth me, my lord the king, to bear so heavy and unwelcome tidings; but it is the will of God that the prince's affliction abideth still, and he cannot recall to mind that he received the Seal. So came I quickly to report, thinking it were waste of precious time, and little worth withal, that any should attempt to search the long array of chambers and saloons that belong unto his royal high—"

A groan from the king interrupted the lord at this point. After a little while his majesty said, with a deep sadness in his tone:

"Trouble him no more, poor child. The hand of God lieth heavy upon him, and my heart goeth out in loving compassion for him, and sorrow that I may not bear his burden on mine old trouble-weighted shoulders, and so bring him peace."

He closed his eyes, fell to mumbling, and presently was silent. After a time he opened his eyes again, and gazed vacantly around until his glance rested upon the kneeling Lord Chancellor. Instantly his face flushed with wrath:

"What, thou here yet! By the glory of God, an' thou gettest not about that traitor's business, thy mitre shall have holiday the morrow for lack of a head to grace withal!"

The trembling Chancellor answered:

"Good your majesty, I cry you mercy! I but waited for the Seal."

"Man, hast lost thy wits? The small Seal which aforetime I was wont to take with me abroad lieth in my treasury. And, since the Great Seal hath flown away, shall not it suffice? Hast lost thy wits? Begone! And hark ye—come no more till thou do bring his head."

The poor Chancellor was not long in removing himself from this dangerous vicinity; nor did the commission waste time in giving the royal assent to the work of the slavish Parliament, and appointing the morrow for the beheading of the premier peer of England, the luckless Duke of Norfolk.

Chapter IX. The River Pageant

At nine in the evening the whole vast river-front of the palace was blazing with light. The river itself, as far as the eye could reach citywards, was so thickly covered with watermen's boats and with pleasure-barges, all fringed with coloured lanterns, and gently agitated by the waves, that it resembled a glowing and limitless garden of flowers stirred to soft motion by summer winds. The grand terrace of stone steps leading down to the water, spacious enough to mass the army of a German principality upon, was a picture to see, with its ranks of royal halberdiers in polished armour, and its troops of brilliantly costumed servitors flitting up and down, and to and fro, in the hurry of preparation.

Presently a command was given, and immediately all living creatures vanished from the steps. Now the air was heavy with the hush of suspense and expectancy. As far as one's vision could carry, he might see the myriads of people in the boats rise up, and shade their eyes from the glare of lanterns and torches, and gaze toward the palace.

A file of forty or fifty state barges drew up to the steps. They were richly gilt, and their lofty prows and sterns were elaborately carved. Some of them were decorated with banners and streamers; some with cloth-of-gold and arras embroidered with coats of arms; others with silken flags that had numberless little silver bells fastened to them, which shook out tiny showers of joyous music whenever the breezes fluttered them; others of yet higher pretensions, since they belonged to nobles in the prince's immediate service, had their sides picturesquely fenced with shields gorgeously emblazoned with armorial bearings. Each state barge was towed by a tender. Besides the rowers, these tenders carried each a number of men-at-arms in glossy helmet and breastplate, and a company of musicians.

The advance-guard of the expected procession now appeared in the great gateway, a troop of halberdiers. They were dressed in striped hose of black and tawny, velvet caps graced at the sides with silver roses, and doublets of murrey and blue cloth, embroidered on the front and back with the three feathers, the prince's blazon, woven in gold. Their halberd staves were covered with crimson velvet, fastened with gilt nails, and ornamented with gold tassels. Filing off on the right and left, they formed two long lines, extending from the gateway of the palace to the water's edge. A thick, rayed cloth or carpet was then unfolded, and laid down between them by attendants in the gold-and-crimson liveries of the prince. This done, a flourish of trumpets resounded from within. A lively prelude arose from the musicians on the water; and two ushers with white wands marched with a slow and stately pace from the portal. They were followed by an officer bearing the civic mace, after whom came another carrying the city's sword; then several sergeants of the city guard, in their full accoutrements, and with badges on their sleeves; then the Garter king-at-arms, in his tabard; then several knights of the bath, each with a white lace on his sleeve; then their esquires; then the judges, in their robes of scarlet and coifs; then the Lord High Chancellor of England, in a robe of scarlet, open before, and purfled with minever; then a deputation of aldermen, in their scarlet cloaks; and then the heads of the different civic companies, in their robes of state. Now came twelve French gentlemen, in splendid habiliments, consisting of pourpoints of white damask barred with gold, short mantles of crimson velvet lined with violet taffeta, and carnation-coloured *hauts-de-chausses*, and took their way down the steps. They were of the suite of the French ambassador, and were followed by twelve cavaliers of the suite of the Spanish ambassador, clothed in black velvet, unrelieved by any ornament. Following these came several great English nobles with their attendants.

There was a flourish of trumpets within; and the prince's uncle, the future great Duke of Somerset, emerged from the gateway, arrayed in a doublet of black cloth-of-gold, and a cloak of crimson satin flowered with gold, and ribanded with nets of silver. He turned, doffed his plumed cap, bent his body in low reverence, and began to step backward, bowing at each step. A prolonged trumpet-blast followed, and a proclamation, "Way for the high and mighty the Lord Edward, Prince of Wales!" High aloft on the palace walls a long line of red tongues of flame leapt forth with a thunder crash: the massed world on the river burst into a mighty roar of welcome; and Tom Canty, the cause and hero of it all, stepped into view and slightly bowed his princely head.

He was magnificently habited in a doublet of white satin, with a front-piece of purple cloth-of-tissue, powdered with diamonds, and edged with ermine. Over this he wore a mantle of white cloth-of-gold, pounced with the triple-feathered crest, lined with blue satin, set with pearls and precious stones, and fastened with a clasp of brilliants. About his neck hung the Order of the Garter, and several princely foreign orders; and wherever light fell upon him jewels responded with a blinding flash. O Tom Canty, born in a hovel, bred in the gutters of London, familiar with rags and dirt and misery, what a spectacle is this!

Chapter X. The Prince in the Toils

We left John Canty dragging the rightful prince into Offal Court, with a noisy and delighted mob at his heels. There was but one person in it who offered a pleading word for the captive, and he was not heeded: he was hardly even heard, so great was the turmoil. The prince continued to struggle for freedom, and to rage against the treatment he was suffering, until John Canty lost what little patience was left in him, and raised his oaken cudgel in a sudden fury over the prince's head. The single pleader for the lad sprang to stop the man's arm, and the blow descended upon his own wrist. Canty roared out:

"Thou'lt meddle, wilt thou? Then have thy reward."

His cudgel crashed down upon the meddler's head: there was a groan, a dim form sank to the ground among the feet of the crowd, and the next moment it lay there in the dark alone. The mob pressed on, their enjoyment nothing disturbed by this episode.

Presently the prince found himself in John Canty's abode, with the door closed against the outsiders. By the vague light of a tallow candle which was thrust into a bottle, he made out the main features of the loathsome den, and also of the occupants of it. Two frowsy girls and a middle-aged woman cowered against the wall in one corner, with the aspect of animals habituated to harsh usage, and expecting and dreading it now. From another corner stole a withered hag with streaming gray hair and malignant eyes. John Canty said to this one:

"Tarry! There's fine mummeries here. Mar them not till thou'st enjoyed them; then let thy hand be as heavy as thou wilt. Stand forth, lad. Now say thy foolery again, an thou'st not forget it. Name thy name. Who art thou?"

The insulted blood mounted to the little prince's cheek once more, and he lifted a steady and indignant gaze to the man's face and said:

"'Tis but ill-breeding in such as thou to command me to speak. I tell thee now, as I told thee before, I am Edward, Prince of Wales, and none other."

The stunning surprise of this reply nailed the hag's feet to the floor where she stood, and almost took her breath. She stared at the prince in stupid amazement, which so amused her ruffianly son that he burst into a roar of laughter. But the effect upon Tom Canty's mother and sisters was different. Their dread of bodily injury gave way at once to distress of a different sort. They ran forward with woe and dismay in their faces, exclaiming:

"Oh, poor Tom, poor lad!"

The mother fell on her knees before the prince, put her hands upon his shoulders, and gazed yearningly into his face through her rising tears. Then she said:

"Oh, my poor boy! thy foolish reading hath wrought its woeful work at last, and ta'en thy wit away. Ah! why didst thou cleave to it when I so warned thee 'gainst it? Thou'st broke thy mother's heart."

The prince looked into her face, and said gently:

"Thy son is well, and hath not lost his wits, good dame. Comfort thee: let me to the palace where he is, and straightway will the king my father restore him to thee."

"The king thy father! Oh, my child! unsay these words that be freighted with death for thee, and ruin for all that be near to thee. Shake off this gruesome dream. Call back thy poor wandering memory. Look upon me. Am not I thy mother that bore thee, and loveth thee?"

The prince shook his head and reluctantly said:

"God knoweth I am loath to grieve thy heart; but truly have I never looked upon thy face before."

The woman sank back to a sitting posture on the floor, and, covering her eyes with her hands, gave way to heart-broken sobs and wailings.

"Let the show go on!" shouted Canty. "What, Nan! what, Bet! Mannerless wenches! will ye stand in the prince's presence? Upon your knees, ye pauper scum, and do him reverence!"

He followed this with another horse-laugh. The girls began to plead timidly for their brother; and Nan said:

"An thou wilt but let him to bed, father, rest and sleep will heal his madness: prithee, do."

"Do, father," said Bet; "he is more worn than is his wont. To-morrow will he be himself again, and will beg with diligence, and come not empty home again."

This remark sobered the father's joviality, and brought his mind to business. He turned angrily upon the prince, and said:

"The morrow must we pay two pennies to him that owns this hole; two pennies, mark ye—all this money for a half-year's rent, else out of this we go. Show what thou'st gathered with thy lazy begging."

The prince said:

"Offend me not with thy sordid matters. I tell thee again I am the king's son."

A sounding blow upon the prince's shoulder from Canty's broad palm sent him staggering into good-wife Canty's arms, who clasped him to her breast and sheltered him from a pelting rain of cuffs and slaps by interposing her own person.

The frightened girls retreated to their corner; but the grandmother stepped eagerly forward to assist her son. The prince sprang away from Mrs. Canty, exclaiming:

"Thou shalt not suffer for me, madam. Let these swine do their will upon me alone."

This speech infuriated the swine to such a degree that they set about their work without waste of time. Between them they belabored the boy right soundly, and then gave the girls and their mother a beating for showing sympathy for the victim.

"Now," said Canty, "to bed, all of ye. The entertainment has tired me."

The light was put out, and the family retired. As soon as the snorings of the head of the house and his mother showed that they were asleep, the young girls crept to where the prince lay, and covered him tenderly from the cold with straw and rags; and their mother crept to him also, and stroked his hair, and cried over him, whispering broken words of comfort and compassion in his ear the while. She had saved a morsel for him to eat, also; but the boy's pains had swept away all appetite—at least for black and tasteless crusts. He was touched by her brave and costly defence of him, and by her commiseration; and he thanked her in very noble and princely words, and begged her to go to her sleep and try to forget her sorrows. And he added that the king his father would not let her loyal kindness and devotion go unrewarded. This return to his "madness" broke her heart anew, and she strained him to her breast again and again and then went back, drowned in tears, to her bed.

As she lay thinking and mourning, the suggestion began to creep into her mind that there was an undefinable something about this boy that was lacking in Tom Canty, mad or sane. She could not describe it, she could not tell just what it was, and yet her sharp mother-instinct seemed to detect it and perceive it. What if the boy were really not her son, after all? Oh, absurd! She almost smiled at the idea, spite of her griefs and troubles. No matter, she found that it was an idea that would not "down," but persisted in haunting her. It pursued her, it harassed her, it clung to her, and refused to be put away or ignored. At last she perceived that there was not going to be any peace for her until she should devise a test that should prove, clearly and without question, whether this lad was her son or not, and so banish these wearing and worrying doubts. Ah, yes, this was plainly the right way out of the difficulty; therefore she set her wits to work at once to contrive that test. But it was an easier thing to propose than to accomplish. She turned over in her mind one promising test after another, but was obliged to relinquish them all—none of them were absolutely sure, absolutely perfect; and an imperfect one could not satisfy her. Evidently she was racking her head in vain—it seemed manifest that she must give the matter up. While this depressing thought was passing through her mind, her ear caught the regular breathing of the boy, and she knew he had fallen asleep. And while she listened, the measured breathing was broken by a soft, startled cry, such as one utters in a troubled dream. This chance occurrence furnished her instantly with a plan worth all her labored tests combined. She at once set herself feverishly, but noiselessly, to work, to relight her candle, muttering to herself, "Had I but seen him then, I should have known! Since that day, when he was little, that the powder burst in his face, he hath never been startled of a sudden out of his dreams or out of his thinkings, but he hath cast his hand before his eyes, even as he did that day, and not as others would do it, with the palm inward, but always with the palm turned outward—I have seen it a hundred times, and it hath never varied nor ever failed. Yes, I shall soon know, now!"

By this time she had crept to the slumbering boy's side, with the candle, shaded, in her hand. She bent heedfully and warily over him, scarcely breathing, in her suppressed excitement, and suddenly flashed the light in his face and struck the floor by his ear with her knuckles. The sleeper's eyes sprung wide open, and he cast a startled stare about him—but he made no special movement with his hands.

The poor woman was smitten almost helpless with surprise and grief; but she contrived to hide her emotions, and to soothe the boy to sleep again; then she crept apart and communed miserably with herself upon the disastrous result of her experiment. She tried to believe that her Tom's madness had banished this habitual gesture of his; but she could not do it. "No," she said, "his *hands* are not mad, they could not unlearn so old a habit in so brief a time. Oh, this is a heavy day for me!"

Still, hope was as stubborn, now, as doubt had been before; she could not bring herself to accept the verdict of the test; she must try the thing again—the failure must have been only an accident; so she startled the boy out of his sleep a second and a third time, at intervals—with the same result which had marked the first test—then she dragged herself to bed, and fell sorrowfully asleep, saying, "But I cannot give him up—oh no, I cannot, I cannot—he *must* be my boy!"

The poor mother's interruptions having ceased, and the prince's pains having gradually lost their power to disturb him, utter weariness at last sealed his eyes in a profound and restful sleep. Hour after hour slipped away, and still he slept like the dead. Thus four or five hours passed. Then his stupor began to lighten. Presently, while half asleep and half awake, he murmured:

"Sir William!"

After a moment:

"Ho, Sir William Herbert! Hie thee hither, and list to the strangest dream that ever... Sir William! Dost hear? Man, I did think me changed to a pauper, and... Ho there! Guards Sir William! What! is there no groom of the chamber in waiting? Alack it shall go hard with—"

"What aileth thee?" asked a whisper near him. "Who art thou calling?"

"Sir William Herbert. Who art thou?"

"I? Who should I be, but thy sister Nan? Oh, Tom, I had forgot! Thou'rt mad yet—poor lad thou'rt mad yet, would I had never woke to know it again! But prithee master thy tongue, lest we be all beaten till we die!"

The startled prince sprang partly up, but a sharp reminder from his stiffened bruises brought him to himself, and he sank back among his foul straw with a moan and the ejaculation:

"Alas! it was no dream, then!"

In a moment all the heavy sorrow and misery which sleep had banished were upon him again, and he realised that he was no longer a petted prince in a palace, with the adoring eyes of a nation upon him, but a pauper, an outcast, clothed in rags, prisoner in a den fit only for beasts, and consorting with beggars and thieves.

In the midst of his grief he began to be conscious of hilarious noises and shoutings, apparently but a block or two away. The next moment there were several raps at the door. John Canty ceased from snoring and said:

"Who knocketh? What wilt thou?"

A voice answered:

"Know'st thou who it was thou laid thy cudgel on?"

"No. Neither know I, nor care."

"Belike thou'lt change thy note eftsoons. An thou would save thy neck, nothing but flight may stead thee. The man is this moment delivering up the ghost. 'Tis the priest, Father Andrew!"

"God-a-mercy!" exclaimed Canty. He roused his family, and hoarsely commanded, "Up with ye all and fly—or bide where ye are and perish!"

Scarcely five minutes later the Canty household were in the street and flying for their lives. John Canty held the prince by the wrist, and hurried him along the dark way, giving him this caution in a low voice:

"Mind thy tongue, thou mad fool, and speak not our name. I will choose me a new name, speedily, to throw the law's dogs off the scent. Mind thy tongue, I tell thee!"

He growled these words to the rest of the family:

"If it so chance that we be separated, let each make for London Bridge; whoso findeth himself as far as the last linen-draper's shop on the Bridge, let him tarry there till the others be come, then will we flee into Southwark together."

At this moment the party burst suddenly out of darkness into light; and not only into light, but into the midst of a multitude of singing, dancing, and shouting people, massed together on the river frontage. There was a line of bonfires stretching as far as one could see, up and down the Thames; London Bridge was illuminated; Southwark Bridge likewise; the entire river was aglow with the flash and sheen of coloured lights; and constant explosions of fireworks filled the skies with an intricate commingling of shooting splendours and a thick rain of dazzling sparks that almost turned night into day; everywhere were crowds of revelers; all London seemed to be at large.

John Canty delivered himself of a furious curse and commanded a retreat, but it was too late. He and his tribe were swallowed up in that swarming hive of humanity, and hopelessly separated from each other in an instant. We are not considering that the prince was one of his tribe; Canty still kept his grip upon him. The prince's heart was beating high with hopes of escape, now. A burly waterman, considerably exalted with liquor, found himself rudely shoved by Canty in his efforts to plow through the crowd; he laid his great hand on Canty's shoulder and said:

"Nay, whither so fast, friend? Dost canker thy soul with sordid business when all that be leal men and true make holiday?"

"Mine affairs are mine own, they concern thee not," answered Canty, roughly; "take away thy hand and let me pass."

"Sith that is thy humour, thou'lt *not* pass, till thou'st drunk to the Prince of Wales, I tell thee that," said the waterman, barring the way resolutely.

"Give me the cup, then, and make speed, make speed!"

Other revelers were interested by this time. They cried out:

"The loving-cup, the loving-cup! make the sour knave drink the loving-cup, else will we feed him to the fishes."

So a huge loving-cup was brought; the waterman, grasping it by one of its handles, and with his other hand bearing up the end of an imaginary napkin, presented it in due and ancient form to Canty, who had to grasp the opposite handle with one of his hands and take off the lid with the other, according to ancient custom. This left the prince hand-free for a second, of course. He wasted no time, but dived among the forest of legs about him and disappeared. In another moment he could not have been harder to find, under that tossing sea of life, if its billows had been the Atlantic's and he a lost sixpence.

He very soon realised this fact, and straightway busied himself about his own affairs without further thought of John Canty. He quickly realised another thing, too. To wit, that a spurious Prince of Wales was being feasted by the city in his stead. He easily concluded that the pauper lad, Tom Canty, had deliberately taken advantage of his stupendous opportunity and become a usurper.

Therefore there was but one course to pursue—find his way to the Guildhall, make himself known, and denounce the impostor. He also made up his mind that Tom should be allowed a reasonable time for spiritual preparation, and then be hanged, drawn and quartered, according to the law and usage of the day, in cases of high treason.

Chapter XI. At Guildhall

The royal barge, attended by its gorgeous fleet, took its stately way down the Thames through the wilderness of illuminated boats. The air was laden with music; the riverbanks were beruffled with joy-flames; the distant city lay in a soft luminous glow from its countless invisible bonfires; above it rose many a slender spire into the sky, incrusted with sparkling lights, wherefore in their remoteness they seemed like jewelled lances thrust aloft; as the fleet swept along, it was greeted from the banks with a continuous hoarse roar of cheers and the ceaseless flash and boom of artillery.

To Tom Canty, half buried in his silken cushions, these sounds and this spectacle were a wonder unspeakably sublime and astonishing. To his little friends at his side, the Princess Elizabeth and the Lady Jane Grey, they were nothing.

Arrived at the Dowgate, the fleet was towed up the limpid Walbrook whose channel has now been for two centuries buried out of sight under acres of buildings, to Bucklersbury, past houses and under bridges populous with merrymakers and brilliantly lighted, and at last came to a halt in a basin where now is Barge Yard, in the centre of the ancient city of London. Tom disembarked, and he and his gallant procession crossed Cheapside and made a short march through the Old Jewry and Basinghall Street to the Guildhall.

Tom and his little ladies were received with due ceremony by the Lord Mayor and the Fathers of the City, in their gold chains and scarlet robes of state, and conducted to a rich canopy of state at the head of the great hall, preceded by heralds making proclamation, and by the Mace and the City Sword. The lords and ladies who were to attend upon Tom and his two small friends took their places behind their chairs.

At a lower table the court grandees and other guests of noble degree were seated, with the magnates of the city; the commoners took places at a multitude of tables on the main floor of the hall. From their lofty vantage-ground, the giants Gog and Magog, the ancient guardians of the city, contemplated the spectacle below them with eyes grown familiar to it in forgotten generations. There was a bugle-blast and a proclamation, and a fat butler appeared in a high perch in the leftward wall, followed by his servitors bearing with impressive solemnity a royal Baron of Beef, smoking hot and ready for the knife.

After grace, Tom, being instructed, rose—and the whole house with him—and drank from a portly loving-cup with the Princess Elizabeth; from her it passed to the Lady Jane, and then traversed the general assemblage. So the banquet began.

By midnight the revelry was at its height. Now came one of those picturesque spectacles so admired in that old day. A description of it is still extant in the quaint wording of a chronicler who witnessed it:

"Space being made, presently entered a baron and an earl appareled after the Turkish fashion in long robes of bawdkin powdered with gold; hats on their heads of crimson velvet, with great rolls of gold, girded with two swords, called scimitars, hanging by great bawdricks of gold. Next came yet another baron and another earl, in two long gowns of yellow satin, traversed with white satin, and in every bend of white was a bend of crimson satin, after the fashion of Russia, with furred hats of gray on their heads; either of them having an hatchet in their hands, and boots with *pykes* [points a foot long], turned up. And after them came a knight, then the Lord High Admiral, and with him five nobles in doublets of crimson velvet, voyded low on the back and before to the cannel-bone, laced on the breasts with chains of silver; and, over that, short cloaks of crimson satin, and on their heads hats after the dancers' fashion, with pheasants' feathers in them. These were appareled after the fashion of Prussia. The torchbearers, which were about an hundred, were appareled in crimson satin and green, like Moors, their faces black. Next came in a *mommarye*. Then the minstrels, which were disguised, danced; and the lords and ladies did wildly dance also, that it was a pleasure to behold."

And while Tom, in his high seat, was gazing upon this "wild" dancing, lost in admiration of the dazzling commingling of kaleidoscopic colours which the whirling turmoil of gaudy figures below him presented, the ragged but real little Prince of Wales was proclaiming his rights and his wrongs, denouncing the impostor, and clamouring for admission at the gates of Guildhall! The crowd enjoyed this episode prodigiously, and pressed forward and craned their necks to see the small rioter. Presently they began to taunt him and mock at him, purposely to goad him into a higher and still more entertaining fury. Tears of mortification sprung to his eyes, but he stood his ground and defied the mob right royally. Other taunts followed, added mockings stung him, and he exclaimed:

"I tell ye again, you pack of unmannerly curs, I am the Prince of Wales! And all forlorn and friendless as I be, with none to give me word of grace or help me in my need, yet will not I be driven from my ground, but will maintain it!"

"Though thou be prince or no prince, 'tis all one, thou be'st a gallant lad, and not friendless neither! Here stand I by thy side to prove it; and mind I tell thee thou might'st have a worser friend than Miles Hendon and yet not tire thy legs with seeking. Rest thy small jaw, my child, I talk the language of these base kennel-rats like to a very native."

The speaker was a sort of Don Caesar de Bazan in dress, aspect, and bearing. He was tall, trim-built, muscular. His doublet and trunks were of rich material, but faded and threadbare, and their gold-lace adornments were sadly tarnished; his ruff was rumpled and damaged; the plume in his slouched hat was broken and had a bedraggled and disreputable look; at his side he wore a long rapier in a rusty iron sheath; his swaggering carriage marked him at once as a ruffler of the camp. The speech of this fantastic figure was received with an explosion of jeers and laughter. Some cried, "'Tis another prince in disguise!" "'Ware thy tongue, friend, belike he is dangerous!" "Marry, he looketh it—mark his eye!" "Pluck the lad from him—to the horse-pond wi' the cub!"

Instantly a hand was laid upon the prince, under the impulse of this happy thought; as instantly the stranger's long sword was out and the meddler went to the earth under a sounding thump with the flat of it. The next moment a score of voices shouted "kill the dog! kill him! kill him!" and the mob closed in on the warrior, who backed himself against a wall and began to lay about him with his long weapon like a madman. His victims sprawled this way and that, but the mob-tide poured over their prostrate forms and dashed itself against the champion with undiminished fury. His moments seemed numbered, his destruction certain, when suddenly a trumpet-blast sounded, a voice shouted, "Way for the king's messenger!" and a troop of horsemen came charging down upon the mob who fled out of harm's reach as fast as their legs could carry them. The bold stranger caught up the prince in his arms, and was soon far away from danger and the multitude.

Return we within the Guildhall. Suddenly, high above the jubilant roar and thunder of the revel, broke the clear peal of a bugle-note. There was instant silence—a deep hush; then a single voice rose—that of the messenger from the palace—and began to pipe forth a proclamation, the whole multitude standing, listening. The closing words, solemnly pronounced, were:

"The king is dead!"

The great assemblage bent their heads upon their breasts with one accord; remained so, in profound silence, a few moments; then all sunk upon their knees in a body, stretched out their hands toward Tom, and a mighty shout burst forth that seemed to shake the building:

"Long live the king!"

Poor Tom's dazed eyes wandered abroad over this stupefying spectacle, and finally rested dreamily upon the kneeling princesses beside him, a moment, then upon the Earl of Hertford. A sudden purpose dawned in his face. He said, in a low tone, at Lord Hertford's ear:

"Answer me truly, on thy faith and honour! Uttered I here a command, the which none but a king might hold privilege and prerogative to utter, would such commandment be obeyed, and none rise up to say me nay?"

"None, my liege, in all these realms. In thy person bides the majesty of England. Thou art the king—thy word is law."

Tom responded, in a strong, earnest voice, and with great animation:

"Then shall the king's law be law of mercy, from this day, and never more be law of blood! Up from thy knees and away! To the Tower and say the king decrees the Duke of Norfolk shall not die!"

The words were caught up and carried eagerly from lip to lip far and wide over the hall, and as Hertford hurried from the presence, another prodigious shout burst forth:

"The reign of blood is ended! Long live Edward, king of England!"

Chapter XII. The Prince and His Deliverer

As soon as Miles Hendon and the little prince were clear of the mob they struck down through back lanes and alleys toward the river. Their way was unobstructed until they approached London Bridge; then they plowed into the multitude again, Hendon keeping a fast grip upon the prince's—no, the king's—wrist. The tremendous news was already abroad, and the boy learned it from a thousand voices at once—"The king is dead!" The tidings struck a chill to the heart of the poor little waif, and sent a shudder through his frame. He realised the greatness of his loss, and was filled with a bitter grief; for the grim tyrant who had been such a terror to others had always been gentle with him. The tears sprung to his eyes and blurred all objects. For an instant he felt himself the most forlorn, outcast, and forsaken of God's creatures—then another cry shook the night with its far-reaching thunders: "Long live King Edward the Sixth!" and this made his eyes kindle, and thrilled him with pride to his fingers' ends. "Ah," he thought, "how grand and strange it seems—I AM KING!"

Our friends threaded their way slowly through the throngs upon the Bridge. This structure, which had stood for six hundred years, and had been a noisy and populous thoroughfare all that time, was a curious affair, for a closely packed rank of stores and shops, with family quarters overhead, stretched along both sides of it, from one bank of the river to the other. The Bridge was a sort of town to itself; it had its inn, its beer-houses, its bakeries, its haberdasheries, its food markets, its manufacturing industries, and even its church. It looked upon the two neighbours which it linked together—London and Southwark—as being well enough, as suburbs, but not otherwise particularly important. It was a close corporation, so to speak; it was a narrow town, of a single street a fifth of a mile long, its population was but a village population, and everybody in it knew all his fellow-townsmen intimately, and had known their fathers and mothers before them—and all their little family affairs into the bargain. It had its aristocracy, of course—its fine old families of butchers, and bakers, and what not, who had occupied the same old premises for five or six hundred years, and knew the great history of the Bridge from beginning to end, and all its strange legends; and who always talked bridgy talk, and thought bridgy thoughts, and lied in a long, level, direct, substantial bridgy way. It was just the sort of population to be narrow and ignorant and self-conceited. Children were born on the Bridge, were reared there, grew to old age and finally died without ever having set a foot upon any part of the world but London Bridge alone. Such people would naturally imagine that the mighty and interminable procession which moved through its street night and day, with its confused roar of shouts and cries, its neighings and bellowing and bleatings and its muffled thunder-tramp, was the one great thing in this world, and themselves somehow the proprietors of it. And so they were in effect—at least they could exhibit it from their windows, and did—for a consideration—whenever a returning king or hero gave it a fleeting splendour, for there was no place like it for affording a long, straight, uninterrupted view of marching columns.

Men born and reared upon the Bridge found life unendurably dull and inane elsewhere. History tells of one of these who left the Bridge at the age of seventy-one and retired to the country. But he could only fret and toss in his bed; he could not go to sleep, the deep stillness was so painful, so awful, so oppressive. When he was worn out with it, at last, he fled back to his old home, a lean and haggard specter, and fell peacefully to rest and pleasant dreams under the lulling music of the lashing waters and the boom and crash and thunder of London Bridge.

In the times of which we are writing, the Bridge furnished "object lessons" in English history, for its children—namely, the livid and decaying heads of renowned men impaled upon iron spikes atop of its gateways. But we digress.

Hendon's lodgings were in the little inn on the Bridge. As he neared the door with his small friend, a rough voice said:

"So, thou'rt come at last! Thou'lt not escape again, I warrant thee; and if pounding thy bones to a pudding can teach thee somewhat, thou'lt not keep us waiting another time, mayhap"—and John Canty put out his hand to seize the boy.

Miles Hendon stepped in the way, and said:

"Not too fast, friend. Thou art needlessly rough, methinks. What is the lad to thee?"

"If it be any business of thine to make and meddle in others' affairs, he is my son."

"'Tis a lie!" cried the little king, hotly.

"Boldly said, and I believe thee, whether thy small headpiece be sound or cracked, my boy. But whether this scurvy ruffian be thy father or no, 'tis all one, he shall not have thee to beat thee and abuse, according to his threat, so thou prefer to abide with me."

"I do, I do—I know him not, I loathe him, and will die before I go with him."

"Then 'tis settled, and there is naught more to say."

"We will see, as to that!" exclaimed John Canty, striding past Hendon to get at the boy; "by force shall he—"

"If thou do but touch him, thou animated offal, I will spit thee like a goose!" said Hendon, barring the way and laying his hand upon his sword-hilt. Canty drew back. "Now mark ye," continued Hendon, "I took this lad under my protection when a mob of such as thou would have mishandled him, mayhap killed him; dost imagine I will desert him now to a worser fate?—for whether thou art his father or no—and sooth to say, I think it is a lie—a decent swift death were better for such a lad than life in such brute hands as thine. So go thy ways, and set quick about it, for I like not much bandying of words, being not over-patient in my nature."

John Canty moved off, muttering threats and curses, and was swallowed from sight in the crowd. Hendon ascended three flights of stairs to his room, with his charge, after ordering a meal to be sent thither. It was a poor apartment, with a shabby bed and some odds and ends of old furniture in it, and was vaguely lighted by a couple of sickly candles. The little king dragged himself to the bed and lay down upon it, almost exhausted with hunger and fatigue. He had been on his feet a good part of a day and a night, for it was now two or three o'clock in the morning, and had eaten nothing meantime. He murmured drowsily:

"Prithee call me when the table is spread," and sunk into a deep sleep immediately.

A smile twinkled in Hendon's eye, and he said to himself:

"By the mass, the little beggar takes to one's quarters and usurps one's bed with as natural and easy a grace as if he owned them—with never a by-your-leave, or so-please-it-you, or anything of the sort. In his diseased ravings he called himself the Prince of Wales, and bravely doth he keep up the character. Poor little friendless rat, doubtless his mind has been disordered with ill usage. Well, I will be his friend; I have saved him, and it draweth me strongly to him; already I love the bold-tongued little rascal. How soldier-like he faced the smutty rabble and flung back his high defiance! And what a comely, sweet and gentle face he hath, now that sleep hath conjured away its troubles and its griefs. I will teach him, I will cure his malady; yea, I will be his elder brother, and care for him and watch over him; and whoso would shame him or do him hurt, may order his shroud, for though I be burnt for it he shall need it!"

He bent over the boy and contemplated him with kind and pitying interest, tapping the young cheek tenderly and smoothing back the tangled curls with his great brown hand. A slight shiver passed over the boy's form. Hendon muttered:

"See, now, how like a man it was to let him lie here uncovered and fill his body with deadly rheums. Now what shall I do? 'Twill wake him to take him up and put him within the bed, and he sorely needeth sleep."

He looked about for extra covering, but finding none, doffed his doublet and wrapped the lad in it, saying, "I am used to nipping air and scant apparel, 'tis little I shall mind the cold"—then walked up and down the room to keep his blood in motion, soliloquising as before.

"His injured mind persuades him he is Prince of Wales; 'twill be odd to have a Prince of Wales still with us, now that he that *was* the prince is prince no more, but king—for this poor mind is set upon the one fantasy, and will not reason out that now it should cast by the prince and call itself the king... If my father liveth still, after these seven years that I have heard nanght from home in my foreign dungeon, he will welcome the poor lad and give him generous shelter for my sake; so will my good elder brother, Arthur; my other brother, Hugh—but I will crack his crown an *he* interfere, the fox-hearted, ill-conditioned animal! Yes, thither will we fare—and straightway, too."

A servant entered with a smoking meal, disposed it upon a small deal table, placed the chairs, and took his departure, leaving such cheap lodgers as these to wait upon themselves. The door slammed after him, and the noise woke the boy, who sprung to a sitting posture, and shot a glad glance about him; then a grieved look came into his face and he murmured to himself, with a deep sigh, "Alack, it was but a dream. Woe is me." Next he noticed Miles Hendon's doublet—glanced from that to Hendon, comprehended the sacrifice that had been made for him, and said, gently:

"Thou art good to me, yes, thou art very good to me. Take it and put it on—I shall not need it more."

Then he got up and walked to the washstand in the corner and stood there waiting. Hendon said in a cheery voice:

"We'll have a right hearty sup and bite now, for everything is savoury and smoking hot, and that and thy nap together will make thee a little man again, never fear!"

The boy made no answer, but bent a steady look, that was filled with grave surprise, and also somewhat touched with impatience, upon the tall knight of the sword. Hendon was puzzled, and said:

"What's amiss?"

"Good sir, I would wash me."

"Oh, is that all! Ask no permission of Miles Hendon for aught thou cravest. Make thyself perfectly free here, and welcome, with all that are his belongings."

Still the boy stood, and moved not; more, he tapped the floor once or twice with his small impatient foot. Hendon was wholly perplexed. Said he:

"Bless us, what is it?"

"Prithee, pour the water, and make not so many words!"

Hendon, suppressing a horse-laugh, and saying to himself, "By all the saints, but this is admirable!" stepped briskly forward and did the small insolent's bidding; then stood by, in a sort of stupefaction, until the command, "Come—the towel!" woke him sharply up. He took up a towel from under the boy's nose and handed it to him, without comment. He now proceeded to comfort his own face with a wash, and while he was at it his adopted child seated himself at the table and prepared to fall to. Hendon despatched his ablutions with alacrity, then drew back the other chair and was about to place himself at table, when the boy said, indignantly:

"Forbear! Wouldst sit in the presence of the king?"

This blow staggered Hendon to his foundations. He muttered to himself, "Lo, the poor thing's madness is up with the time! It hath changed with the great change that is come to the realm, and now in fancy is he *king*! Good lack, I must humour the conceit, too—there is no other way—faith, he would order me to the Tower, else!"

And pleased with this jest, he removed the chair from the table, took his stand behind the king, and proceeded to wait upon him in the courtliest way he was capable of.

When the king ate, the rigour of his royal dignity relaxed a little and with his growing contentment came a desire to talk. He said:

"I think thou callest thyself Miles Hendon, if I heard thee aright?"

"Yes, sire," Miles replied; then observed to himself, "If I *must* humour the poor lad's madness, I must sire him, I must majesty him, I must not go by halves, I must stick at nothing that belongeth to the part I play, else shall I play it ill and work evil to this charitable and kindly cause."

The king warmed his heart with a second glass of wine, and said: "I would know thee—tell me thy story. Thou hast a gallant way with thee, and a noble—art nobly born?"

"We are of the tail of the nobility, good your majesty. My father is a baronet—one of the smaller lords, by knight service*—Sir Richard

* He refers to the order of baronets, or baronettes; the *barones minores*, as distinct from the parliamentary barons;—not, it need hardly be said, the baronets of later creation.

Hendon, of Hendon Hall, by Monk's Holm in Kent."

"The name has escaped my memory. Go on—tell me thy story."

"'Tis not much, your majesty, yet perchance it may beguile a short half-hour for want of a better. My father, Sir Richard, is very rich, and of a most generous nature. My mother died whilst I was yet a boy. I have two brothers: Arthur, my elder, with a soul like to his father's; and Hugh, younger than I, a mean spirit, covetous, treacherous, vicious, underhanded—a reptile. Such was he from the cradle; such was he ten years past, when I last saw him—a ripe rascal at nineteen, I being twenty then, and Arthur twenty-two. There is none other of us but the Lady Edith, my cousin—she was sixteen then—beautiful, gentle, good, the daughter of an earl, the last of her race, heiress of a great fortune and a lapsed title. My father was her guardian. I loved her and she loved me; but she was betrothed to Arthur from the cradle, and Sir Richard would not suffer the contract to be broken. Arthur loved another maid, and bade us be of good cheer and hold fast to the hope that delay and luck together would some day give success to our several causes. Hugh loved the Lady Edith's fortune, though in truth he said it was herself he loved—but then 'twas his way, always, to say one thing and mean the other. But he lost his arts upon the girl; he could deceive my father, but none else. My father loved him best of us all, and trusted and believed him; for he was the youngest child and others hated him—these qualities being in all ages sufficient to win a parent's dearest love; and he had a smooth persuasive tongue, with an admirable gift of lying—and these be qualities which do mightily assist a blind affection to cozen itself. I was wild—in troth I might go yet farther and say *very* wild, though 'twas a wildness of an innocent sort, since it hurt none but me, brought shame to none, nor loss, nor had in it any taint of crime or baseness, or what might not beseem mine honourable degree.

"Yet did my brother Hugh turn these faults to good account—he seeing that our brother Arthur's health was but indifferent, and hoping the worst might work him profit were I swept out of the path—so—but 'twere a long tale, good my liege, and little worth the telling. Briefly, then, this brother did deftly magnify my faults and make them crimes; ending his base work with finding a silken ladder in mine apartments—conveyed thither by his own means—and did convince my father by this, and suborned evidence of servants and other lying knaves, that I was minded to carry off my Edith and marry with her in rank defiance of his will.

"Three years of banishment from home and England might make a soldier and a man of me, my father said, and teach me some degree of wisdom. I fought out my long probation in the continental wars, tasting sumptuously of hard knocks, privation, and adventure; but in my last battle I was taken captive, and during the seven years that have waxed and waned since then, a foreign dungeon hath harboured me. Through wit and courage I won to the free air at last, and fled hither straight; and am but just arrived, right poor in purse and raiment, and poorer still in knowledge of what these dull seven years have wrought at Hendon Hall, its people and belongings. So please you, sir, my meagre tale is told."

"Thou hast been shamefully abused!" said the little king, with a flashing eye. "But I will right thee—by the cross will I! The king hath said it."

Then, fired by the story of Miles's wrongs, he loosed his tongue and poured the history of his own recent misfortunes into the ears of his astonished listener. When he had finished, Miles said to himself:

"Lo, what an imagination he hath! Verily this is no common mind; else, crazed or sane, it could not weave so straight and gaudy a tale as this out of the airy nothings wherewith it hath wrought this curious romaunt. Poor ruined little head, it shall not lack friend or shelter whilst I bide with the living. He shall never leave my side; he shall be my pet, my little comrade. And he shall be cured!—aye made whole and sound—then will he make himself a name—and proud shall I be to say, 'Yes, he is mine—I took him, a homeless little ragamuffin, but I saw what was in him, and I said his name would be heard some day—behold him, observe him—was I right?'"

The king spoke—in a thoughtful, measured voice:

"Thou didst save me injury and shame, perchance my life, and so my crown. Such service demandeth rich reward. Name thy desire, and so it be within the compass of my royal power, it is thine."

This fantastic suggestion startled Hendon out of his reverie. He was about to thank the king and put the matter aside with saying he had only done his duty and desired no reward, but a wiser thought came into his head, and he asked leave to be silent a few moments and consider the gracious offer—an idea which the king gravely approved, remarking that it was best to be not too hasty with a thing of such great import.

Miles reflected during some moments, then said to himself, "Yes, that is the thing to do—by any other means it were impossible to get at it—and certes, this hour's experience has taught me 'twould be most wearing and inconvenient to continue it as it is. Yes, I will propose it; 'twas a happy accident that I did not throw the chance away." Then he dropped upon one knee and said:

"My poor service went not beyond the limit of a subject's simple duty, and therefore hath no merit; but since your majesty is pleased to hold it worthy some reward, I take heart of grace to make petition to this effect. Near four hundred years ago, as your grace knoweth, there being ill blood betwixt John, king of England, and the king of France, it was decreed that two champions should fight together in the lists, and so settle the dispute by what is called the arbitrament of God. These two kings, and the Spanish king, being assembled to witness and judge the conflict, the French champion appeared; but so redoubtable was he that our English knights refused to measure weapons with him. So the matter, which was a weighty one, was like to go against the English monarch by default. Now in the Tower lay the Lord de Courcy, the mightiest arm in England, stripped of his honours and possessions, and wasting with long captivity. Appeal was made to him; he gave assent, and came forth arrayed for battle; but no sooner did the Frenchman glimpse his huge frame and hear his famous name, but he fled away, and the French king's cause was lost. King John restored De Courcy's titles and possessions, and said, 'Name thy wish and thou shalt have it, though it cost me half my kingdom;' whereat De Courcy, kneeling, as I do now, made answer, 'This, then, I ask, my liege; that I and my successors may have and hold the privilege of remaining covered in the presence of the kings of England, henceforth while the throne shall last.' The boon was granted, as your majesty knoweth; and there hath been no time, these four hundred years, that that line has failed of an heir; and so, even unto this day, the head of that ancient house still weareth his hat or helm before the king's majesty, without let or hindrance, and this none other may do.* Invoking this precedent in aid of my prayer, I beseech the king to grant to me but this one grace and privilege—to my more than sufficient reward—and none other, to wit: that I and my heirs, forever, may *sit* in the presence of the majesty of England!"

"Rise, Sir Miles Hendon, knight," said the king, gravely—giving the accolade with Hendon's sword—"rise, and seat thyself. Thy petition is granted. While England remains, and the crown continues, the privilege shall not lapse."

His majesty walked apart, musing, and Hendon dropped into a chair at table, observing to himself, "'Twas a brave thought, and hath wrought me a mighty deliverance; my legs are grievously wearied. An I had not thought of that, I must have had to stand for weeks, till my poor lad's wits are cured." After a little he went on, "And so I am become a knight of the Kingdom of Dreams and Shadows! A most odd and strange position, truly, for one so matter-of-fact as I. I will not laugh—no, God forbid, for this thing which is so substanceless to me is *real* to him. And to me, also, in one way, it is not a falsity, for it reflects with truth the sweet and generous spirit that is in him." After a pause: "Ah, what if he should call me by my fine title before folk!—there'd be a merry contrast betwixt my glory and my raiment! But no matter, let him call me what he will so it please him; I shall be content."

* The lords of Kingsale, descendants of De Courcy, still enjoy this curious privilege.

Chapter XIII. The Disappearance of the Prince

A heavy drowsiness presently fell upon the two comrades. The king said:

"Remove these rags."—meaning his clothing.

Hendon disapparelled the boy without dissent or remark, tucked him up in bed, then glanced about the room, saying to himself, ruefully, "He hath taken my bed again, as before—marry, what shall *I* do?" The little king observed his perplexity, and dissipated it with a word. He said, sleepily:

"Thou wilt sleep athwart the door, and guard it." In a moment more he was out of his troubles, in a deep slumber.

"Dear heart, he should have been born a king!" muttered Hendon, admiringly; "he playeth the part to a marvel."

Then he stretched himself across the door, on the floor, saying contentedly:

"I have lodged worse for seven years; 'twould be but ill gratitude to Him above to find fault with this."

He dropped asleep as the dawn appeared. Toward noon he rose, uncovered his unconscious ward—a section at a time—and took his measure with a string. The king awoke just as he had completed his work, complained of the cold, and asked what he was doing.

"'Tis done now, my liege," said Hendon; "I have a bit of business outside, but will presently return; sleep thou again—thou needest it. There—let me cover thy head also—thou'lt be warm the sooner."

The king was back in dreamland before this speech was ended. Miles slipped softly out, and slipped as softly in again, in the course of thirty or forty minutes, with a complete secondhand suit of boy's clothing, of cheap material, and showing signs of wear; but tidy, and suited to the season of the year. He seated himself, and began to overhaul his purchase, mumbling to himself:

"A longer purse would have got a better sort, but when one has not the long purse one must be content with what a short one may do—

"'*There was a woman in our town,*

In our town did dwell'—

"He stirred, methinks—I must sing in a less thunderous key; 'tis not good to mar his sleep, with this journey before him and he so wearied out, poor chap... This garment—'tis well enough—a stitch here and another one there will set it aright. This other is better, albeit a stitch or two will not come amiss in it, likewise... *These* be very good and sound, and will keep his small feet warm and dry—an odd new thing to him, belike, since he has doubtless been used to foot it bare, winters and summers the same...Would thread were bread, seeing one getteth a year's sufficiency for a farthing, and such a brave big needle without cost, for mere love. Now shall I have the demon's own time to thread it!"

And so he had. He did as men have always done, and probably always will do, to the end of time—held the needle still, and tried to thrust the thread through the eye, which is the opposite of a woman's way. Time and time again the thread missed the mark, going sometimes on one side of the needle, sometimes on the other, sometimes doubling up against the shaft; but he was patient, having been through these experiences before, when he was soldiering. He succeeded at last, and took up the garment that had lain waiting, meantime, across his lap, and began his work. "The inn is paid—the breakfast that is to come, included—and there is wherewithal left to buy a couple of donkeys and meet our little costs for the two or three days betwixt this and the plenty that awaits us at Hendon Hall—

"'*She loved her hus'*—

"Body o me! I have driven the needle under my nail!... It matters little—'tis not a novelty—yet 'tis not a convenience, neither... We shall be merry there, little one, never doubt it! Thy troubles will vanish there, and likewise thy sad distemper—

"'*She loved her husband dearilee,*

But another man'—

"These be noble large stitches!"—holding the garment up and

viewing it admiringly—"they have a grandeur and a majesty that do cause these small stingy ones of the tailorman to look mightily paltry and plebeian—

"'She loved her husband dearilee,

But another man he loved she,'—

"Marry, 'tis done—a goodly piece of work, too, and wrought with expedition. Now will I wake him, apparel him, pour for him, feed him, and then will we hie us to the mart by the Tabard Inn in Southwark and—be pleased to rise, my liege!—he answereth not—what ho, my liege!—of a truth must I profane his sacred person with a touch, sith his slumber is deaf to speech. What!"

He threw back the covers—the boy was gone!

He stared about him in speechless astonishment for a moment; noticed for the first time that his ward's ragged raiment was also missing, then he began to rage and storm and shout for the innkeeper. At that moment a servant entered with the breakfast.

"Explain, thou limb of Satan, or thy time is come!" roared the man of war, and made so savage a spring toward the waiter that this latter could not find his tongue, for the instant, for fright and surprise. "Where is the boy?"

In disjointed and trembling syllables the man gave the information desired.

"You were hardly gone from the place, your worship, when a youth came running and said it was your worship's will that the boy come to you straight, at the bridge-end on the Southwark side. I brought him thither; and when he woke the lad and gave his message, the lad did grumble some little for being disturbed 'so early,' as he called it, but straightway trussed on his rags and went with the youth, only saying it had been better manners that your worship came yourself, not sent a stranger—and so—"

"And so thou'rt a fool!—a fool and easily cozened—hang all thy breed! Yet mayhap no hurt is done. Possibly no harm is meant the boy. I will go fetch him. Make the table ready. Stay! the coverings of the bed were disposed as if one lay beneath them—happened that by accident?"

"I know not, good your worship. I saw the youth meddle with them—he that came for the boy."

"Thousand deaths! 'twas done to deceive me—'tis plain 'twas done to gain time. Hark ye! Was that youth alone?"

"All alone, your worship."

"Art sure?"

"Sure, your worship."

"Collect thy scattered wits—bethink thee—take time, man."

After a moment's thought, the servant said:

"When he came, none came with him; but now I remember me that as the two stepped into the throng of the Bridge, a ruffian-looking man plunged out from some near place; and just as he was joining them—"

"What *then*?—out with it!" thundered the impatient Hendon, interrupting.

"Just then the crowd lapped them up and closed them in, and I saw no more, being called by my master, who was in a rage because a joint that the scrivener had ordered was forgot, though I take all the saints to witness that to blame me for that miscarriage were like holding the unborn babe to judgment for sins com—"

"Out of my sight, idiot! Thy prating drives me mad! Hold! whither art flying? Canst not bide still an instant? Went they toward Southwark?"

"Even so, your worship—for, as I said before, as to that detestable joint, the babe unborn is no whit more blameless than—"

"Art here *yet*! And prating still! Vanish, lest I throttle thee!" The servitor vanished. Hendon followed after him, passed him, and plunged down the stairs two steps at a stride, muttering, "'Twas that scurvy villain that claimed he was his son. I have lost thee, my poor little mad master—it is a bitter thought—and I had come to love thee so! No! by book and bell, *not* lost! Not lost, for I will ransack the land till I find thee again. Poor child, yonder is his breakfast—and mine, but I have no hunger now—so, let the rats have it—speed, speed! that is the word!" As he wormed his swift way through the noisy multitudes upon the Bridge he several times said to himself—clinging to the thought as if it were a particularly pleasing one: "He grumbled, but he *went*—he went, yes, because he thought Miles Hendon asked it, sweet lad—he would ne'er have done it for another, I know it well!"

Chapter XIV. "Le Roi Est Mort—Vive Le Roi"

Toward daylight of the same morning, Tom Canty stirred out of a heavy sleep and opened his eyes in the dark. He lay silent a few moments trying to analyse his confused thoughts and impressions, and get some sort of meaning out of them, then suddenly he burst out in a rapturous but guarded voice:

"I see it all, I see it all! Now God be thanked, I am indeed awake at last! Come, joy! vanish, sorrow! Ho, Nan! Bet! kick off your straw and hie ye hither to my side, till I do pour into your unbelieving ears the wildest madcap dream that ever the spirits of night did conjure up to astonish the soul of man withal! ... Ho, Nan, I say! Bet!"...

A dim form appeared at his side, and a voice said:

"Wilt deign to deliver thy commands?"

"Commands? ... Oh, woe is me, I know thy voice! Speak, thou—who am I?"

"Thou? In sooth, yesternight wert thou the Prince of Wales, to-day art thou my most gracious liege, Edward, king of England."

Tom buried his head among his pillows, murmuring plaintively:

"Alack, it was no dream! Go to thy rest, sweet sir—leave me to my sorrows."

Tom slept again, and after a time he had this pleasant dream. He thought it was summer and he was playing, all alone, in the fair meadow called Goodman's Fields, when a dwarf only a foot high, with long red whiskers and a humped back, appeared to him suddenly and said, "Dig by that stump." He did so, and found twelve bright new pennies—wonderful riches! Yet this was not the best of it; for the dwarf said:

"I know thee. Thou art a good lad and a deserving; thy distresses shall end, for the day of thy reward is come. Dig here every seventh day, and thou shalt find always the same treasure, twelve bright new pennies. Tell none—keep the secret."

Then the dwarf vanished, and Tom flew to Offal Court with his prize; saying to himself, "Every night will I give my father a penny; he will think I begged it, it will glad his heart, and I shall no more be beaten. One penny every week the good priest that teacheth me shall have; mother, Nan, and Bet the other four. We be done with hunger and rags now, done with fears and frets and savage usage."

In his dream he reached his sordid home all out of breath, but with eyes dancing with grateful enthusiasm; cast four of his pennies into his mother's lap and cried out:

"They are for thee!—all of them, every one!—for thee and Nan and Bet—and honestly come by, not begged nor stolen!"

The happy and astonished mother strained him to her breast and exclaimed:

"It waxeth late—may it please your majesty to rise?"

Ah, that was not the answer he was expecting. The dream had snapped asunder—he was awake.

He opened his eyes—the richly clad First Lord of the Bedchamber was kneeling by his couch. The gladness of the lying dream faded away—the poor boy recognised that he was still a captive and a king. The room was filled with courtiers clothed in purple mantles—the mourning colour—and with noble servants of the monarch. Tom sat up in bed and gazed out from the heavy silken curtains upon this fine company.

The weighty business of dressing began, and one courtier after another knelt and paid his court and offered to the little king his condolences upon his heavy loss, while the dressing proceeded. In the beginning, a shirt was taken up by the Chief Equerry in Waiting, who passed it to the First Lord of the Buckhounds, who passed it to the Second Gentleman of the Bedchamber, who passed it to the Head Ranger of Windsor Forest, who passed it to the Third Groom of the Stole, who passed it to the Chancellor Royal of the Duchy of Lancaster, who passed it to the Master of the Wardrobe, who passed it to Norroy king-at-Arms, who passed it to the Constable of the Tower, who passed it to the Chief Steward of the Household, who passed it to the Hereditary Grand Diaperer, who passed it to the Lord High Admiral of England, who passed it to the Archbishop of Canterbury, who passed it to the First Lord of the Bedchamber, who took what was left of it and put it on Tom. Poor little wondering chap, it reminded him of passing buckets at a fire.

Each garment in its turn had to go through this slow and solemn process; consequently Tom grew very weary of the ceremony; so weary that he felt an almost gushing gratefulness when he at last saw his long silken hose begin the journey down the line and knew that the end of the matter was drawing near. But he exulted too soon. The First Lord of the Bedchamber received the hose and was about to incase Tom's legs in them, when a sudden flush invaded his face and he hurriedly hustled the things back into the hands of the Archbishop of Canterbury with an astounded look and a whispered, "See, my lord!"—pointing to a something connected with the hose. The Archbishop paled, then flushed, and passed the hose to the Lord High Admiral, whispering, "See, my lord!" The Admiral passed the hose to the Hereditary Grand Diaperer, and had hardly breath enough in his body to ejaculate, "See, my lord!" The hose drifted backward along the line, to the Chief Steward of the Household, the Constable of the Tower, Norroy King-at-Arms, the Master of the Wardrobe, the Chancellor Royal of the Duchy of Lancaster, the Third Groom of the Stole, the Head Ranger of Windsor Forest, the Second Gentleman of the Bedchamber, the First Lord of the Buckhounds—accompanied always with that amazed and frightened "See! see!"—till they finally reached the hands of the Chief Equerry in Waiting, who gazed a moment, with a pallid face, upon what had caused all this dismay, then hoarsely whispered, "Body of my life, a tag gone from a truss point!—to the Tower with the Head Keeper of the King's Hose!"—after which he leaned upon the shoulder of the First Lord of the Buckhounds to regather his vanished strength while fresh hose, without any damaged strings to them, were brought.

But all things must have an end, and so in time Tom Canty was in a condition to get out of bed. The proper official poured water, the proper official engineered the washing, the proper official stood by with a towel, and by and by Tom got safely through the purifying stage and was ready for the services of the Hairdresser-royal. When he at length emerged from his master's hands, he was a gracious figure and as pretty as a girl, in his mantle and trunks of purple satin, and purple-plumed cap. He now moved in state toward his breakfast-room, through the midst of the courtly assemblage; and as he passed, these fell back, leaving his way free, and dropped upon their knees.

After breakfast he was conducted, with regal ceremony, attended by his great officers and his guard of fifty Gentlemen Pensioners bearing gilt battle-axes, to the throne-room, where he proceeded to transact business of state. His "uncle," Lord Hertford, took his stand by the throne, to assist the royal mind with wise counsel.

The body of illustrious men named by the late king as his executors appeared, to ask Tom's approval of certain acts of theirs—rather a form, and yet not wholly a form, since there was no Protector as yet. The Archbishop of Canterbury made report of the decree of the Council of Executors concerning the obsequies of his late most illustrious majesty, and finished by reading the signatures of the executors, to wit: the Archbishop of Canterbury; the Lord Chancellor of England; William Lord St. John; John Lord Russell; Edward Earl of Hertford; John Viscount Lisle; Cuthbert Bishop of Durham—

Tom was not listening—an earlier clause of the document was puzzling him. At this point he turned and whispered to Lord Hertford:

"What day did he say the burial hath been appointed for?"

"The sixteenth of the coming month, my liege."

"'Tis a strange folly. Will he keep?"

Poor chap, he was still new to the customs of royalty; he was used to seeing the forlorn dead of Offal Court hustled out of the way with a very different sort of expedition. However, the Lord Hertford set his mind at rest with a word or two.

A secretary of state presented an order of the council appointing the morrow at eleven for the reception of the foreign ambassadors, and desired the king's assent.

Tom turned an inquiring look toward Hertford, who whispered:

"Your majesty will signify consent. They come to testify their royal masters' sense of the heavy calamity which hath visited your grace and the realm of England."

Tom did as he was bidden. Another secretary began to read a preamble concerning the expenses of the late king's household, which had amounted to 28,000 pounds during the preceding six months—a sum so vast that it made Tom Canty gasp; he gasped again when the fact appeared that 20,000 pounds of this money was still owing and unpaid;* and once more when it appeared that the king's coffers were about empty, and his twelve hundred servants much embarrassed for lack of the wages due them. Tom spoke out, with lively apprehension:

"We be going to the dogs, 'tis plain. 'Tis meet and necessary that we take a smaller house and set the servants at large, sith they be of no value but to make delay, and trouble one with offices that harass the spirit and shame the soul, they misbecoming any but a doll, that hath nor brains nor hands to help itself withal. I remember me of a small house that standeth over against the fish-market, by Billingsgate—"

A sharp pressure upon Tom's arm stopped his foolish tongue and sent a blush to his face; but no countenance there betrayed any sign that this strange speech had been remarked or given concern.

A secretary made report that forasmuch as the late king had provided in his will for conferring the ducal degree upon the Earl of Hertford and raising his brother, Sir Thomas Seymour, to the peerage, and likewise Hertford's son to an earldom, together with similar aggrandisements to other great servants of the crown, the council had resolved to hold a sitting on the 16th of February for the delivering and confirming of these honours; and that meantime the late king not having granted; in writing, estates suitable to the support of these dignities, the council, knowing his private wishes in that regard, had thought proper to grant to Seymour "500 pound lands," and to Hertford's son "800 pound lands, and 300 pound of the next bishop's lands which should fall vacant,"—his present majesty being willing.**

Tom was about to blurt out something about the propriety of paying the late king's debts first before squandering all his money; but a timely touch upon his arm, from the thoughtful Hertford, saved him this indiscretion;

* Hume.

** Hume.

wherefore he gave the royal assent, without spoken comment, but with much inward discomfort. While he sat reflecting a moment over the ease with which he was doing strange and glittering miracles, a happy thought shot into his mind: why not make his mother Duchess of Offal Court and give her an estate? But a sorrowful thought swept it instantly away; he was only a king in name, these grave veterans and great nobles were his masters; to them his mother was only the creature of a diseased mind; they would simply listen to his project with unbelieving ears, then send for the doctor.

The dull work went tediously on. Petitions were read, and proclamations, patents, and all manner of wordy, repetitious, and wearisome papers relating to the public business; and at last Tom sighed pathetically and murmured to himself, "In what have I offended, that the good God should take me away from the fields and the free air and the sunshine, to shut me up here and make me a king and afflict me so?" Then his poor muddled head nodded awhile, and presently drooped to his shoulder; and the business of the empire came to a standstill for want of that august factor, the ratifying power. Silence ensued around the slumbering child, and the sages of the realm ceased from their deliberations.

During the forenoon, Tom had an enjoyable hour, by permission of his keepers, Hertford and St. John, with the Lady Elizabeth and the little Lady Jane Grey; though the spirits of the princesses were rather subdued by the mighty stroke that had fallen upon the royal house; and at the end of the visit his "elder sister"—afterwards the "Bloody Mary" of history—chilled him with a solemn interview which had but one merit in his eyes, its brevity. He had a few moments to himself, and then a slim lad about twelve years of age was admitted to his presence, whose clothing, except his snowy ruff and the laces about his wrists, was of black—doublet, hose and all. He bore no badge of mourning but a knot of purple ribbon on his shoulder. He advanced hesitatingly, with head bowed and bare, and dropped upon one knee in front of Tom. Tom sat still and contemplated him soberly a moment. Then he said:

"Rise, lad. Who art thou? What wouldst have?"

The boy rose, and stood at graceful ease, but with an aspect of concern in his face. He said:

"Of a surety thou must remember me, my lord. I am thy whipping-boy."

"My *whipping*-boy?"

"The same, your grace. I am Humphrey—Humphrey Marlow."

Tom perceived that here was some one whom his keepers ought to have posted him about. The situation was delicate. What should he do?—pretend he knew this lad, and then betray, by his every utterance, that he had never heard of him before? No, that would not do. An idea came to his relief: accidents like this might be likely to happen with some frequency, now that business urgencies would often call Hertford and St. John from his side, they being members of the council of executors; therefore perhaps it would be well to strike out a plan himself to meet the requirements of such emergencies. Yes, that would be a wise course—he would practise on this boy, and see what sort of success he might achieve. So he stroked his brow, perplexedly, a moment or two, and presently said:

"Now I seem to remember thee somewhat—but my wit is clogged and dim with suffering—"

"Alack, my poor master!" ejaculated the whipping-boy, with feeling; adding, to himself, "In truth 'tis as they said—his mind is gone—alas, poor soul! But misfortune catch me, how am I forgetting! they said one must not seem to observe that aught is wrong with him."

"'Tis strange how memory doth wanton with me these days," said Tom. "But mind it not—I mend apace—a little clue doth often serve to bring me back again the things and names which had escaped me. (And not they, only, forsooth, but e'en such as I ne'er heard before—as this lad shall see.) Give thy business speech."

"'Tis matter of small weight, my liege, yet will I touch upon it, an' it please your grace. Two days gone by, when your majesty faulted thrice in your Greek—in the morning lessons—dost remember it?"

"Ye-e-s—methinks I do. (It is not much of a lie—an' I had meddled with the Greek at all, I had not faulted simply thrice, but forty times.) Yes, I do recall it now—go on."

—"The master, being wroth with what he termed such slovenly and doltish work, did promise that he would soundly whip me for it—and—"

"Whip *thee*!" said Tom, astonished out of his presence of mind. "Why should he whip *thee* for faults of mine?"

"Ah, your grace forgetteth again. He always scourgeth me when thou dost fail in thy lessons."

"True, true—I had forgot. Thou teachest me in private—then if I fail, he argueth that thy office was lamely done, and—"

"Oh, my liege, what words are these? I, the humblest of thy servants, presume to teach *thee*?"

"Then where is thy blame? What riddle is this? Am I in truth gone mad, or is it thou? Explain—speak out."

"But, good your majesty, there's naught that needeth simplifying. None may visit the sacred person of the Prince of Wales with blows; wherefore when he faulteth, 'tis I that take them; and meet it is right, for that it is mine office and my livelihood."

Tom stared at the tranquil boy, observing to himself, "Lo, it is a wonderful thing—a most strange and curious trade; I marvel they have not hired a boy to take my combings and my dressings for me—would heaven they would!—an' they will do this thing, I will take my lashings in mine own person, giving thanks for the change." Then he said aloud:

"And hast thou been beaten, poor friend, according to the promise?"

"No, good your majesty, my punishment was appointed for this day, and peradventure it may be annulled, as unbefitting the season of mourning that is come upon us; I know not, and so have made bold to come hither and remind your grace about your gracious promise to intercede in my behalf—"

"With the master? To save thee thy whipping?"

"Ah, thou dost remember!"

"My memory mendeth, thou seest. Set thy mind at ease—thy back shall go unscathed—I will see to it."

"Oh, thanks, my good lord!" cried the boy, dropping upon his knee again. "Mayhap I have ventured far enow; and yet…"

Seeing Master Humphrey hesitate, Tom encouraged him to go on, saying he was "in the granting mood."

"Then will I speak it out, for it lieth near my heart. Sith thou art no more Prince of Wales, but king, thou canst order matters as thou wilt, with none to say thee nay; wherefore it is not in reason that thou wilt longer vex thyself with dreary studies, but wilt burn thy books and turn thy mind to things less irksome. Then am I ruined, and mine orphan sisters with me!"

"Ruined? Prithee, how?"

"My back is my bread, O my gracious liege! if it go idle, I starve. An' thou cease from study, mine office is gone, thou'lt need no whipping-boy. Do not turn me away!"

Tom was touched with this pathetic distress. He said, with a right royal burst of generosity:

"Discomfort thyself no further, lad. Thine office shall be permanent in thee and thy line, forever." Then he struck the boy a light blow on the shoulder with the flat of his sword, exclaiming, "Rise, Humphrey Marlow, Hereditary Grand Whipping-Boy to the royal house of England! Banish sorrow—I will betake me to my books again, and study so ill that they must in justice treble thy wage, so mightily shall the business of thine office be augmented."

The grateful Humphrey responded fervidly:

"Thanks, oh, most noble master, this princely lavishness doth far surpass my most distempered dreams of fortune. Now shall I be happy all my days, and all the house of Marlow after me."

Tom had wit enough to perceive that here was a lad who could be useful to him. He encouraged Humphrey to talk, and he was nothing loath. He was delighted to believe that he was helping in Tom's "cure"; for always, as soon as he had finished calling back to Tom's diseased mind the various particulars of his experiences and adventures in the royal schoolroom and elsewhere about the palace, he noticed that Tom was then able to "recall" the circumstances quite clearly. At the end of an hour Tom found himself well freighted with very valuable information concerning personages and matters pertaining to the court; so he resolved to draw instruction from this source daily; and to this end he would give order to admit Humphrey to the royal closet whenever he might come, provided the majesty of England was not engaged with other people.

Humphrey had hardly been dismissed when my Lord Hertford arrived with more trouble for Tom. He said that the lords of the council, fearing that some overwrought report of the king's damaged health might have leaked out and got abroad, they deemed it wise and best that his majesty should begin to dine in public after a day or two—his wholesome complexion and vigorous step, assisted by a carefully guarded repose of manner and ease and grace of demeanour, would more surely quiet the general pulse—in case any evil rumours *had* gone about—than any other scheme that could be devised.

Then the earl proceeded, very delicately, to instruct Tom as to the observances proper to the stately occasion, under the rather thin disguise of "reminding" him concerning things already known to him; but to his vast gratification it turned out that Tom needed very little help in this line—he had been making use of Humphrey in that direction, for Humphrey had mentioned that within a few days he was to begin to dine in public; having gathered it from the swift-winged gossip of the court. Tom kept these facts to himself, however.

Seeing the royal memory so improved, the earl ventured to apply a few tests to it, in an apparently casual way, to find out how far its amendment had progressed. The results were happy, here and there, in spots—spots where Humphrey's tracks remained—and, on the whole my lord was greatly pleased and encouraged. So encouraged was he, indeed, that he spoke up and said in a quite hopeful voice:

"Now am I persuaded that if your majesty will but tax your memory yet a little further, it will resolve the puzzle of the Great Seal—a loss which was of moment yesterday, although of none to-day, since its term of service ended with our late lord's life. May it please your grace to make the trial?"

Tom was at sea—a Great Seal was something which he was totally unacquainted with. After a moment's hesitation he looked up innocently and asked:

"What was it like, my lord?"

The earl started, almost imperceptibly, muttering to himself, "Alack, his wits are flown again!—it was ill wisdom to lead him on to strain them"—then he deftly turned the talk to other matters, with the purpose of sweeping the unlucky Seal out of Tom's thoughts—a purpose which easily succeeded.

Chapter XV. Tom as King

The next day the foreign ambassadors came, with their gorgeous trains; and Tom, throned in awful state, received them. The splendours of the scene delighted his eye and fired his imagination at first, but the audience was long and dreary, and so were most of the addresses—wherefore, what began as a pleasure, grew into weariness and home-sickness by and by. Tom said the words which Hertford put into his mouth from time to time, and tried hard to acquit himself satisfactorily, but he was too new to such things, and too ill at ease to accomplish more than a tolerable success. He looked sufficiently like a king, but he was ill able to feel like one. He was cordially glad when the ceremony was ended.

The larger part of his day was "wasted"—as he termed it, in his own mind—in labours pertaining to his royal office. Even the two hours devoted to certain princely pastimes and recreations were rather a burden to him than otherwise, they were so fettered by restrictions and ceremonious observances. However, he had a private hour with his whipping-boy which he counted clear gain, since he got both entertainment and needful information out of it.

The third day of Tom Canty's kingship came and went much as the others had done, but there was a lifting of his cloud in one way—he felt less uncomfortable than at first; he was getting a little used to his circumstances and surroundings; his chains still galled, but not all the time; he found that the presence and homage of the great afflicted and embarrassed him less and less sharply with every hour that drifted over his head.

But for one single dread, he could have seen the fourth day approach without serious distress—the dining in public; it was to begin that day. There were greater matters in the program—for on that day he would have to preside at a council which would take his views and commands concerning the policy to be pursued toward various foreign nations scattered far and near over the great globe; on that day, too, Hertford would be formally chosen to the grand office of Lord Protector; other things of note were appointed for that fourth day also, but to Tom they were all insignificant compared with the ordeal of dining all by himself with a multitude of curious eyes fastened upon him and a multitude of mouths whispering comments upon his performance—and upon his mistakes, if he should be so unlucky as to make any.

Still, nothing could stop that fourth day, and so it came.

It found poor Tom low-spirited and absent-minded, and this mood continued; he could not shake it off. The ordinary duties of the morning dragged upon his hands, and wearied him. Once more he felt the sense of captivity heavy upon him.

Late in the forenoon he was in a large audience chamber, conversing with the Earl of Hertford and duly awaiting the striking of the hour appointed for a visit of ceremony from a considerable number of great officials and courtiers.

After a little while Tom, who had wandered to a window and become interested in the life and movement of the great highway beyond the palace gates—and not idly interested, longing with all his heart to take part in person in its stir and freedom—saw the van of a hooting and shouting mob of disorderly men, women, and children of the lowest and poorest degree approaching from up the road.

"I would I knew what 'tis about!" he exclaimed, with all a boy's curiosity in such happenings.

"Thou art the king!" solemnly responded the earl, with a reverence. "Have I your grace's leave to act?"

"Oh, blithely, yes! Oh, gladly, yes!" exclaimed Tom excitedly, adding to himself with a lively sense of satisfaction, "In truth, being a king is not all dreariness—it hath its compensations and conveniences."

The earl called a page, and sent him to the captain of the guard with the order:

"Let the mob be halted, and inquiry made concerning the occasion of its movement. By the king's command!"

A few seconds later a long rank of the royal guards, cased in flashing steel, filed out at the gates and formed across the highway in front of the multitude. A messenger returned, to report that the crowd were following a man, a woman, and a young girl to execution for crimes committed against the peace and dignity of the realm.

Death—and a violent death—for these poor unfortunates! The thought wrung Tom's heartstrings. The spirit of compassion took control of him, to the exclusion of all other considerations; he never thought of the offended laws, or of the grief or loss which these three criminals had inflicted upon their victims, he could think of nothing but the scaffold and the grisly fate hanging over the heads of the condemned. His concern made him even forget, for the moment, that he was but the false shadow of a king, not the substance; and before he knew it he had blurted out the command:

"Bring them here!"

Then he blushed scarlet, and a sort of apology sprung to his lips; but observing that his order had wrought no sort of surprise in the earl or the waiting page, he suppressed the words he was about to utter. The page, in the most matter-of-course way, made a profound obeisance and retired backward out of the room to deliver the command. Tom experienced a glow of pride and a renewed sense of the compensating advantages of the kingly office. He said to himself, "Truly it is like what I used to feel when I read the old priest's tales, and did imagine mine own self a prince, giving law and command to all, saying 'Do this, do that,' while none durst offer let or hindrance to my will."

Now the doors swung open; one high-sounding title after another was announced, the personages owning them followed, and the place was quickly half filled with noble folk and finery. But Tom was hardly conscious of the presence of these people, so wrought up was he and so intensely absorbed in that other and more interesting matter. He seated himself, absently, in his chair of state, and turned his eyes upon the door with manifestations of impatient expectancy; seeing which, the company forbore to trouble him, and fell to chatting a mixture of public business and court gossip one with another.

In a little while the measured tread of military men was heard approaching, and the culprits entered the presence in charge of an under-sheriff and escorted by a detail of the king's guard. The civil officer knelt before Tom, then stood aside; the three doomed persons knelt also, and remained so; the guard took position behind Tom's chair. Tom scanned the prisoners curiously. Something about the dress or appearance of the man had stirred a vague memory in him. "Methinks I have seen this man ere now... but the when or the where fail me."—Such was Tom's thought. Just then the man glanced quickly up, and quickly dropped his face again, not being able to endure the awful port of sovereignty; but the one full glimpse of the face, which Tom got, was sufficient. He said to himself: "Now is the matter clear; this is the stranger that plucked Giles Witt out of the Thames, and saved his life that windy, bitter first day of the new year—a brave, good deed—pity he hath been doing baser ones and got himself in this sad case... I have not forgot the day, neither the hour; by reason that an hour after, upon the stroke of eleven, I did get a hiding by the hand of Gammer Canty which was of so goodly and admired severity that all that went before or followed after it were but fondlings and caresses by comparison."

Tom now ordered that the woman and the girl be removed from the presence for a little time; then addressed himself to the under-sheriff, saying:

"Good sir, what is this man's offense?"

The officer knelt, and answered:

"So please your majesty, he hath taken the life of a subject by poison."

Tom's compassion for the prisoner, and admiration of him as the daring rescuer of a drowning boy, experienced a most damaging shock.

"The thing was proven upon him?" he asked.

"Most clearly, sire."

Tom sighed, and said:

"Take him away—he hath earned his death. 'Tis a pity, for he was a brave heart—na—na, I mean he hath the *look* of it!"

The prisoner clasped his hands together with sudden energy, and wrung them despairingly, at the same time appealing imploringly to the "king" in broken and terrified phrases:

"Oh, my lord the king, an' thou canst pity the lost, have pity upon me! I am innocent—neither hath that wherewith I am charged been more than but lamely proved—yet I speak not of that; the judgment is gone forth against me and may not suffer alteration; yet in mine extremity I beg a boon, for my doom is more than I can bear. A grace, a grace, my lord the king! in thy royal compassion grant my prayer—give commandment that I be hanged!"

Tom was amazed. This was not the outcome he had looked for.

"Odds my life, a strange *boon*! Was it not the fate intended thee?"

"Oh, good my liege, not so! It is ordered that I be *boiled alive*!"

The hideous surprise of these words almost made Tom spring from his chair. As soon as he could recover his wits he cried out:

"Have thy wish, poor soul! an' thou had poisoned a hundred men thou shouldst not suffer so miserable a death."

The prisoner bowed his face to the ground and burst into passionate expressions of gratitude—ending with:

"If ever thou shouldst know misfortune—which God forbid!—may thy goodness to me this day be remembered and requited!"

Tom turned to the Earl of Hertford, and said:

"My lord, it is believable that there was warrant for this man's ferocious doom?"

"It is the law, your grace—for poisoners. In Germany coiners be boiled to death in oil—not cast in of a sudden, but by a rope let down into the oil by degrees, and slowly; first the feet, then the legs, then—"

"Oh, prithee, no more, my lord, I cannot bear it!" cried Tom, covering his eyes with his hands to shut out the picture. "I beseech your good lordship that order be taken to change this law—oh, let no more poor creatures be visited with its tortures."

The earl's face showed profound gratification, for he was a man of merciful and generous impulses—a thing not very common with his class in that fierce age. He said:

"These your grace's noble words have sealed its doom. History will remember it to the honour of your royal house."

The under-sheriff was about to remove his prisoner; Tom gave him a sign to wait; then he said:

"Good sir, I would look into this matter further. The man has said his deed was but lamely proved. Tell me what thou knowest."

"If the king's grace please, it did appear upon the trial that this man entered into a house in the hamlet of Islington where one lay sick—three witnesses say it was at ten of the clock in the morning, and two say it was some minutes later—the sick man being alone at the time, and sleeping—and presently the man came forth again and went his way. The sick man died within the hour, being torn with spasms and retchings."

"Did any see the poison given? Was poison found?"

"Marry, no, my liege."

"Then how doth one know there was poison given at all?"

"Please your Majesty, the doctors testified that none die with such symptoms but by poison."

Weighty evidence, this—in that simple age. Tom recognised its formidable nature, and said:

"The doctor knoweth his trade—belike they were right. The matter hath an ill look for this poor man."

"Yet was not this all, your majesty; there is more and worse. Many testified that a witch, since gone from the village, none know whither, did foretell, and speak it privately in their ears, that the sick man *would die by poison*—and more, that a stranger would give it—a stranger with brown hair and clothed in a worn and common garb; and surely this prisoner doth answer woundily to the bill. Please, your majesty, to give the circumstance that solemn weight which is its due, seeing it was *foretold*."

This was an argument of tremendous force, in that superstitious day. Tom felt that the thing was settled; if evidence was worth anything, this poor fellow's guilt was proved. Still he offered the prisoner a chance, saying:

"If thou canst say aught in thy behalf, speak."

"Naught that will avail, my king. I am innocent, yet cannot I make it appear. I have no friends, else might I show that I was not in Islington that day; so also might I show that at that hour they name I was above a league away, seeing I was at Wapping Old Stairs; yea more, my king, for I could show, that whilst they say I was *taking* life, I was *saving* it. A drowning boy—"

"Peace! Sheriff, name the day the deed was done!"

"At ten in the morning, or some minutes later, the first day of the new year, most illustrious—"

"Let the prisoner go free—it is the king's will!"

Another blush followed this unregal outburst, and he covered his indecorum as well as he could by adding:

"It enrageth me that a man should be hanged upon such idle, hare-brained evidence!"

A low buzz of admiration swept through the assemblage. It was not admiration of the decree that had been delivered by Tom, for the propriety or expediency of pardoning a convicted poisoner was a thing which few there would have felt justified in either admitting or admiring—no, the admiration was for the intelligence and spirit which Tom had displayed. Some of the low-voiced remarks were to this effect:

"This is no mad king—he hath his wits sound."

"How sanely he put his questions—how like his former natural self was this abrupt, imperious disposal of the matter!"

"God be thanked, his infirmity is spent! This is no weakling, but a king. He hath borne himself like to his own father."

The air being filled with applause, Tom's ear necessarily caught a little of it. The effect which this had upon him was to put him greatly at his ease, and also to charge his system with very gratifying sensations.

However, his juvenile curiosity soon rose superior to these pleasant thoughts and feelings; he was eager to know what sort of deadly mischief the woman and the little girl could have been about; so, by his command the two terrified and sobbing creatures were brought before him.

"What is it that these have done?" he inquired of the sheriff.

"Please your majesty, a black crime is charged upon them, and clearly proven; wherefore the judges have decreed, according to the law, that they be hanged. They sold themselves to the devil—such is their crime."

Tom shuddered. He had been taught to abhor people who did this wicked thing. Still, he was not going to deny himself the pleasure of feeding his curiosity, for all that; so he asked:

"Where was this done?—and when?"

"On a midnight in December—in a ruined church, your majesty."

Tom shuddered again.

"Who was there present?"

"Only these two, your grace—and *that other*."

"Have these confessed?"

"Nay, not so, sire—they do deny it."

"Then, prithee, how was it known?"

"Certain witnesses did see them wending thither, good your majesty; this bred the suspicion, and dire effects have since confirmed and justified it. In particular, it is in evidence that through the wicked power so obtained, they did invoke and bring about a storm that wasted all the region round about. Above forty witnesses have proved the storm; and sooth one might have had a thousand, for all had reason to remember it, sith all had suffered by it."

"Certes this is a serious matter." Tom turned this dark piece of scoundrelism over in his mind awhile, then asked:

"Suffered the woman also by the storm?"

Several old heads among the assemblage nodded their recognition of the wisdom of this question. The sheriff, however, saw nothing consequential in the inquiry; he answered, with simple directness:

"Indeed did she, your majesty, and most righteously, as all aver. Her habitation was swept away, and herself and child left shelterless."

"Methinks the power to do herself so ill a turn was dearly bought. She had been cheated, had she paid but a farthing for it; that she paid her soul, and her child's, argueth that she is mad; if she is mad she knoweth not what she doth, therefore sinneth not."

The elderly heads nodded recognition of Tom's wisdom once more, and one individual murmured, "An' the king be mad himself, according to report, then is it a madness of a sort that would improve the sanity of some I wot of, if by the gentle providence of God they could but catch it."

"What age hath the child?" asked Tom.

"Nine years, please your majesty."

"By the law of England may a child enter into covenant and sell itself, my lord?" asked Tom, turning to a learned judge.

"The law doth not permit a child to make or meddle in any weighty matter, good my liege, holding that its callow wit unfitteth it to cope with the riper wit and evil schemings of them that are its elders. The *Devil* may buy a child, if he so choose, and the child agree thereto, but not an Englishman—in this latter case the contract would be null and void."

"It seemeth a rude unchristian thing, and ill contrived, that English law denieth privileges to Englishmen to waste them on the devil!" cried Tom, with honest heat.

This novel view of the matter excited many smiles, and was stored away in many heads to be repeated about the court as evidence of Tom's originality as well as progress toward mental health.

The elder culprit had ceased from sobbing, and was hanging upon Tom's words with an excited interest and a growing hope. Tom noticed this, and it strongly inclined his sympathies toward her in her perilous and unfriended situation. Presently he asked:

"How wrought they, to bring the storm?"

"*By pulling off their stockings*, sire."

This astonished Tom, and also fired his curiosity to fever heat. He said, eagerly:

"It is wonderful! Hath it always this dread effect?"

"Always, my liege—at least if the woman desire it, and utter the needful words, either in her mind or with her tongue."

Tom turned to the woman, and said with impetuous zeal:

"Exert thy power—I would see a storm!"

There was a sudden paling of cheeks in the superstitious assemblage, and a general, though unexpressed, desire to get out of the place—all of which was lost upon Tom, who was dead to everything but the proposed cataclysm. Seeing a puzzled and astonished look in the woman's face, he added, excitedly:

"Never fear—thou shalt be blameless. More—thou shalt go free—none shall touch thee. Exert thy power."

"O, my lord the king, I have it not—I have been falsely accused."

"Thy fears stay thee. Be of good heart, thou shalt suffer no harm. Make a storm—it mattereth not how small a one—I require naught great or harmful, but indeed prefer the opposite—do this and thy life is spared—thou shalt go out free, with thy child, bearing the king's pardon, and safe from hurt or malice from any in the realm."

The woman prostrated herself, and protested, with tears, that she had no power to do the miracle, else she would gladly win her child's life alone, and be content to lose her own, if by obedience to the king's command so precious a grace might be acquired.

Tom urged—the woman still adhered to her declarations. Finally he said:

"I think the woman hath said true. An' *my* mother were in her place and gifted with the devil's functions, she had not stayed a moment to call her storms and lay the whole land in ruins, if the saving of my forfeit life were the price she got! It is argument that other mothers are made in like mould. Thou art free, good wife—thou and thy child—for I do think thee innocent. *Now* thou'st naught to fear, being pardoned—pull off thy stockings!—an' thou canst make me a storm, thou shalt be rich!"

The redeemed creature was loud in her gratitude, and proceeded to obey, while Tom looked on with eager expectancy, a little marred by apprehension; the courtiers at the same time manifesting decided discomfort and uneasiness. The woman stripped her own feet and her little girl's also, and plainly did her best to reward the king's generosity with an earthquake, but it was all a failure and a disappointment. Tom sighed, and said:

"There, good soul, trouble thyself no further, thy power is departed out of thee. Go thy way in peace; and if it return to thee at any time, forget me not, but fetch me a storm."

Chapter XVI. The State Dinner

The dinner-hour drew near—yet, strangely enough, the thought brought but slight discomfort to Tom, and hardly any terror. The morning's experiences had wonderfully built up his confidence; the poor little ash-cat was already more wonted to his strange garret, after four days' habit, than a mature person could have become in a full month. A child's facility in accommodating itself to circumstances was never more strikingly illustrated.

Let us privileged ones hurry to the great banqueting-room and have a glance at matters there while Tom is being made ready for the imposing occasion. It is a spacious apartment, with gilded pillars and pilasters, and pictured walls and ceilings. At the door stand tall guards, as rigid as statues, dressed in rich and picturesque costumes, and bearing halberds. In a high gallery which runs all around the place is a band of musicians and a packed company of citizens of both sexes, in brilliant attire. In the centre of the room, upon a raised platform, is Tom's table. Now let the ancient chronicler speak:

"A gentleman enters the room bearing a rod, and along with him another bearing a table-cloth, which, after they have both kneeled three times with the utmost veneration, he spreads upon the table, and after kneeling again they both retire; then come two others, one with the rod again, the other with a salt-cellar, a plate, and bread; when they have kneeled as the others had done, and placed what was brought upon the table, they too retire with the same ceremonies performed by the first; at last come two nobles, richly clothed, one bearing a tasting-knife, who, after prostrating themselves in the most graceful manner, approach and rub the table with bread and salt, with as much awe as if the king had been present."*

---

* Leigh Hunt's *The Town*, p.408. Quotation from an early tourist.

So end the solemn preliminaries. Now, far down the echoing corridors we hear a bugle-blast, and the indistinct cry, "Place for the king! way for the king's most excellent majesty!" These sounds are momently repeated—they grow nearer and nearer—and presently, almost in our faces, the martial note peals and the cry rings out, "Way for the king!" At this instant the shining pageant appears, and files in at the door, with a measured march. Let the chronicler speak again:

"First come Gentlemen, Barons, Earls, Knights of the Garter, all richly dressed and bareheaded; next comes the Chancellor, between two, one of which carries the royal scepter, the other the Sword of State in a red scabbard, studded with golden fleurs-de-lis, the point upwards; next comes the King himself—whom, upon his appearing, twelve trumpets and many drums salute with a great burst of welcome, whilst all in the galleries rise in their places, crying 'God save the King!' After him come nobles attached to his person, and on his right and left march his guard of honour, his fifty Gentlemen Pensioners, with gilt battle-axes."

This was all fine and pleasant. Tom's pulse beat high and a glad light was in his eye. He bore himself right gracefully, and all the more so because he was not thinking of how he was doing it, his mind being charmed and occupied with the blithe sights and sounds about him—and besides, nobody can be very ungraceful in nicely fitting beautiful clothes after he has grown a little used to them—especially if he is for the moment unconscious of them. Tom remembered his instructions, and acknowledged his greeting with a slight inclination of his plumed head, and a courteous "I thank ye, my good people."

He seated himself at table without removing his cap; and did it without the least embarrassment; for to eat with one's cap on was the one solitary royal custom upon which the kings and the Cantys met upon common ground, neither party having any advantage over the other in the matter of old familiarity with it. The pageant broke up and grouped itself picturesquely, and remained bareheaded.

Now, to the sound of gay music the Yeomen of the Guard entered—"the tallest and mightiest men in England, they being selected in this regard"—but we will let the chronicler tell about it:

"The Yeomen of the Guard entered bareheaded, clothed in scarlet, with golden roses upon their backs; and these went and came, bringing in each turn a course of dishes, served in plate. These dishes were received by a gentleman in the same order they were brought, and placed upon the table, while the taster gave to each guard a mouthful to eat of the particular dish he had brought, for fear of any poison."

Tom made a good dinner, notwithstanding he was conscious that hundreds of eyes followed each morsel to his mouth and watched him eat it with an interest which could not have been more intense if it had been a deadly explosive and was expected to blow him up and scatter him all over the place. He was careful not to hurry, and equally careful not to do anything whatever for himself, but wait till the proper official knelt down and did it for him. He got through without a mistake—flawless and precious triumph.

When the meal was over at last and he marched away in the midst of his bright pageant, with the happy noises in his ears of blaring bugles, rolling drums, and thundering acclamations, he felt that if he had seen the worst of dining in public it was an ordeal which he would be glad to endure several times a day if by that means he could but buy himself free from some of the more formidable requirements of his royal office.

Chapter XVII. Foo-Foo the First

Miles Hendon hurried along toward the Southwark end of the Bridge, keeping a sharp lookout for the persons he sought, and hoping and expecting to overtake them presently. He was disappointed in this, however. By asking questions, he was enabled to track them part of the way through Southwark; then all traces ceased, and he was perplexed as to how to proceed. Still, he continued his efforts as best he could during the rest of the day. Nightfall found him leg-weary, half famished, and his desire as far from accomplishment as ever; so he supped at the Tabard Inn and went to bed, resolved to make an early start in the morning, and give the town an exhaustive search. As he lay thinking and planning, he presently began to reason thus: The boy would escape from the ruffian, his reputed father, if possible; would he go back to London and seek his former haunts? No, he would not do that, he would avoid recapture. What, then, would he do? Never having had a friend in the world, or a protector, until he met Miles Hendon, he would naturally try to find that friend again, provided the effort did not require him to go toward London and danger. He would strike for Hendon Hall, that is what he would do, for he knew Hendon was homeward bound and there he might expect to find him. Yes, the case was plain to Hendon—he must lose no more time in Southwark, but move at once through Kent, toward Monk's Holm, searching the wood and inquiring as he went. Let us return to the vanished little king now.

The ruffian, whom the waiter at the inn on the Bridge saw "about to join" the youth and the king, did not exactly join them, but fell in close behind them and followed their steps. He said nothing. His left arm was in a sling, and he wore a large green patch over his left eye; he limped slightly, and used an oaken staff as a support. The youth led the king a crooked course through Southwark, and by and by struck into the highroad beyond. The king was irritated now, and said he would stop here—it was Hendon's place to come to him, not his to go to Hendon. He would not endure such insolence; he would stop where he was. The youth said:

"Thou'lt tarry here, and thy friend lying wounded in the wood yonder? So be it, then."

The king's manner changed at once. He cried out:

"Wounded? And who hath dared to do it? But that is apart; lead on, lead on! Faster, sirrah! Art shod with lead? Wounded, is he? Now though the doer of it be a duke's son he shall rue it!"

It was some distance to the wood, but the space was speedily traversed. The youth looked about him, discovered a bough sticking in the ground, with a small bit of rag tied to it, then led the way into the forest, watching for similar boughs and finding them at intervals; they were evidently guides to the point he was aiming at. By and by an open place was reached, where were the charred remains of a farmhouse, and near them a barn which was falling to ruin and decay. There was no sign of life anywhere, and utter silence prevailed. The youth entered the barn, the king following eagerly upon his heels. No one there! The king shot a surprised and suspicious glance at the youth, and asked:

"Where is he?"

A mocking laugh was his answer. The king was in a rage in a moment; he seized a billet of wood and was in the act of charging upon the youth when another mocking laugh fell upon his ear. It was from the lame ruffian, who had been following at a distance. The king turned and said angrily:

"Who art thou? What is thy business here?"

"Leave thy foolery," said the man, "and quiet thyself. My disguise is none so good that thou canst pretend thou knowest not thy father through it."

"Thou art not my father. I know thee not. I am the king. If thou hast hid my servant, find him for me, or thou shalt sup sorrow for what thou hast done."

John Canty replied, in a stern and measured voice:

"It is plain thou art mad, and I am loath to punish thee; but if thou provoke me, I must. Thy prating doth no harm here, where there are no ears that need to mind thy follies, yet is it well to practise thy tongue to wary speech, that it may do no hurt when our quarters change. I have done a murder, and may not tarry at home—neither shalt thou, seeing I need thy service. My name is changed, for wise reasons; it is Hobbs—John Hobbs; thine is Jack—charge thy memory accordingly. Now, then, speak. Where is thy mother? Where are thy sisters? They came not to the place appointed—knowest thou whither they went?"

The king answered, sullenly:

"Trouble me not with these riddles. My mother is dead; my sisters are in the palace."

The youth near by burst into a derisive laugh, and the king would have assaulted him, but Canty—or Hobbs, as he now called himself—prevented him, and said:

"Peace, Hugo, vex him not; his mind is astray, and thy ways fret him. Sit thee down, Jack, and quiet thyself; thou shalt have a morsel to eat, anon."

Hobbs and Hugo fell to talking together, in low voices, and the king removed himself as far as he could from their disagreeable company. He withdrew into the twilight of the farther end of the barn, where he found the earthen floor bedded a foot deep with straw. He lay down here, drew straw over himself in lieu of blankets, and was soon absorbed in thinking. He had many griefs, but the minor ones were swept almost into forgetfulness by the supreme one, the loss of his father. To the rest of the world the name of Henry VIII brought a shiver, and suggested an ogre whose nostrils breathed destruction and whose hand dealt scourgings and death; but to this boy the name brought only sensations of pleasure, the figure it invoked wore a countenance that was all gentleness and affection. He called to mind a long succession of loving passages between his father and himself, and dwelt fondly upon them, his unstinted tears attesting how deep and real was the grief that possessed his heart. As the afternoon wasted away, the lad, wearied with his troubles, sunk gradually into a tranquil and healing slumber.

After a considerable time—he could not tell how long—his senses struggled to a half-consciousness, and as he lay with closed eyes vaguely wondering where he was and what had been happening, he noted a murmurous sound, the sullen beating of rain upon the roof. A snug sense of comfort stole over him, which was rudely broken, the next moment, by a chorus of piping cackles and coarse laughter. It startled him disagreeably, and he unmuffled his head to see whence this interruption proceeded. A grim and unsightly picture met his eye. A bright fire was burning in the middle of the floor, at the other end of the barn; and around it, and lit weirdly up by the red glare, lolled and sprawled the motliest company of tattered gutterscum and ruffians, of both sexes, he had ever read or dreamed of. There were huge stalwart men, brown with exposure, long-haired, and clothed in fantastic rags; there were middle-sized youths, of truculent countenance, and similarly clad; there were blind mendicants, with patched or bandaged eyes; crippled ones, with wooden legs and crutches; there was a villain-looking pedlar with his pack; a knife-grinder, a tinker, and a barber-surgeon, with the implements of their trades; some of the females were hardly-grown girls, some were at prime, some were old and wrinkled hags, and all were loud, brazen, foul-mouthed; and all soiled and slatternly; there were three sore-faced babies; there were a couple of starveling curs, with strings about their necks, whose office was to lead the blind.

The night was come, the gang had just finished feasting, an orgy was beginning, the can of liquor was passing from mouth to mouth. A general cry broke forth:

"A song! a song from the Bat and Dick and Dot-and-go-One!"

One of the blind men got up, and made ready by casting aside the patches that sheltered his excellent eyes, and the pathetic placard which recited the cause of his calamity. Dot-and-go-One disencumbered himself of his timber leg and took his place, upon sound and healthy limbs, beside his fellow-rascal; then they roared out a rollicking ditty, and were reinforced by the whole crew, at the end of each stanza, in a rousing chorus. By the time the last stanza was reached, the half-drunken enthusiasm had risen to such a pitch that everybody joined in and sang it clear through from the beginning, producing a volume of villainous sound that made the rafters quake. These were the inspiring words:

"Bien Darkmans then, Bouse Mort and Ken,
The bien Coves bings awast,
On Chates to trine by Rome Coves dine
For his long lib at last.
Bing'd out bien Morts and toure, and toure,
Bing out of the Rome vile bine,
And toure the Cove that cloy'd your duds,
*Upon the Chates to trine."**

Conversation followed; not in the thieves' dialect of the song, for that was only used in talk when unfriendly ears might be listening. In the course of it it appeared that "John Hobbs" was not altogether a new recruit, but had trained in the gang at some former time. His later history was called for, and when he said he had "accidentally" killed a man, considerable satisfaction was expressed; when he added that the man was a priest, he was roundly applauded, and had to take a drink with everybody. Old acquaintances welcomed him joyously, and new ones were proud to shake him by the hand. He was asked why he had "tarried away so many months." He answered:

"London is better than the country, and safer these late years, the laws be so bitter and so diligently enforced. An' I had not had that accident, I had stayed there. I had resolved to stay, and nevermore venture countrywards—but the accident had ended that."

He inquired how many persons the gang numbered now. The "Ruffler," or chief, answered:

"Five and twenty sturdy budges, bulks, files, clapperdogeons and maunders, counting the dells and doxies and other morts.**Most are here, the rest are wandering eastward, along the winter lay. We follow at dawn."

"I do not see the Wen among the honest folk about me. Where may he be?"

"Poor lad, his diet is brimstone now, and over hot for a delicate taste.

---

* From "The English Rogue" : London,1665.

** Canting terms for various kinds of thieves, beggars, and vagabonds and their female companions.

He was killed in a brawl, somewhere about midsummer."

"I sorrow to hear that; the Wen was a capable man, and brave."

"That was he, truly. Black Bess, his dell, is of us yet, but absent on the eastward tramp; a fine lass, of nice ways and orderly conduct, none ever seeing her drunk above four days in the seven."

"She was ever strict—I remember it well—a goodly wench and worthy all commendation. Her mother was more free and less particular; a troublesome and ugly-tempered beldame, but furnished with a wit above the common."

"We lost her through it. Her gift of palmistry and other sorts of fortune-telling begot for her at last a witch's name and fame. The law roasted her to death at a slow fire. It did touch me to a sort of tenderness to see the gallant way she met her lot—cursing and reviling all the crowd that gaped and gazed around her, whilst the flames licked upward toward her face and catched her thin locks and crackled about her old gray head—cursing them, said I?—cursing them! why an' thou shouldst live a thousand years thoud'st never hear so masterful a cursing. Alack, her art died with her. There be base and weakling imitations left, but no true blasphemy."

The Ruffler sighed; the listeners sighed in sympathy; a general depression fell upon the company for a moment, for even hardened outcasts like these are not wholly dead to sentiment, but are able to feel a fleeting sense of loss and affliction at wide intervals and under peculiarly favouring circumstances—as in cases like to this, for instance, when genius and culture depart and leave no heir. However, a deep drink all round soon restored the spirits of the mourners.

"Have any others of our friends fared hardly?" asked Hobbs.

"Some—yes. Particularly new-comers—such as small husbandmen turned shiftless and hungry upon the world because their farms were taken from them to be changed to sheepranges. They begged, and were whipped at the cart's tail, naked from the girdle up, till the blood ran; then set in the stocks to be pelted; they begged again, were whipped again, and deprived of an ear; they begged a third time—poor devils, what else could they do?—and were branded on the cheek with a red-hot iron, then sold for slaves; they ran away, were hunted down, and hanged. 'Tis a brief tale, and quickly told. Others of us have fared less hardly. Stand forth, Yokel, Burns, and Hodge—show your adornments!"

These stood up and stripped away some of their rags, exposing their backs, crisscrossed with ropy old welts left by the lash; one turned up his hair and showed the place where a left ear had once been; another showed a brand upon his shoulder—the letter V—and a mutilated ear; the third said:

"I am Yokel once a farmer and prosperous, with loving wife and kids—now am I somewhat different in estate and calling; and the wife and kids are gone; mayhap they are in heaven, mayhap in—in the other place—but the kindly God be thanked, they bide no more in *England*! My good old blameless mother strove to earn bread by nursing the sick; one of these died, the doctors knew not how, so my mother was burned for a witch, whilst my babes looked on and wailed. English law!—up, all, with your cups!—now all together and with a cheer!—drink to the merciful English law that delivered *her* from the English hell! Thank you, mates, one and all. I begged, from house to house—I and the wife—bearing with us the hungry kids—but it was crime to be hungry in England—so they stripped us and lashed us through three towns. Drink ye all again to the merciful English law!—for its lash drank deep of my Mary's blood and its blessed deliverance came quick. She lies there in the potter's field, safe from all harms. And the kids—well, whilst the law lashed me from town to town, they starved. Drink lads—only a drop—a drop to the poor kids, that never did any creature harm. I begged again—begged for a crust, and got the stocks and lost an ear—see, here bides the stump; I begged again, and here is the stump of the other to keep me minded of it. And still I begged again, and was sold for a slave—here on my cheek under this stain, if I washed it off, ye might see the red S the branding-iron left there! A SLAVE! Do ye understand that word! An English SLAVE!—that is he that stands before ye. I have run from my master, and when I am found—the heavy curse of heaven fall on the law of the land that hath commanded it!—I shall hang!"

A ringing voice came through the murky air:

"Thou shalt *not*!—and this day the end of that law is come!"

All turned, and saw the fantastic figure of the little king approaching hurriedly; as it emerged into the light and was clearly revealed, a general explosion of inquiries broke out:

"Who is it? *What* is it? Who art thou, manikin?"

The boy stood unconfused in the midst of all those surprised and questioning eyes, and answered with princely dignity:

"I am Edward, king of England."

A wild burst of laughter followed, partly of derision and partly of delight in the excellence of the joke. The king was stung. He said sharply:

"Ye mannerless vagrants, is this your recognition of the royal boon I have promised?"

He said more, with angry voice and excited gesture, but it was lost in a whirlwind of laughter and mocking exclamations. "John Hobbs" made several attempts to make himself heard above the din, and at last succeeded—saying:

"Mates, he is my son, a dreamer, a fool, and stark mad—mind him not—he thinketh he *is* the king."

"I *am* the king," said Edward, turning toward him, "as thou shalt know to thy cost, in good time. Thou hast confessed a murder—thou shalt swing for it."

"*Thou'lt* betray me!—*thou*? An' I get my hands upon thee—"

"Tut-tut!" said the burley Ruffler, interposing in time to save the king, and emphasising this service by knocking Hobbs down with his fist, "hast respect for neither kings *nor*Rufflers? An' thou insult my presence so again, I'll hang thee up myself." Then he said to his majesty, "Thou must make no threats against thy mates, lad; and thou must guard thy tongue from saying evil of them elsewhere. Be king, if it please thy mad humour, but be not harmful in it. Sink the title thou hast uttered—'tis treason; we be bad men, in some few trifling ways, but none among us is so base as to be traitor to his king; we be loving and loyal hearts, in that regard. Note if I speak truth. Now—all together: 'Long live Edward, king of England!'"

"LONG LIVE EDWARD, KING OF ENGLAND!"

The response came with such a thunder-gust from the motley crew that the crazy building vibrated to the sound. The little king's face lighted with pleasure for an instant, and he slightly inclined his head and said with grave simplicity:

"I thank you, my good people."

This unexpected result threw the company into convulsions of merriment. When something like quiet was presently come again, the Ruffler said, firmly, but with an accent of good nature:

"Drop it, boy, 'tis not wise, nor well. Humour thy fancy, if thou must, but choose some other title."

A tinker shrieked out a suggestion:

"Foo-foo the First, king of the Moon-calves!"

The title "took" at once, every throat responded, and a roaring shout went up, of:

"Long live Foo-foo the First, king of the Moon-calves!" followed by hootings, catcalls, and peals of laughter.

"Hale him forth, and crown him!"

"Robe him!"

"Sceptre him!"

"Throne him!"

These and twenty other cries broke out at once; and almost before the poor little victim could draw a breath he was crowned with a tin basin, robed in a tattered blanket, throned upon a barrel, and sceptered with the tinker's soldering-iron. Then all flung themselves upon their knees about him and sent up a chorus of ironical wailings, and mocking supplications, whilst they swabbed their eyes with their soiled and ragged sleeves and aprons:

"Be gracious to us, O sweet king!"

"Trample not upon thy beseeching worms, O noble majesty!"

"Pity thy slaves, and comfort them with a royal kick!"

"Cheer us and warm us with thy gracious rays, O flaming sun of sovereignty!"

"Sanctify the ground with the touch of thy foot, that we may eat the dirt and be ennobled!"

"Deign to spit upon us, O Sire, that our children's children may tell of thy princely condescension, and be proud and happy forever!"

But the humorous tinker made the "hit" of the evening and carried off the honours. Kneeling, he pretended to kiss the king's foot, and was indignantly spurned; whereupon he went about begging for a rag to paste over the place upon his face which had been touched by the foot, saying it must be preserved from contact with the vulgar air, and that he should make his fortune by going on the highway and exposing it to view at the rate of a hundred shillings a sight. He made himself so killingly funny that he was the envy and admiration of the whole mangy rabble.

Tears of shame and indignation stood in the little monarch's eyes; and the thought in his heart was, "Had I offered them a deep wrong they could not be more cruel—yet have I proffered naught but to do them a kindness—and it is thus they use me for it!"

Chapter XVIII. The Prince with the Tramps

The troop of vagabonds turned out at early dawn, and set forward on their march. There was a lowering sky overhead, sloppy ground under foot, and a winter chill in the air. All gaiety was gone from the company; some were sullen and silent, some were irritable and petulant, none were gentle-humoured, all were thirsty.

The Ruffler put "Jack" in Hugo's charge, with some brief instructions, and commanded John Canty to keep away from him and let him alone; he also warned Hugo not to be too rough with the lad.

After a while the weather grew milder, and the clouds lifted somewhat. The troop ceased to shiver, and their spirits began to improve. They grew more and more cheerful, and finally began to chaff each other and insult passengers along the highway. This showed that they were awaking to an appreciation of life and its joys once more. The dread in which their sort was held was apparent in the fact that everybody gave them the road, and took their ribald insolences meekly, without venturing to talk back. They snatched linen from the hedges, occasionally, in full view of the owners, who made no protest, but only seemed grateful that they did not take the hedges, too.

By and by they invaded a small farm-house and made themselves at home while the trembling farmer and his people swept the larder clean to furnish a breakfast for them. They chucked the housewife and her daughters under the chin whilst receiving the food from their hands, and made coarse jests about them, accompanied with insulting epithets and bursts of horse-laughter. They threw bones and vegetables at the farmer and his sons, kept them dodging all the time, and applauded uproariously when a good hit was made. They ended by buttering the head of one of the daughters who resented some of their familiarities. When they took their leave they threatened to come back and burn the house over the heads of the family if any report of their doings got to the ears of the authorities.

About noon, after a long and weary tramp, the gang came to a halt behind a hedge on the outskirts of a considerable village. An hour was allowed for rest, then the crew scattered themselves abroad to enter the village at different points to ply their various trades. "Jack" was sent with Hugo. They wandered hither and thither for some time, Hugo watching for opportunities to do a stroke of business but finding none—so he finally said:

"I see naught to steal; it is a paltry place. Wherefore we will beg."

"We, forsooth! Follow thy trade—it befits thee. But *I* will not beg."

"Thou'lt not beg!" exclaimed Hugo, eyeing the king with surprise. "Prithee, since when hast thou reformed?"

"What dost thou mean?"

"Mean? Hast thou not begged the streets of London all thy life?"

"I? Thou idiot!"

"Spare thy compliments—thy stock will last the longer. Thy father says thou hast begged all thy days. Mayhap he lied. Peradventure you will even make so bold as to *say* he lied," scoffed Hugo.

"Him *you* call my father? Yes, he lied."

"Come, play not thy merry game of madman so far, mate; use it for thy amusement, not thy hurt. An' I tell him this, he will scorch thee finely for it."

"Save thyself the trouble. I will tell him."

"I like thy spirit, I do in truth; but I do not admire thy judgment. Bone-rackings and bastings be plenty enow in this life, without going out of one's way to invite them. But a truce to these matters; *I* believe your father. I doubt not he can lie; I doubt not he *doth* lie, upon occasion, for the best of us do that; but there is no occasion here. A wise man does not waste so good a commodity as lying for naught. But come; sith it is thy humour to give over begging, wherewithal shall we busy ourselves? With robbing kitchens?"

The king said, impatiently:

"Have done with this folly—you weary me!"

Hugo replied, with temper:

"Now harkee, mate; you will not beg, you will not rob; so be it. But

I will tell you what you *will* do. You will play decoy whilst *I* beg. Refuse, an' you think you may venture!"

The king was about to reply contemptuously, when Hugo said, interrupting—

"Peace! Here comes one with a kindly face. Now will I fall down in a fit. When the stranger runs to me, set you up a wail, and fall upon your knees, seeming to weep; then cry out as if all the devils of misery were in your belly, and say, 'Oh, sir, it is my poor afflicted brother, and we be friendless; o' God's name cast through your merciful eyes one pitiful look upon a sick, forsaken, and most miserable wretch; bestow one little penny out of thy riches upon one smitten of God and ready to perish!'—and mind you, keep you *on* wailing, and abate not till we bilk him of his penny, else shall you rue it."

Then immediately Hugo began to moan, and groan, and roll his eyes, and reel and totter about; and when the stranger was close at hand, down he sprawled before him, with a shriek, and began to writhe and wallow in the dirt, in seeming agony.

"O dear, O dear!" cried the benevolent stranger, "Oh, poor soul, poor soul, how he doth suffer. There—let me help thee up."

"O, noble sir, forbear, and God love you for a princely gentleman—but it giveth me cruel pain to touch me when I am taken so. My brother there will tell your worship how I am racked with anguish when these fits be upon me. A penny, dear sir, a penny, to buy a little food; then leave me to my sorrows."

"A penny! thou shalt have three, thou hapless creature"—and he fumbled in his pocket with nervous haste and got them out. "There, poor lad, take them and most welcome. Now come hither, my boy, and help me carry thy stricken brother to yon house, where—"

"I am not his brother," said the king, interrupting.

"What! not his brother?"

"Oh, hear him!" groaned Hugo, then privately ground his teeth. "He denies his own brother—and he with one foot in the grave!"

"Boy, thou art indeed hard of heart, if this is thy brother. For shame!—and he scarce able to move hand or foot. If he is not thy brother, who is he, then?"

"A beggar and a thief! He has got your money and has picked your pocket likewise. An' thou wouldst do a healing miracle, lay thy staff over his shoulders and trust Providence for the rest."

But Hugo did not tarry for the miracle. In a moment he was up and off like the wind, the gentleman following after and raising the hue and cry lustily as he went. The king, breathing deep gratitude to Heaven for his own release, fled in the opposite direction and did not slacken his pace until he was out of harm's reach. He took the first road that offered, and soon put the village behind him. He hurried along, as briskly as he could, during several hours, keeping a nervous watch over his shoulder for pursuit; but his fears left him at last, and a grateful sense of security took their place. He recognised now that he was hungry; and also very tired. So he halted at a farm-house; but when he was about to speak, he was cut short and driven rudely away. His clothes were against him.

He wandered on, wounded and indignant, and was resolved to put himself in the way of light treatment no more. But hunger is pride's master; so as the evening drew near, he made an attempt at another farm-house; but here he fared worse than before; for he was called hard names and was promised arrest as a vagrant except he moved on promptly.

The night came on, chilly and overcast; and still the footsore monarch laboured slowly on. He was obliged to keep moving, for every time he sat down to rest he was soon penetrated to the bone with the cold. All his sensations and experiences, as he moved through the solemn gloom and the empty vastness of the night, were new and strange to him. At intervals he heard voices approach, pass by, and fade into silence; and as he saw nothing more of the bodies they belonged to than a sort of formless drifting blur, there was something spectral and uncanny about it all that made him shudder. Occasionally he caught the twinkle of a light—always far away, apparently—almost in another world; if he heard the tinkle of a sheep's bell, it was vague, distant, indistinct; the muffled lowing of the herds floated to him on the night wind in vanishing cadences, a mournful sound; now and then came the complaining howl of a dog over viewless expanses of field and forest; all sounds were remote; they made the little king feel that all life and activity were far removed from him, and that he stood solitary, companionless, in the centre of a measureless solitude.

He stumbled along, through the gruesome fascinations of this new experience, startled occasionally by the soft rustling of the dry leaves overhead, so like human whispers they seemed to sound; and by and by he came suddenly upon the freckled light of a tin lantern near at hand. He stepped back into the shadows and waited. The lantern stood by the open door of a barn. The king waited some time—there was no sound, and nobody stirring. He got so cold, standing still, and the hospitable barn looked so enticing, that at last he resolved to risk everything and enter. He started swiftly and stealthily, and just as he was crossing the threshold he heard voices behind him. He darted behind a cask, within the barn, and stooped down. Two farm labourers came in, bringing the lantern with them, and fell to work, talking meanwhile. Whilst they moved about with the light, the king made good use of his eyes and took the bearings of what seemed to be a good-sized stall at the further end of the place, purposing to grope his way to it when he should be left to himself. He also noted the position of a pile of horse-blankets, midway of the route, with the intent to levy upon them for the service of the crown of England for one night.

By and by the men finished and went away, fastening the door behind them and taking the lantern with them. The shivering king made for the blankets, with as good speed as the darkness would allow; gathered them up and then groped his way safely to the stall. Of two of the blankets he made a bed, then covered himself with the remaining two. He was a glad monarch now, though the blankets were old and thin, and not quite warm enough; and besides gave out a pungent horsey odor that was almost suffocatingly powerful.

Although the king was hungry and chilly, he was also so tired and so drowsy that these latter influences soon began to get the advantage of the former, and he presently dozed off into a state of semiconsciousness. Then, just as he was on the point of losing himself wholly, he distinctly felt something touch him! He was broad awake in a moment, and gasping for breath. The cold horror of that mysterious touch in the dark almost made his heart stand still. He lay motionless, and listened, scarcely breathing. But nothing stirred, and there was no sound. He continued to listen, and wait, during what seemed a long time, but still nothing stirred, and there was no sound. So he began to drop into a drowse once more at last; and all at once he felt that mysterious touch again! It was a grisly thing, this light touch from this noiseless and invisible presence; it made the boy sick with ghostly fears. What should he do? That was the question; but he did not know how to answer it. Should he leave these reasonably comfortable quarters and fly from this inscrutable horror? But fly whither? He could not get out of the barn; and the idea of scurrying blindly hither and thither in the dark, within the captivity of the four walls, with this phantom gliding after him, and visiting him with that soft hideous touch upon cheek or shoulder at every turn, was intolerable. But to stay where he was, and endure this living death all night—was that better? No. What, then, was there left to do? Ah, there was but one course; he knew it well—he must put out his hand and find that thing!

It was easy to think this; but it was hard to brace himself up to try it. Three times he stretched his hand a little way out into the dark gingerly; and snatched it suddenly back, with a gasp—not because it had encountered anything, but because he had felt so sure it was just *going* to. But the fourth time he groped a little further, and his hand lightly swept against something soft and warm. This petrified him nearly with fright—his mind was in such a state that he could imagine the thing to be nothing else than a corpse, newly dead and still warm. He thought he would rather die than touch it again. But he thought this false thought because he did not know the immortal strength of human curiosity. In no long time his hand was tremblingly groping again—against his judgment, and without his consent—but groping persistently on, just the same. It encountered a bunch of long hair; he shuddered, but followed up the hair and found what seemed to be a warm rope; followed up the rope and found an innocent calf!—for the rope was not a rope at all, but the calf's tail.

The king was cordially ashamed of himself for having gotten all that fright and misery out of so paltry a matter as a slumbering calf; but he need not have felt so about it, for it was not the calf that frightened him but a dreadful nonexistent something which the calf stood for; and any other boy, in those old superstitious times, would have acted and suffered as he had done.

The king was not only delighted to find that the creature was only a calf, but delighted to have the calf's company; for he had been feeling so lonesome and friendless that the company and comradeship of even this humble animal was welcome. And he had been so buffeted, so rudely entreated by his own kind, that it was a real comfort to him to feel that he was at last in the society of a fellow-creature that had at least a soft heart and a gentle spirit, whatever loftier attributes might be lacking. So he resolved to waive rank and make friends with the calf.

While stroking its sleek warm back—for it lay near him and within easy reach—it occurred to him that this calf might be utilised in more ways than one. Whereupon he rearranged his bed, spreading it down close to the calf; then he cuddled himself up to the calf's back, drew the covers up over himself and his friend, and in a minute or two was as warm and comfortable as he had ever been in the downy couches of the regal palace of Westminster.

Pleasant thoughts came at once; life took on a cheerfuller seeming. He was free of the bonds of servitude and crime, free of the companionship of base and brutal outlaws; he was warm, he was sheltered; in a word, he was happy. The night wind was rising; it swept by in fitful gusts that made the old barn quake and rattle, then its forces died down at intervals, and went moaning and wailing around corners and projections—but it was all music to the king, now that he was snug and comfortable: let it blow and rage, let it batter and bang, let it moan and wail, he minded it not, he only enjoyed it. He merely snuggled the closer to his friend, in a luxury of warm contentment, and drifted blissfully out of consciousness into a deep and dreamless sleep that was full of serenity and peace. The distant dogs howled, the melancholy kine complained, and the winds went on raging, whilst furious sheets of rain drove along the roof; but the majesty of England slept on undisturbed, and the calf did the same, it being a simple creature and not easily troubled by storms or embarrassed by sleeping with a king.

Chapter XIX. The Prince with the Peasants

When the king awoke in the early morning, he found that a wet but thoughtful rat had crept into the place during the night and made a cozy bed for itself in his bosom. Being disturbed now, it scampered away. The boy smiled, and said, "Poor fool, why so fearful? I am as forlorn as thou. 'Twould be a sham in me to hurt the helpless, who am myself so helpless. Moreover, I owe you thanks for a good omen; for when a king has fallen so low that the very rats do make a bed of him, it surely meaneth that his fortunes be upon the turn, since it is plain he can no lower go."

He got up and stepped out of the stall, and just then he heard the sound of children's voices. The barn door opened and a couple of little girls came in. As soon as they saw him their talking and laughing ceased, and they stopped and stood still, gazing at him with strong curiosity; they presently began to whisper together, then they approached nearer, and stopped again to gaze and whisper. by and by they gathered courage and began to discuss him aloud. One said:

"He hath a comely face."

The other added:

"And pretty hair."

"But is ill clothed enow."

"And how starved he looketh."

They came still nearer, sidling shyly around and about him, examining him minutely from all points, as if he were some strange new kind of animal; but warily and watchfully the while, as if they half feared he might be a sort of animal that would bite, upon occasion. Finally they halted before him, holding each other's hands for protection, and took a good satisfying stare with their innocent eyes; then one of them plucked up all her courage and inquired with honest directness:

"Who art thou, boy?"

"I am the king," was the grave answer.

The children gave a little start, and their eyes spread themselves wide open and remained so during a speechless halfminute. Then curiosity broke the silence:

"The king? What king?"

"The king of England."

The children looked at each other—then at him—then at each other again—wonderingly, perplexedly— then one said:

"Didst hear him, Margery?—he said he is the king. Can that be true?"

"How can it be else but true, Prissy? Would he say a lie? For look you, Prissy, an' it were not true, it *would* be a lie. It surely would be. Now think on't. For all things that be not true, be lies—thou canst make naught else out of it."

It was a good tight argument, without a leak in it anywhere; and it left Prissy's half-doubts not a leg to stand on. She considered a moment, then put the king upon his honour with the simple remark:

"If thou art truly the king, then I believe thee."

"I am truly the king."

This settled the matter. His majesty's royalty was accepted without further question or discussion, and the two little girls began at once to inquire into how he came to be where he was, and how he came to be so unroyally clad, and whither he was bound, and all about his affairs. It was a mighty relief to him to pour out his troubles where they would not be scoffed at or doubted; so he told his tale with feeling, forgetting even his hunger for the time; and it was received with the deepest and tenderest sympathy by the gentle little maids. But when he got down to his latest experiences and they learned how long he had been without food, they cut him short and hurried him away to the farm-house to find a breakfast for him.

The king was cheerful and happy now, and said to himself, "When I am come to mine own again, I will always honour little children, remembering how that these trusted me and believed in me in my time of trouble; whilst they that were older, and thought themselves wiser, mocked at me and held me for a liar."

The children's mother received the king kindly, and was full of pity; for his forlorn condition and apparently crazed intellect touched her womanly heart. She was a widow, and rather poor; consequently she had seen trouble enough to enable her to feel for the unfortunate. She imagined that the demented boy had wandered away from his friends or keepers; so she tried to find out whence he had come, in order that she might take measures to return him; but all her references to neighbouring towns and villages, and all her inquiries in the same line went for nothing—the boy's face, and his answers, too, showed that the things she was talking of were not familiar to him. He spoke earnestly and simply about court matters, and broke down, more than once, when speaking of the late king his father; but whenever the conversation changed to baser topics, he lost interest and became silent.

The woman was mightily puzzled; but she did not give up. As she proceeded with her cooking, she set herself to contriving devices to surprise the boy into betraying his real secret. She talked about cattle—he showed no concern; then about sheep—the same result—so her guess that he had been a shepherd boy was an error; she talked about mills; and about weavers, tinkers, smiths, trades and tradesmen of all sorts; and about Bedlam, and jails, and charitable retreats; but no matter, she was baffled at all points. Not altogether, either; for she argued that she had narrowed the thing down to domestic service. Yes, she was sure she was on the right track now—he must have been a house-servant. So she led up to that. But the result was discouraging. The subject of sweeping appeared to weary him; fire-building failed to stir him; scrubbing and scouring awoke no enthusiasm. Then the goodwife touched, with a perishing hope, and rather as a matter of form, upon the subject of cooking. To her surprise, and her vast delight, the king's face lighted at once! Ah, she had hunted him down at last, she thought; and she was right proud, too, of the devious shrewdness and tact which had accomplished it.

Her tired tongue got a chance to rest now; for the king's, inspired by gnawing hunger and the fragrant smells that came from the sputtering pots and pans, turned itself loose and delivered itself up to such an eloquent dissertation upon certain toothsome dishes, that within three minutes the woman said to herself, "Of a truth I was right—he hath holpen in a kitchen!" Then he broadened his bill of fare, and discussed it with such appreciation and animation, that the goodwife said to herself, "Good lack! how can he know so many dishes, and so fine ones withal? For these belong only upon the tables of the rich and great. Ah, now I see! ragged outcast as he is, he must have served in the palace before his reason went astray; yes, he must have helped in the very kitchen of the king himself! I will test him."

Full of eagerness to prove her sagacity, she told the king to mind the cooking a moment—hinting that he might manufacture and add a dish or two, if he chose—then she went out of the room and gave her children a sign to follow after. The king muttered:

"Another English king had a commission like to this, in a bygone time—it is nothing against my dignity to undertake an office which the great Alfred stooped to assume. But I will try to better serve my trust than he; for he let the cakes burn."

The intent was good, but the performance was not answerable to it; for this king, like the other one, soon fell into deep thinkings concerning his vast affairs, and the same calamity resulted—the cookery got burned. The woman returned in time to save the breakfast from entire destruction; and she promptly brought the king out of his dreams with a brisk and cordial tongue-lashing. Then, seeing how troubled he was over his violated trust, she softened at once and was all goodness and gentleness toward him.

The boy made a hearty and satisfying meal, and was greatly refreshed and gladdened by it. It was a meal which was distinguished by this curious feature, that rank was waived on both sides; yet neither recipient of the favour was aware that it had been extended. The goodwife had intended to feed this young tramp with broken victuals in a corner, like any other tramp, or like a dog; but she was so remorseful for the scolding she had given him, that she did what she could to atone for it by allowing him to sit at the family table and eat with his betters, on ostensible terms of equality with them; and the king, on his side, was so remorseful for having broken his trust, after the family had been so kind to him, that he forced himself to atone for it by humbling himself to the family level, instead of requiring the woman and her children to stand and wait upon him while he occupied their table in the solitary state due his birth and dignity. It does us all good to unbend sometimes. This good woman was made happy all the day long by the applauses she got out of herself for her magnanimous condescension to a tramp; and the king was just as self-complacent over his gracious humility toward a humble peasant woman.

When breakfast was over, the housewife told the king to wash up the dishes. This command was a staggerer for a moment, and the king came near rebelling; but then he said to himself, "Alfred the Great watched the cakes; doubtless he would have washed the dishes, too—therefore will I essay it."

He made a sufficiently poor job of it; and to his surprise, too, for the cleaning of wooden spoons and trenchers had seemed an easy thing to do. It was a tedious and troublesome piece of work, but he finished it at last. He was becoming impatient to get away on his journey now; however, he was not to lose this thrifty dame's society so easily. She furnished him some little odds and ends of employment, which he got through with after a fair fashion and with some credit. Then she set him and the little girls to paring some winter apples; but he was so awkward at this service that she retired him from it and gave him a butcher knife to grind. Afterwards she kept him carding wool until he began to think he had laid the good King Alfred about far enough in the shade for the present, in the matter of showy menial heroisms that would read picturesquely in storybooks and histories, and so he was half minded to resign. And when, just after the noonday dinner, the goodwife gave him a basket of kittens to drown, he did resign. At least he was just going to resign—for he felt that he must draw the line somewhere, and it seemed to him that to draw it at kitten-drowning was about the right thing—when there was an interruption. The interruption was John Canty—with a peddler's pack on his back—and Hugo!

The king discovered these rascals approaching the front gate before they had had a chance to see him; so he said nothing about drawing the line, but took up his basket of kittens and stepped quietly out the back way, without a word. He left the creatures in an outhouse, and hurried on into a narrow lane at the rear.

Chapter XX. The Prince and the Hermit

The high hedge hid him from the house now; and so, under the impulse of a deadly fright, he let out all his forces and sped toward a wood in the distance. He never looked back until he had almost gained the shelter of the forest; then he turned and descried two figures in the distance. That was sufficient; he did not wait to scan them critically, but hurried on, and never abated his pace till he was far within the twilight depth of the wood. Then he stopped, being persuaded that he was now tolerably safe. He listened intently, but the stillness was profound and solemn—awful, even, and depressing to the spirits. At wide intervals his straining ear did detect sounds, but they were so remote, and hollow, and mysterious, that they seemed not to be real sounds, but only the moaning and complaining ghosts of departed ones. So the sounds were yet more dreary than the silence which they interrupted.

It was his purpose, in the beginning, to stay where he was, the rest of the day; but a chill soon invaded his perspiring body, and he was at last obliged to resume movement in order to get warm. He struck straight through the forest, hoping to pierce to a road presently, but he was disappointed in this. He travelled on and on; but the farther he went, the denser the wood became, apparently. The gloom began to thicken, by and by, and the king realised that the night was coming on. It made him shudder to think of spending it in such an uncanny place; so he tried to hurry faster, but he only made the less speed, for he could not now see well enough to choose his steps judiciously; consequently he kept tripping over roots and tangling himself in vines and briers.

And how glad he was when at last he caught the glimmer of a light! He approached it warily, stopping often to look about him and listen. It came from an unglazed window in a opening little hut. He heard a voice, now, and felt a disposition to run and hide; but he changed his mind at once, for this voice was praying, evidently. He glided to the one window of the hut, raised himself on tiptoe, and stole a glance within. The room was small; its floor was the natural earth, beaten hard by use; in a corner was a bed of rushes and a ragged blanket or two; near it was a pail, a cup, a basin, and two or three pots and pans; there was a short bench and a three-legged stool; on the hearth the remains of a fagot fire were smoldering; before a shrine, which was lighted by a single candle, knelt an aged man, and on an old wooden box at his side lay an open book and a human skull. The man was of large, bony frame; his hair and whiskers were very long and snowy white; he was clothed in a robe of sheepskins which reached from his neck to his heels.

"A holy hermit!" said the king to himself; "now am I indeed fortunate."

The hermit rose from his knees; the king knocked. A deep voice responded:

"Enter!—but leave sin behind, for the ground whereon thou shalt stand is holy!"

The king entered, and paused. The hermit turned a pair of gleaming, unrestful eyes upon him, and said:

"Who art thou?"

"I am the king," came the answer, with placid simplicity.

"Welcome, king!" cried the hermit, with enthusiasm. Then, bustling about with feverish activity, and constantly saying "Welcome, welcome," he arranged his bench, seated the king on it, by the hearth, threw some fagots on the fire, and finally fell to pacing the floor, with a nervous stride.

"Welcome! Many have sought sanctuary here, but they were not worthy, and were turned away. But a king who casts his crown away, and despises the vain splendours of his office, and clothes his body in rags, to devote his life to holiness and the mortification of the flesh—he is worthy, he is welcome!—here shall he abide all his days till death come." The king hastened to interrupt and explain, but the hermit paid no attention to him—did not even hear him, apparently, but went right on with his talk, with a raised voice and a growing energy. "And thou shalt be at peace here. None shall find out thy refuge to disquiet thee with supplications to return to that empty and foolish life which God hath moved thee to abandon. Thou shalt pray here; thou shalt study the Book; thou shalt meditate upon the follies and delusions of this world, and upon the sublimities of the world to come; thou shalt feed upon crusts and herbs, and scourge thy body with whips daily, to the purifying of thy soul. Thou shalt wear a hair shirt next thy skin; thou shalt drink water only; and thou shalt be at peace; yes, wholly at peace; for whoso comes to seek thee shall go his way again baffled; he shall not find thee, he shall not molest thee."

The old man, still pacing back and forth, ceased to speak aloud, and began to mutter. The king seized this opportunity to state his case; and he did it with an eloquence inspired by uneasiness and apprehension. But the hermit went on muttering, and gave no heed. And still muttering, he approached the king and said impressively:

"Sh! I will tell you a secret!" He bent down to impart it, but checked himself, and assumed a listening attitude. After a moment or two he went on tiptoe to the window-opening, put his head out and peered around in the gloaming, then came tiptoeing back again, put his face close down to the king's, and whispered:

"I am an archangel!"

The king started violently, and said to himself, "Would God I were with the outlaws again; for lo now am I the prisoner of a madman!" His apprehensions were heightened, and they showed plainly in his face. In a low, excited voice, the hermit continued:

"I see you feel my atmosphere! There's awe in your face! None may be in this atmosphere and not be thus affected; for it is the very atmosphere of heaven. I go thither and return, in the twinkling of an eye. I was made an archangel on this very spot, it is five years ago, by angels sent from heaven to confer that awful dignity. Their presence filled this place with an intolerable brightness. And they knelt to me, king! yes, they knelt to me! for I was greater than they. I have walked in the courts of heaven, and held speech with the patriarchs. Touch my hand—be not afraid—touch it. There—now thou hast touched a hand which has been clasped by Abraham, and Isaac and Jacob! For I have walked in the golden courts, I have seen the Deity face to face!" He paused, to give this speech effect; then his face suddenly changed, and he started to his feet again, saying, with angry energy, "Yes, I am an archangel; *a mere archangel*!—I that might have been pope! It is verily true. I was told it from heaven in a dream, twenty years ago; ah, yes, I was to be pope!—and I *should* have been pope, for Heaven had said it—but the king dissolved my religious house, and I, poor obscure unfriended monk, was cast homeless upon the world, robbed of my mighty destiny!" Here he began to mumble again, and beat his forehead in futile rage, with his fist; now and then articulating a venomous curse, and now and then a pathetic, "Wherefore I am naught but an archangel—I that should have been pope!"

So he went on for an hour, while the poor little king sat and suffered. Then all at once the old man's frenzy departed, and he became all gentleness. His voice softened, he came down out of his clouds, and fell to prattling along so simply and so humanely, that he soon won the king's heart completely. The old devotee moved the boy nearer to the fire and made him comfortable; doctored his small bruises and abrasions with a deft and tender hand; and then set about preparing and cooking a supper—chatting pleasantly all the time, and occasionally stroking the lad's cheek or patting his head, in such a gently caressing way that in a little while all the fear and repulsion inspired by the archangel were changed to reverence and affection for the man.

This happy state of things continued while the two ate the supper; then, after a prayer before the shrine, the hermit put the boy to bed, in a small adjoining room, tucking him in as snugly and lovingly as a mother might; and so with a parting caress, left him and sat down by the fire, and began to poke the brands about in an absent and aimless way. Presently he paused; then tapped his forehead several times with his fingers, as if trying to recall some thought which had escaped from his mind. Apparently he was unsuccessful. Now he started quickly up, and entered his guest's room, and said:

"Thou art king?"

"Yes," was the response, drowsily uttered.

"What king?"

"Of England."

"Of England. Then Henry is gone!"

"Alack, it is so. I am his son."

A black frown settled down upon the hermit's face, and he clenched his bony hands with a vindictive energy. He stood a few moments, breathing fast and swallowing repeatedly, then said in a husky voice:

"Dost know it was he that turned us out into the world houseless and homeless?"

There was no response. The old man bent down and scanned the boy's reposeful face and listened to his placid breathing. "He sleeps—sleeps soundly;" and the frown vanished away and gave place to an expression of evil satisfaction. A smile flitted across the dreaming boy's features. The hermit muttered, "So—his heart is happy," and he turned away. He went stealthily about the place, seeking here and there for something; now and then halting to listen, now and then jerking his head around and casting a quick glance toward the bed; and always muttering, always mumbling to himself. At last he found what he seemed to want—a rusty old butcher knife and a whetstone. Then he crept to his place by the fire, sat himself down, and began to whet the knife softly on the stone, still muttering, mumbling, ejaculating. The winds sighed around the lonely place, the mysterious voices of the night floated by out of the distances. The shining eyes of venturesome mice and rats peered out at the old man from cracks and coverts, but he went on with his work, rapt, absorbed, and noted none of these things.

At long intervals he drew his thumb along the edge of his knife, and nodded his head with satisfaction. "It grows sharper," he said; "yes, it grows sharper."

He took no note of the flight of time, but worked tranquilly on, entertaining himself with his thoughts, which broke out occasionally in articulate speech:

"His father wrought us evil, he destroyed us—and is gone down into the eternal fires! Yes, down into the eternal fires! He escaped us—but it was God's will, yes it was God's will, we must not repine. But he hath not escaped the fires! No, he hath not escaped the fires, the consuming, unpitying, remorseless fires—and *they* are everlasting!"

And so he wrought, and still wrought—mumbling, chuckling a low rasping chuckle at times—and at times breaking again into words:

"It was his father that did it all. I am but an archangel—but for him I should be pope!"

The king stirred. The hermit sprang noiselessly to the bedside, and went down upon his knees, bending over the prostrate form with his knife uplifted. The boy stirred again; his eyes came open for an instant, but there was no speculation in them, they saw nothing; the next moment his tranquil breathing showed that his sleep was sound once more.

The hermit watched and listened for a time, keeping his position and scarcely breathing; then he slowly lowered his arms, and presently crept away, saying:

"It is long past midnight—it is not best that he should cry out, lest by accident someone be passing."

He glided about his hovel, gathering a rag here, a thong there, and another one yonder; then he returned, and by careful and gentle handling he managed to tie the king's ankles together without waking him. Next he essayed to tie the wrists; he made several attempts to cross them, but the boy always drew one hand or the other away, just as the cord was ready to be applied; but at last, when the archangel was almost ready to despair, the boy crossed his hands himself, and the next moment they were bound. Now a bandage was passed under the sleeper's chin and brought up over his head and tied fast—and so softly, so gradually, and so deftly were the knots drawn together and compacted, that the boy slept peacefully through it all without stirring.

Chapter XXI. Hendon to the Rescue

The old man glided away, stooping, stealthily, catlike, and brought the low bench. He seated himself upon it, half his body in the dim and flickering light, and the other half in shadow; and so, with his craving eyes bent upon the slumbering boy, he kept his patient vigil there, heedless of the drift of time, and softly whetted his knife, and mumbled and chuckled; and in aspect and attitude he resembled nothing so much as a grizzly, monstrous spider, gloating over some hapless insect that lay bound and helpless in his web.

After a long while, the old man, who was still gazing,—yet not seeing, his mind having settled into a dreamy abstraction—observed on a sudden that the boy's eyes were open—wide open and staring!—staring up in frozen horror at the knife. The smile of a gratified devil crept over the old man's face, and he said, without changing his attitude or his occupation:

"Son of Henry the Eighth, hast thou prayed?"

The boy struggled helplessly in his bonds, and at the same time forced a smothered sound through his closed jaws, which the hermit chose to interpret as an affirmative answer to his question.

"Then pray again. Pray the prayer for the dying!"

A shudder shook the boy's frame, and his face blenched. Then he struggled again to free himself—turning and twisting himself this way and that; tugging frantically, fiercely, desperately—but uselessly—to burst his fetters; and all the while the old ogre smiled down upon him, and nodded his head, and placidly whetted his knife, mumbling, from time to time, "The moments are precious, they are few and precious—pray the prayer for the dying!"

The boy uttered a despairing groan, and ceased from his struggles, panting. The tears came, then, and trickled, one after the other, down his face; but this piteous sight wrought no softening effect upon the savage old man.

The dawn was coming now; the hermit observed it, and spoke up sharply, with a touch of nervous apprehension in his voice:

"I may not indulge this ecstasy longer! The night is already gone. It seems but a moment—only a moment; would it had endured a year! Seed of the Church's spoiler, close thy perishing eyes, an' thou fearest to look upon..."

The rest was lost in inarticulate mutterings. The old man sank upon his knees, his knife in his hand, and bent himself over the moaning boy—

Hark! There was a sound of voices near the cabin—the knife dropped from the hermit's hand; he cast a sheepskin over the boy and started up, trembling. The sounds increased, and presently the voices became rough and angry; then came blows, and cries for help; then a clatter of swift footsteps, retreating. Immediately came a succession of thundering knocks upon the cabin door, followed by:

"Hullo-o-o! Open! And despatch, in the name of all the devils!"

Oh, this was the blessedest sound that had ever made music in the king's ears; for it was Miles Hendon's voice!

The hermit, grinding his teeth in impotent rage, moved swiftly out of the bedchamber, closing the door behind him; and straightway the king heard a talk, to this effect, proceeding from the "chapel":

"Homage and greeting, reverend sir! Where is the boy—*my* boy?"

"What boy, friend?"

"What boy! Lie me no lies, sir priest, play me no deceptions!—I am not in the humour for it. Near to this place I caught the scoundrels who I judged did steal him from me, and I made them confess; they said he was at large again, and they had tracked him to your door. They showed me his very footprints. Now palter no more; for look you, holy sir, an' thou produce him not—Where is the boy?"

"Oh, good sir, peradventure you mean the ragged regal vagrant that tarried here the night. If such as you take an interest in such as he, know, then, that I have sent him of an errand. He will be back anon."

"How soon? How soon? Come, waste not the time—cannot I overtake him? How soon will he be back?"

"Thou needst not stir; he will return quickly."

"So be it then. I will try to wait. But stop! *you* sent him of an errand?—you! Verily, this is a lie—he would not go. He would pull thy old beard an' thou didst offer him such an insolence. Thou hast lied, friend; thou hast surely lied! He would not go for thee nor for any man."

"For any man—no; haply not. But I am not a man."

"*What*! Now o' God's name what art thou, then?"

"It is a secret—mark thou reveal it not. I am an archangel!"

There was a tremendous ejaculation from Miles Hendon—not altogether unprofane—followed by:

"This doth well and truly account for his complaisance! Right well I knew he would budge nor hand nor foot in the menial service of any mortal; but lord, even a king must obey when an archangel gives the word o' command! Let me—'sh! What noise was that?"

All this while the king had been yonder, alternately quaking with terror and trembling with hope; and all the while, too, he had thrown all the strength he could into his anguished moanings, constantly expecting them to reach Hendon's ear, but always realising, with bitterness, that they failed, or at least made no impression. So this last remark of his servant came as comes a reviving breath from fresh fields to the dying; and he exerted himself once more, and with all his energy, just as the hermit was saying:

"Noise? I heard only the wind."

"Mayhap it was. Yes, doubtless that was it. I have been hearing it faintly all the—there it is again! It is not the wind! What an odd sound! Come, we will hunt it out!"

Now the king's joy was nearly insupportable. His tired lungs did their utmost—and hopefully, too—but the sealed jaws and the muffling sheepskin sadly crippled the effort. Then the poor fellow's heart sank, to hear the hermit say:

"Ah, it came from without—I think from the copse yonder. Come, I will lead the way."

The king heard the two pass out talking; heard their footsteps die quickly away—then he was alone with a boding, brooding, awful silence.

It seemed an age till he heard the steps and voices approaching again—and this time he heard an added sound—the trampling of hoofs, apparently. Then he heard Hendon say:

"I will not wait longer. I *cannot* wait longer. He has lost his way in this thick wood. Which direction took he? Quick—point it out to me."

"He—but wait; I will go with thee."

"Good—good! Why, truly thou art better than thy looks. Marry I do think there's not another archangel with so right a heart as thine. Wilt ride? Wilt take the wee donkey that's for my boy, or wilt thou fork thy holy legs over this ill-conditioned slave of a mule that I have provided for myself?—and had been cheated in too, had he cost but the indifferent sum of a month's usury on a brass farthing let to a tinker out of work."

"No—ride thy mule, and lead thine ass; I am surer on mine own feet, and will walk."

"Then prithee mind the little beast for me while I take my life in my hands and make what success I may toward mounting the big one."

Then followed a confusion of kicks, cuffs, tramplings and plungings, accompanied by a thunderous intermingling of volleyed curses, and finally a bitter apostrophe to the mule, which must have broken its spirit, for hostilities seemed to cease from that moment.

With unutterable misery the fettered little king heard the voices and footsteps fade away and die out. All hope forsook him now for the moment, and a dull despair settled down upon his heart. "My only friend is deceived and got rid of," he said; "the hermit will return and—" He finished with a gasp; and at once fell to struggling so frantically with his bonds again, that he shook off the smothering sheepskin.

And now he heard the door open! The sound chilled him to the marrow—already he seemed to feel the knife at his throat. Horror made him close his eyes; horror made him open them again—and before him stood John Canty and Hugo!

He would have said "Thank God!" if his jaws had been free.

A moment or two later his limbs were at liberty, and his captors, each gripping him by an arm, were hurrying him with all speed through the forest.

Chapter XXII. A Victim of Treachery

Once more "King Foo-foo the First" was roving with the tramps and outlaws, a butt for their coarse jests and dull-witted railleries, and sometimes the victim of small spitefulnesses at the hands of Canty and Hugo when the Ruffler's back was turned. None but Canty and Hugo really disliked him. Some of the others liked him, and all admired his pluck and spirit. During two or three days, Hugo, in whose ward and charge the king was, did what he covertly could to make the boy uncomfortable; and at night, during the customary orgies, he amused the company by putting small indignities upon him—always as if by accident. Twice he stepped upon the king's toes—accidentally—and the king, as became his royalty, was contemptuously unconscious of it and indifferent to it; but the third time Hugo entertained himself in that way, the king felled him to the ground with a cudgel, to the prodigious delight of the tribe. Hugo, consumed with anger and shame, sprang up, seized a cudgel and came at his small adversary in a fury. Instantly a ring was formed around the gladiators, and the betting and cheering began. But poor Hugo stood no chance whatever. His frantic and lubberly 'prentice-work found but a poor market for itself when pitted against an arm which had been trained by the first masters of Europe in single-stick, quarter-staff, and every art and trick of swordsmanship. The little king stood, alert but at graceful ease, and caught and turned aside the thick rain of blows with a facility and precision which set the motley on-lookers wild with admiration; and every now and then, when his practised eye detected an opening, and a lightning-swift rap upon Hugo's head followed as a result, the storm of cheers and laughter that swept the place was something wonderful to hear. At the end of fifteen minutes, Hugo, all battered, bruised, and the target for a pitiless bombardment of ridicule, slunk from the field; and the unscathed hero of the fight was seized and borne aloft upon the shoulders of the joyous rabble to the place of honour beside the Ruffler, where with vast ceremony he was crowned King of the Game-Cocks; his meaner title being at the same time solemnly cancelled and annulled, and a decree of banishment from the gang pronounced against any who should henceforth utter it.

All attempts to make the king serviceable to the troop had failed. He had stubbornly refused to act; moreover, he was always trying to escape. He had been thrust into an unwatched kitchen, the first day of his return; he not only came forth empty-handed, but tried to rouse the housemates. He was sent out with a tinker to help him at his work; he would not work; moreover, he threatened the tinker with his own soldering-iron; and finally both Hugo and the tinker found their hands full with the mere matter of keeping him from getting away. He delivered the thunders of his royalty upon the heads of all who hampered his liberties or tried to force him to service. He was sent out, in Hugo's charge, in company with a slatternly woman and a diseased baby, to beg; but the result was not encouraging—he declined to plead for the mendicants, or be a party to their cause in any way.

Thus several days went by; and the miseries of this tramping life, and the weariness and sordidness and meanness and vulgarity of it, became gradually and steadily so intolerable to the captive that he began at last to feel that his release from the hermit's knife must prove only a temporary respite from death, at best.

But at night, in his dreams, these things were forgotten, and he was on his throne, and master again. This, of course, intensified the sufferings of the awakening—so the mortifications of each succeeding morning of the few that passed between his return to bondage and the combat with Hugo, grew bitterer and bitterer, and harder and harder to bear.

The morning after that combat, Hugo got up with a heart filled with vengeful purposes against the king. He had two plans in particular. One was to inflict upon the lad what would be, to his proud spirit and "imagined" royalty, a peculiar humiliation; and if he failed to accomplish this, his other plan was to put a crime of some kind upon the king and then betray him into the implacable clutches of the law.

In pursuance of the first plan, he purposed to put a "clime" upon the king's leg, rightly judging that that would mortify him to the last and perfect degree; and as soon as the clime should operate, he meant to get

Canty's help, and *force* the king to expose his leg in the highway and beg for alms. "Clime" was the cant term for a sore, artificially created. To make a clime, the operator made a paste or poultice of unslaked lime, soap, and the rust of old iron, and spread it upon a piece of leather, which was then bound tightly upon the leg. This would presently fret off the skin, and make the flesh raw and angry-looking; blood was then rubbed upon the limb, which, being fully dried, took on a dark and repulsive colour. Then a bandage of soiled rags was put on in a cleverly careless way which would allow the hideous ulcer to be seen, and move the compassion of the passerby.*

Hugo got the help of the tinker whom the king had cowed with the soldering-iron; they took the boy out on a tinkering tramp, and as soon as they were out of sight of the camp, they threw him down and the tinker held him while Hugo bound the poultice tight and fast upon his leg.

The king raged and stormed, and promised to hang the two the moment the sceptre was in his hand again; but they kept a firm grip upon him and enjoyed his impotent struggling and jeered at his threats. This continued until the poultice began to bite; and in no long time its work would have been perfected if there had been no interruption. But there was; for about this time the "slave" who had made the speech denouncing England's laws, appeared on the scene, and put an end to the enterprise, and stripped off the poultice and bandage.

The king wanted to borrow his deliverer's cudgel and warm the jackets of the two rascals on the spot; but the man said no, it would bring trouble—leave the matter till night; the whole tribe being together, then, the outside world would not venture to interfere or interrupt. He marched the party back to camp and reported the affair to the Ruffler, who listened, pondered, and then decided that the king should not be again detailed to beg, since it was plain he was worthy of something higher and better—better—wherefore, on the spot he promoted him from the mendicant rank and appointed him to steal!

Hugo was overjoyed. He had already tried to make the king steal,

---

* From "The English Rogue" : London,1665.

and failed; but there would be no more trouble of that sort now, for, of course, the king would not dream of defying a distinct command delivered directly from headquarters. So he planned a raid for that very afternoon, purposing to get the king in the law's grip in the course of it; and to do it, too, with such ingenious strategy, that it should seem to be accidental and unintentional; for the King of the Game-Cocks was popular now, and the gang might not deal over-gently with an unpopular member who played so serious a treachery upon him as the delivering him over to the common enemy, the law.

Very well. All in good time Hugo strolled off to a neighbouring village with his prey; and the two drifted slowly up and down one street after another, the one watching sharply for a sure chance to achieve his evil purpose, and the other watching as sharply for a chance to dart away and get free of his infamous captivity forever.

Both threw away some tolerably fair-looking opportunities; for both, in their secret hearts, were resolved to make absolutely sure work this time, and neither meant to allow his fevered desires to seduce him into any venture that had much uncertainty about it.

Hugo's chance came first. For at last a woman approached who carried a fat package of some sort in a basket. Hugo's eyes sparkled with sinful pleasure as he said to himself, "Breath o' my life, and I can but put *that* upon him 'tis good-den and God keep thee, King of the Game-Cocks!" He waited and watched—outwardly patient, but inwardly consuming with excitement—till the woman had passed by, and the time was ripe; then said, in a low voice:

"Tarry here till I come again," and darted stealthily after the prey.

The king's heart was filled with joy—he could make his escape now, if Hugo's quest only carried him far enough away.

But he was to have no such luck. Hugo crept behind the woman, snatched the package, and came running back, wrapping it in an old piece of blanket which he carried on his arm. The hue and cry was raised in a moment by the woman, who knew her loss by the lightening of her burden, although she had not seen the pilfering done. Hugo thrust the bundle into the king's hands without halting, saying:

"Now speed ye after me with the rest, and cry 'Stop thief!' but mind ye lead them astray!"

The next moment Hugo turned a corner and darted down a crooked alley—and in another moment or two he lounged into view again, looking innocent and indifferent, and took up a position behind a post to watch results.

The insulted king threw the bundle on the ground; and the blanket fell away from it just as the woman arrived, with an augmenting crowd at her heels; she seized the king's wrist with one hand, snatched up her bundle with the other, and began to pour out a tirade of abuse upon the boy while he struggled, without success, to free himself from her grip.

Hugo had seen enough—his enemy was captured and the law would get him now—so he slipped away, jubilant and chuckling, and wended campwards, framing a judicious version of the matter to give to the Ruffler's crew as he strode along.

The king continued to struggle in the woman's grasp, and now and then cried out in vexation:

"Unhand me, thou foolish creature; it was not I that bereaved thee of thy paltry goods."

The crowd closed around, threatening the king and calling him names; a brawny blacksmith in leather apron, and sleeves rolled to his elbows, made a reach for him, saying he would trounce him well, for a lesson; but just then a long sword flashed in the air and fell with convincing force upon the man's arm, flat side down, the fantastic owner of it remarking pleasantly at the same time:

"Marry, good souls, let us proceed gently, not with ill blood and uncharitable words. This is matter for the law's consideration, not private and unofficial handling. Loose thy hold from the boy, good-wife."

The blacksmith averaged the stalwart soldier with a glance, then went muttering away, rubbing his arm; the woman released the boy's wrist reluctantly; the crowd eyed the stranger unlovingly, but prudently closed their mouths. The king sprang to his deliverer's side, with flushed cheeks and sparkling eyes, exclaiming:

"Thou hast lagged sorely, but thou comest in good season now, Sir Miles; carve me this rabble to rags!"

Chapter XXIII. The Prince a Prisoner

Hendon forced back a smile, and bent down and whispered in the king's ear:

"Softly, softly my prince, wag thy tongue warily—nay, suffer it not to wag at all. Trust in me—all shall go well in the end." Then he added to himself: "*Sir* Miles! Bless me, I had totally forgot I was a knight! Lord, how marvellous a thing it is, the grip his memory doth take upon his quaint and crazy fancies! fancies!... An empty and foolish title is mine, and yet it is something to have deserved it, for I think it is more honour to be held worthy to be a spectre-knight in his Kingdom of Dreams and Shadows than to be held base enough to be an earl in some of the *real* kingdoms of this world."

The crowd fell apart to admit a constable, who approached and was about to lay his hand upon the king's shoulder, when Hendon said:

"Gently, good friend, withhold your hand—he shall go peaceably; I am responsible for that. Lead on, we will follow."

The officer led, with the woman and her bundle; Miles and the king followed after, with the crowd at their heels. The king was inclined to rebel; but Hendon said to him in a low voice:

"Reflect, sire—your laws are the wholesome breath of your own royalty; shall their source resist them, yet require the branches to respect them? Apparently, one of these laws has been broken; when the king is on his throne again, can it ever grieve him to remember that when he was seemingly a private person he loyally sunk the king in the citizen and submitted to its authority?"

"Thou art right; say no more; thou shalt see that whatsoever the king of England requires a subject to suffer under the law, he will himself suffer while he holdeth the station of a subject."

When the woman was called upon to testify before the justice of the peace, she swore that the small prisoner at the bar was the person who had committed the theft; there was none able to show the contrary, so the king stood convicted. The bundle was now unrolled, and when the contents proved to be a plump little dressed pig, the judge looked troubled, while Hendon turned pale, and his body was thrilled with an electric shiver of dismay; but the king remained unmoved, protected by his ignorance. The judge meditated, during an ominous pause, then turned to the woman, with the question:

"What dost thou hold this property to be worth?"

The woman courtesied and replied:

"Three shillings and eightpence, your worship—I could not abate a penny and set forth the value honestly."

The justice glanced around uncomfortably upon the crowd, then nodded to the constable, and said:

"Clear the court and close the doors."

It was done. None remained but the two officials, the accused, the accuser, and Miles Hendon. This latter was rigid and colourless, and on his forehead big drops of cold sweat gathered, broke and blended together, and trickled down his face. The judge turned to the woman again, and said, in a compassionate voice:

"'Tis a poor ignorant lad, and mayhap was driven hard by hunger, for these be grievous times for the unfortunate; mark you, he hath not an evil face—but when hunger driveth—Good woman! dost know that when one steals a thing above the value of thirteen pence ha'penny the law saith he shall *hang* for it?"

The little king started, wide-eyed with consternation, but controlled himself and held his peace; but not so the woman. She sprang to her feet, shaking with fright, and cried out:

"Oh, good lack, what have I done! God-a-mercy, I would not hang the poor thing for the whole world! Ah, save me from this, your worship—what shall I do, what can I do?"

The justice maintained his judicial composure, and simply said:

"Doubtless it is allowable to revise the value, since it is not yet writ upon the record."

"Then in God's name call the pig eightpence, and heaven bless the day that freed my conscience of this awesome thing!"

Miles Hendon forgot all decorum in his delight; and surprised the king and wounded his dignity by throwing his arms around and hugging him. The woman made her grateful adieux and started away with her pig; and when the constable opened the door for her, he followed her out into the narrow hall. The justice proceeded to write in his record book. Hendon, always alert, thought he would like to know why the officer followed the woman out; so he slipped softly into the dusky hall and listened. He heard a conversation to this effect:

"It is a fat pig, and promises good eating; I will buy it of thee; here is the eightpence."

"Eightpence, indeed! Thou'lt do no such thing. It cost me three shillings and eightpence, good honest coin of the last reign, that old Harry that's just dead ne'er touched nor tampered with. A fig for thy eightpence!"

"Stands the wind in that quarter? Thou wast under oath, and so swore falsely when thou saidst the value was but eightpence. Come straightway back with me before his worship, and answer for the crime!—and then the lad will hang."

"There, there, dear heart, say no more, I am content. Give me the eightpence, and hold thy peace about the matter."

The woman went off crying; Hendon slipped back into the court-room, and the constable presently followed, after hiding his prize in some convenient place. The justice wrote awhile longer, then read the king a wise and kindly lecture, and sentenced him to a short imprisonment in the common jail, to be followed by a public flogging. The astounded king opened his mouth and was probably going to order the good judge to be beheaded on the spot; but he caught a warning sign from Hendon, and succeeded in closing his mouth again before he lost anything out of it. Hendon took him by the hand, now made reverence to the justice, and the two departed in the wake of the constable toward the jail. The moment the street was reached, the inflamed monarch halted, snatched away his hand, and exclaimed:

"Idiot, dost imagine I will enter a common jail *alive*?"

Hendon bent down and said, somewhat sharply:

"*Will* you trust in me? Peace! and forbear to worsen our chances with dangerous speech. What God wills, will happen; thou canst not hurry it, thou canst not alter it; therefore wait, and be patient—'twill be time enow to rail or rejoice when what is to happen has happened."

Chapter XXIV. The Escape

The short winter day was nearly ended. The streets were deserted, save for a few random stragglers, and these hurried straight along, with the intent look of people who were only anxious to accomplish their errands as quickly as possible and then snugly house themselves from the rising wind and the gathering twilight. They looked neither to the right nor to the left; they paid no attention to our party, they did not even seem to see them. Edward the Sixth wondered if the spectacle of a king on his way to jail had ever encountered such marvellous indifference before. By and by the constable arrived at a deserted market-square and proceeded to cross it. When he had reached the middle of it, Hendon laid his hand upon his arm, and said in a low voice:

"Bide a moment, good sir, there is none in hearing, and I would say a word to thee."

"My duty forbids it, sir; prithee, hinder me not, the night comes on."

"Stay, nevertheless, for the matter concerns thee nearly. Turn thy back a moment and seem not to see; *let this poor lad escape*."

"This to me, sir! I arrest thee in—"

"Nay, be not too hasty. See thou be careful and commit no foolish error"—then he shut his voice down to a whisper, and said in the man's ear—"the pig thou hast purchased for eightpence may cost thee thy neck, man!"

The poor constable, taken by surprise, was speechless at first, then found his tongue and fell to blustering and threatening; but Hendon was tranquil, and waited with patience till his breath was spent; then said:

"I have a liking to thee, friend, and would not willingly see thee come to harm. Observe, I heard it all—every word. I will prove it to thee." Then he repeated the conversation which the officer and the woman had had together in the hall, word for word, and ended with:

"There—have I set it forth correctly? Should not I be able to set it forth correctly before the judge, if occasion required?"

The man was dumb with fear and distress for a moment; then he rallied, and said with forced lightness:

"'Tis making a mighty matter indeed, out of a jest; I but plagued the woman for mine amusement."

"Kept you the woman's pig for amusement?"

The man answered sharply:

"Naught else, good sir—I tell thee 'twas but a jest."

"I do begin to believe thee," said Hendon, with a perplexing mixture of mockery and half-conviction in his tone; "but tarry thou here a moment whilst I run and ask his worship—for nathless, he being a man experienced in law, in jests, in—"

He was moving away, still talking; the constable hesitated, fidgeted, spat out an oath or two, then cried out:

"Hold, hold, good sir—prithee, wait a little—the judge! Why man, he hath no more sympathy with a jest than hath a dead corpse!—come, and we will speak further. Ods body! I seem to be in evil case—and all for an innocent and thoughtless pleasantry. I am a man of family; and my wife and little ones—List to reason, good your worship: what wouldst thou of me?"

"Only that thou be blind and dumb and paralytic whilst one may count a hundred thousand—counting slowly," said Hendon, with the expression of a man who asks but a reasonable favour, and that a very little one.

"It is my destruction!" said the constable despairingly. "Ah, be reasonable, good sir; only look at this matter, on all its sides, and see how mere a jest it is—how manifestly and how plainly it is so. And even if one granted it were not a jest, it is a fault so small that e'en the grimmest penalty it could call forth would be but a rebuke and warning from the judge's lips."

Hendon replied with a solemnity which chilled the air about him:

"This jest of thine hath a name in law—wot you what it is?"

"I knew it not! Peradventure I have been unwise. I never dreamed it had a name—ah, sweet heaven, I thought it was original."

"Yes, it hath a name. In the law this crime is called *Non compos mentis lex talionis sic transit gloria mundi*."

"Ah, my God!"

"And the penalty is death!"

"God be merciful to me, a sinner!"

"By advantage taken of one in fault, in dire peril, and at thy mercy, thou hast seized goods worth above thirteen pence ha'penny paying but a trifle for the same; and this, in the eye of the law, is constructive barratry, misprision of treason, malfeasance in office, *ad hominem expurgatis in statu quo*—and the penalty is death by the halter, without ransom, commutation, or benefit of clergy."

"Bear me up, bear me up, sweet sir, my legs do fail me! Be thou merciful—spare me this doom, and I will turn my back and see naught that shall happen."

"Good! now thou'rt wise and reasonable. And thou'lt restore the pig?"

"I will, I will; indeed—nor ever touch another, though heaven send it and an archangel fetch it. Go—I am blind for thy sake—I see nothing. I will say thou didst break in and wrest the prisoner from my hands by force. It is but a crazy, ancient door—I will batter it down myself betwixt midnight and the morning."

"Do it, good soul, no harm will come of it; the judge hath a loving charity for this poor lad, and will shed no tears and break no jailer's bones for his escape."

Chapter XXV. Hendon Hall

As soon as Hendon and the king were out of sight of the constable, his majesty was instructed to hurry to a certain place outside the town, and wait there, whilst Hendon should go to the inn and settle his account. Half an hour later the two friends were blithely jogging eastward on Hendon's sorry steeds. The king was warm and comfortable now, for he had cast his rags and clothed himself in the secondhand suit which Hendon had bought on London Bridge.

Hendon wished to guard against over-fatiguing the boy; he judged that hard journeys, irregular meals, and illiberal measures of sleep would be bad for his crazed mind; while rest, regularity, and moderate exercise would be pretty sure to hasten its cure; he longed to see the stricken intellect made well again and its diseased visions driven out of the tormented little head; therefore he resolved to move by easy stages toward the home whence he had so long been banished, instead of obeying the impulse of his impatience and hurrying along night and day.

When he and the king had journeyed about ten miles, they reached a considerable village, and halted there for the night, at a good inn. The former relations were resumed; Hendon stood behind the king's chair while he dined, and waited upon him; undressed him when he was ready for bed; then took the floor for his own quarters, and slept athwart the door, rolled up in a blanket.

The next day, and the next day after, they jogged lazily along talking over the adventures they had met since their separation, and mightily enjoying each other's narratives. Hendon detailed all his wide wanderings in search of the king, and described how the archangel had led him a fool's journey all over the forest, and taken him back to the hut finally, when he found he could not get rid of him. Then—he said—the old man went into the bedchamber and came staggering back looking broken-hearted, and saying he had expected to find that the boy had returned and laid down in there to rest, but it was not so. Hendon had waited at the hut all day; hope of the king's return died out then, and he departed upon the quest again.

"And old Sanctum Sanctorum *was* truly sorry your highness came not back," said Hendon; "I saw it in his face."

"Marry, I will never doubt *that*!" said the king—and then told his own story; after which Hendon was sorry he had not destroyed the archangel.

During the last day of the trip, Hendon's spirits were soaring. His tongue ran constantly. He talked about his old father, and his brother Arthur, and told of many things which illustrated their high and generous characters; he went into loving frenzies over his Edith, and was so glad-hearted that he was even able to say some gentle and brotherly things about Hugh. He dwelt a deal on the coming meeting at Hendon Hall; what a surprise it would be to everybody, and what an outburst of thanksgiving and delight there would be.

It was a fair region, dotted with cottages and orchards, and the road led through broad pasturelands whose receding expanses, marked with gentle elevations and depressions, suggested the swelling and subsiding undulations of the sea. In the afternoon the returning prodigal made constant deflections from his course to see if by ascending some hillock he might not pierce the distance and catch a glimpse of his home. At last he was successful, and cried out excitedly:

"There is the village, my prince, and there is the Hall close by! You may see the towers from here; and that wood there—that is my father's park. Ah, *now* thou'lt know what state and grandeur be! A house with seventy rooms—think of that!—and seven and twenty servants! A brave lodging for such as we, is it not so? Come, let us speed—my impatience will not brook further delay."

All possible hurry was made; still, it was after three o'clock before the village was reached. The travellers scampered through it, Hendon's tongue going all the time. "Here is the church—covered with the same ivy—none gone, none added." "Yonder is the inn, the old Red Lion—and yonder is the market-place." "Here is the Maypole, and here the pump—

nothing is altered; nothing but the people, at any rate; ten years make a change in people; some of these I seem to know, but none know me." So his chat ran on. The end of the village was soon reached; then the travellers struck into a crooked, narrow road, walled in with tall hedges, and hurried briskly along it for a half-mile, then passed into a vast flower garden through an imposing gateway, whose huge stone pillars bore sculptured armorial devices. A noble mansion was before them.

"Welcome to Hendon Hall, my king!" exclaimed Miles. "Ah, 'tis a great day! My father and my brother and the Lady Edith will be so mad with joy that they will have eyes and tongue for none but me in the first transports of the meeting, and so thou'lt seem but coldly welcomed—but mind it not; 'twill soon seem otherwise; for when I say thou art my ward, and tell them how costly is my love for thee, thou'lt see them take thee to their breasts for Miles Hendon's sake, and make their house and hearts thy home forever after!"

The next moment Hendon sprang to the ground before the great door, helped the king down, then took him by the hand and rushed within. A few steps brought him to a spacious apartment; he entered, seated the king with more hurry than ceremony, then ran toward a young man who sat at a writing-table in front of a generous fire of logs.

"Embrace me, Hugh," he cried, "and say thou'rt glad I am come again! and call our father, for home is not home till I shall touch his hand, and see his face, and hear his voice once more!"

But Hugh only drew back, after betraying a momentary surprise, and bent a grave stare upon the intruder—a stare which indicated somewhat of offended dignity at first, then changed, in response to some inward thought or purpose, to an expression of marvelling curiosity, mixed with a real or assumed compassion. Presently he said, in a mild voice:

"Thy wits seem touched, poor stranger; doubtless thou hast suffered privations and rude buffetings at the world's hands; thy looks and dress betoken it. Whom dost thou take me to be?"

"Take thee? Prithee, for whom else than whom thou art? I take thee to be Hugh Hendon," said Miles, sharply.

The other continued, in the same soft tone:

"And whom dost thou imagine thyself to be?"

"Imagination hath naught to do with it! Dost thou pretend thou knowest me not for thy brother Miles Hendon?"

An expression of pleased surprise flitted across Hugh's face, and he exclaimed:

"What! thou art not jesting? can the dead come to life? God be praised if it be so! Our poor lost boy restored to our arms after all these cruel years! Ah, it seems too good to be true, it *is* too good to be true—I charge thee, have pity, do not trifle with me! Quick—come to the light—let me scan thee well!"

He seized Miles by the arm, dragged him to the window, and began to devour him from head to foot with his eyes, turning him this way and that, and stepping briskly around him and about him to prove him from all points of view; whilst the returned prodigal, all aglow with gladness, smiled, laughed, and kept nodding his head and saying:

"Go on, brother, go on, and fear not; thou'lt find nor limb nor feature that cannot bide the test. Scour and scan me to thy content, my dear old Hugh—I am indeed thy old Miles, thy same old Miles, thy lost brother, is't not so? Ah, 'tis a great day—I *said* 'twas a great day! Give me thy hand, give me thy cheek—lord, I am like to die of very joy!"

He was about to throw himself upon his brother; but Hugh put up his hand in dissent, then dropped his chin mournfully upon his breast, saying with emotion:

"Ah, God of his mercy give me strength to bear this grievous disappointment!"

Miles, amazed, could not speak for a moment; then he found his tongue, and cried out:

"*What* disappointment? Am I not thy brother?"

Hugh shook his head sadly, and said:

"I pray heaven it may prove so, and that other eyes may find the resemblances that are hid from mine. Alack, I fear me the letter spoke but too truly."

"What letter?"

"One that came from oversea, some six or seven years ago. It said my brother died in battle."

"It was a lie! Call thy father—he will know me."

"One may not call the dead."

"Dead?" Miles's voice was subdued, and his lips trembled. "My father dead!—oh, this is heavy news. Half my new joy is withered now. Prithee let me see my brother Arthur—he will know me; he will know me and console me."

"He, also, is dead."

"God be merciful to me, a stricken man! Gone—both gone—the worthy taken and the worthless spared in me! Ah! I crave your mercy!—do not say the Lady Edith—"

"Is dead? No, she lives."

"Then, God be praised, my joy is whole again! Speed thee, brother—let her come to me! An' *she* say I am not myself—but she will not; no, no, *she* will know me, I were a fool to doubt it. Bring her—bring the old servants; they, too, will know me."

"All are gone but five—Peter, Halsey, David, Bernard, and Margaret."

So saying, Hugh left the room. Miles stood musing awhile, then began to walk the floor, muttering:

"The five arch villains have survived the two-and-twenty leal and honest—'tis an odd thing."

He continued walking back and forth, muttering to himself; he had forgotten the king entirely. By and by his majesty said gravely, and with a touch of genuine compassion, though the words themselves were capable of being interpreted ironically:

"Mind not thy mischance, good man; there be others in the world whose identity is denied, and whose claims are derided. Thou hast company."

"Ah, my king," cried Hendon, colouring slightly, "do not thou condemn me—wait, and thou shalt see. I am no impostor—she will say it; you shall hear it from the sweetest lips in England. I an impostor? Why I know this old hall, these pictures of my ancestors, and all these things that are about us, as a child knoweth its own nursery. Here was I born and bred, my lord; I speak the truth; I would not deceive thee; and should none else believe, I pray thee do not *thou* doubt me—I could not bear it."

"I do not doubt thee," said the king, with a childlike simplicity and faith.

"I thank thee out of my heart!" exclaimed Hendon, with a fervency which showed that he was touched. The king added, with the same gentle simplicity:

"Dost thou doubt *me*?"

A guilty confusion seized upon Hendon, and he was grateful that the door opened to admit Hugh, at that moment, and saved him the necessity of replying.

A beautiful lady, richly clothed, followed Hugh, and after her came several liveried servants. The lady walked slowly, with her head bowed and her eyes fixed upon the floor. The face was unspeakably sad. Miles Hendon sprang forward, crying out:

"Oh, my Edith, my darling—"

But Hugh waved him back, gravely, and said to the lady:

"Look upon him. Do you know him?"

At the sound of Miles's voice the woman had started slightly, and her cheeks had flushed; she was trembling now. She stood still, during an impressive pause of several moments; then slowly lifted up her head and looked into Hendon's eyes with a stony and frightened gaze; the blood sank out of her face, drop by drop, till nothing remained but the gray pallor of death; then she said, in a voice as dead as the face, "I know him not!" and turned, with a moan and a stifled sob, and tottered out of the room.

Miles Hendon sank into a chair and covered his face with his hands. After a pause, his brother said to the servants:

"You have observed him. Do you know him?"

They shook their heads; then the master said:

"The servants know you not, sir. I fear there is some mistake. You have seen that my wife knew you not."

"Thy *wife*!" In an instant Hugh was pinned to the wall, with an iron grip about his throat. "Oh, thou fox-hearted slave, I see it all! Thou'st writ the lying letter thyself, and my stolen bride and goods are its fruit. There—now get thee gone, lest I shame mine honourable soldiership with the slaying of so pitiful a mannikin!"

Hugh, red-faced and almost suffocated, reeled to the nearest chair, and commanded the servants to seize and bind the murderous stranger. They hesitated, and one of them said:

"He is armed, Sir Hugh, and we are weaponless."

"Armed? What of it, and ye so many? Upon him, I say!"

But Miles warned them to be careful what they did, and added:

"Ye know me of old—I have not changed; come on, an' it like you."

This reminder did not hearten the servants much; they still held back.

"Then go, ye paltry cowards, and arm yourselves and guard the doors, while I send one to fetch the watch," said Hugh. He turned, at the threshold, and said to Miles, "You'll find it to your advantage to offend not with useless endeavours at escape."

"Escape? Spare thyself discomfort, an' that is all that troubles thee. For Miles Hendon is master of Hendon Hall and all its belongings. He will remain—doubt it not."

Chapter XXVI. Disowned

The king sat musing a few moments, then looked up and said:

"'Tis strange—most strange. I cannot account for it."

"No, it is not strange, my liege. I know him, and this conduct is but natural. He was a rascal from his birth."

"Oh, I spake not of *him*, Sir Miles."

"Not of him? Then of what? What is it that is strange?"

"That the king is not missed."

"How? Which? I doubt I do not understand."

"Indeed! Doth it not strike you as being passing strange that the land is not filled with couriers and proclamations describing my person and making search for me? Is it no matter for commotion and distress that the head of the state is gone?—that I am vanished away and lost?"

"Most true, my king, I had forgot." Then Hendon sighed, and muttered to himself, "Poor ruined mind—still busy with its pathetic dream."

"But I have a plan that shall right us both. I will write a paper, in three tongues—Latin, Greek and English—and thou shalt haste away with it to London in the morning. Give it to none but my uncle, the Lord Hertford; when he shall see it, he will know and say I wrote it. Then he will send for me."

"Might it not be best, my prince, that we wait here until I prove myself and make my rights secure to my domains? I should be so much the better able then to—"

The king interrupted him imperiously:

"Peace! What are thy paltry domains, thy trivial interests, contrasted with matters which concern the weal of a nation and the integrity of the throne!" Then he added, in a gentle voice, as if he were sorry for his severity, "Obey and have no fear; I will right thee, I will make thee whole—yes, more than whole. I shall remember, and requite."

So saying, he took the pen, and set himself to work. Hendon contemplated him lovingly awhile, then said to himself:

"An' it were dark, I should think it *was* a king that spoke; there's no denying it, when the humour's upon him he doth thunder and lighten like your true king—now where got he that trick? See him scribble and scratch away contentedly at his meaningless pot-hooks, fancying them to be Latin and Greek—and except my wit shall serve me with a lucky device for diverting him from his purpose, I shall be forced to pretend to post away to-morrow on this wild errand he hath invented for me."

The next moment Sir Miles's thoughts had gone back to the recent episode. So absorbed was he in his musings, that when the king presently handed him the paper which he had been writing, he received it and pocketed it without being conscious of the act. "How marvellous strange she acted," he muttered. "I think she knew me—and I think she did *not* know me. These opinions do conflict, I perceive it plainly; I cannot reconcile them, neither can I, by argument, dismiss either of the two, or even persuade one to outweigh the other. The matter standeth simply thus: she *must* have known my face, my figure, my voice, for how could it be otherwise? Yet she *said* she knew me not, and that is proof perfect, for she cannot lie. But stop—I think I begin to see. Peradventure he hath influenced her—commanded her—compelled her to lie. That is the solution! The riddle is unriddled. She seemed dead with fear—yes, she was under his compulsion. I will seek her; I will find her; now that he is away, she will speak her true mind. She will remember the old times when we were little playfellows together, and this will soften her heart, and she will no more betray me, but will confess me. There is no treacherous blood in her—no, she was always honest and true. She has loved me in those old days—this is my security; for whom one has loved, one cannot betray."

He stepped eagerly toward the door; at that moment it opened, and the Lady Edith entered. She was very pale, but she walked with a firm step, and her carriage was full of grace and gentle dignity. Her face was as sad as before.

Miles sprang forward, with a happy confidence, to meet her, but she checked him with a hardly perceptible gesture, and he stopped where he was. She seated herself, and asked him to do likewise. Thus simply did she take the sense of old comradeship out of him, and transform him into a stranger and a guest. The surprise of it, the bewildering unexpectedness of it, made him begin to question, for a moment, if he *was* the person he was pretending to be, after all. The Lady Edith said:

"Sir, I have come to warn you. The mad cannot be persuaded out of their delusions, perchance; but doubtless they may be persuaded to avoid perils. I think this dream of yours hath the seeming of honest truth to you, and therefore is not criminal—but do not tarry here with it; for here it is dangerous." She looked steadily into Miles's face a moment, then added, impressively, "It is the more dangerous for that you *are* much like what our lost lad must have grown to be, if he had lived."

"Heavens, madam, but I *am* he!"

"I truly think you think it, sir. I question not your honesty in that—I but warn you, that is all. My husband is master in this region; his power hath hardly any limit; the people prosper or starve, as he wills. If you resembled not the man whom you profess to be, my husband might bid you pleasure yourself with your dream in peace; but trust me, I know him well, I know what he will do; he will say to all that you are but a mad impostor, and straightway all will echo him." She bent upon Miles that same steady look once more, and added: "If you *were* Miles Hendon, and he knew it and all the region knew it—consider what I am saying, weigh it well—you would stand in the same peril, your punishment would be no less sure; he would deny you and denounce you, and none would be bold enough to give you countenance."

"Most truly I believe it," said Miles, bitterly. "The power that can command one lifelong friend to betray and disown another, and be obeyed, may well look to be obeyed in quarters where bread and life are on the stake and no cobweb ties of loyalty and honour are concerned."

A faint tinge appeared for a moment in the lady's cheek, and she dropped her eyes to the floor; but her voice betrayed no emotion when she proceeded:

"I have warned you, I must still warn you, to go hence. This man will destroy you else. He is a tyrant who knows no pity. I, who am his fettered slave, know this. Poor Miles, and Arthur, and my dear guardian, Sir Richard, are free of him, and at rest—better that you were with them than that you bide here in the clutches of this miscreant. Your pretensions are a menace to his title and possessions; you have assaulted him in his own house—you are ruined if you stay. Go—do not hesitate. If you lack money, take this purse, I beg of you, and bribe the servants to let you pass. Oh, be warned, poor soul, and escape while you may."

Miles declined the purse with a gesture, and rose up and stood before her.

"Grant me one thing," he said. "Let your eyes rest upon mine, so that I may see if they be steady. There—now answer me. Am I Miles Hendon?"

"No. I know you not."

"Swear it!"

The answer was low, but distinct:

"I swear."

"Oh, this passes belief!"

"Fly! Why will you waste the precious time? Fly and save yourself."

At that moment the officers burst into the room and a violent struggle began; but Hendon was soon overpowered and dragged away. The king was taken also, and both were bound and led to prison.

Chapter XXVII. In Prison

The cells were all crowded; so the two friends were chained in a large room where persons charged with trifling offences were commonly kept. They had company, for there were some twenty manacled or fettered prisoners here, of both sexes and of varying ages—an obscene and noisy gang. The king chafed bitterly over the stupendous indignity thus put upon his royalty, but Hendon was moody and taciturn. He was pretty thoroughly bewildered. He had come home, a jubilant prodigal, expecting to find everybody wild with joy over his return; and instead had got the cold shoulder and a jail. The promise and the fulfilment differed so widely, that the effect was stunning; he could not decide whether it was most tragic or most grotesque. He felt much as a man might who had danced blithely out to enjoy a rainbow, and got struck by lightning.

But gradually his confused and tormenting thoughts settled down into some sort of order, and then his mind centred itself upon Edith. He turned her conduct over, and examined it in all lights, but he could not make anything satisfactory out of it. Did she know him?—or didn't she know him? It was a perplexing puzzle, and occupied him a long time; but he ended, finally, with the conviction that she did know him, and had repudiated him for interested reasons. He wanted to load her name with curses now; but this name had so long been sacred to him that he found he could not bring his tongue to profane it.

Wrapped in prison blankets of a soiled and tattered condition, Hendon and the king passed a troubled night. For a bribe the jailer had furnished liquor to some of the prisoners; singing ribald songs, fighting, shouting, and carousing, was the natural consequence. At last, awhile after midnight, a man attacked a woman and nearly killed her by beating her over the head with his manacles before the jailer could come to the rescue. The jailer restored peace by giving the man a sound clubbing about the head and shoulders—then the carousing ceased; and after that, all had an opportunity to sleep who did not mind the annoyance of the moanings and groanings of the two wounded people.

During the ensuing week, the days and nights were of a monotonous sameness, as to events; men whose faces Hendon remembered more or less distinctly, came, by day, to gaze at the "impostor" and repudiate and insult him; and by night the carousing and brawling went on, with symmetrical regularity. However, there was a change of incident at last. The jailer brought in an old man, and said to him:

"The villain is in this room—cast thy old eyes about and see if thou canst say which is he."

Hendon glanced up, and experienced a pleasant sensation for the first time since he had been in the jail. He said to himself, "This is Blake Andrews, a servant all his life in my father's family—a good honest soul, with a right heart in his breast. That is, formerly. But none are true now; all are liars. This man will know me—and will deny me, too, like the rest."

The old man gazed around the room, glanced at each face in turn, and finally said:

"I see none here but paltry knaves, scum o' the streets. Which is he?"

The jailer laughed.

"Here," he said; "scan this big animal, and grant me an opinion."

The old man approached, and looked Hendon over, long and earnestly, then shook his head and said:

"Marry, *this* is no Hendon—nor ever was!"

"Right! Thy old eyes are sound yet. An' I were Sir Hugh, I would take the shabby carle and—"

The jailer finished by lifting himself a-tiptoe with an imaginary halter, at the same time making a gurgling noise in his throat suggestive of suffocation. The old man said, vindictively:

"Let him bless God an' he fare no worse. An' *I* had the handling o' the villain, he should roast, or I am no true man!"

The jailer laughed, a pleasant hyena laugh, and said:

"Give him a piece of thy mind, old man—they all do it. Thou'lt find it good diversion."

Then he sauntered toward his anteroom and disappeared. The old man dropped upon his knees and whispered:

"God be thanked, thou'rt come again, my master! I believed thou wert dead these seven years, and lo, here thou art alive! I knew thee the moment I saw thee; and main hard work it was to keep a stony countenance and seem to see none here but tuppenny knaves and rubbish o' the streets. I am old and poor, Sir Miles; but say the word and I will go forth and proclaim the truth though I be strangled for it."

"No," said Hendon, "thou shalt not. It would ruin thee, and yet help but little in my cause. But I thank thee; for thou hast given me back somewhat of my lost faith in my kind."

The old servant became very valuable to Hendon and the king; for he dropped in several times a day to "abuse" the former, and always smuggled in a few delicacies to help out the prison bill of fare; he also furnished the current news. Hendon reserved the dainties for the king; without them his majesty might not have survived, for he was not able to eat the coarse and wretched food provided by the jailer. Andrews was obliged to confine himself to brief visits, in order to avoid suspicion; but he managed to impart a fair degree of information each time—information delivered in a low voice, for Hendon's benefit, and interlarded with insulting epithets delivered in a louder voice, for the benefit of other hearers.

So, little by little, the story of the family came out. Arthur had been dead six years. This loss, with the absence of news from Hendon, impaired the father's health; he believed he was going to die, and he wished to see Hugh and Edith settled in life before he passed away; but Edith begged hard for delay, hoping for Miles's return; then the letter came which brought the news of Miles's death; the shock prostrated Sir Richard; he believed his end was very near, and he and Hugh insisted upon the marriage; Edith begged for and obtained a month's respite; then another, and finally a third; the marriage then took place, by the death-bed of Sir Richard. It had not proved a happy one. It was whispered about the country that shortly after the nuptials the bride found among her husband's papers several rough and incomplete drafts of the fatal letter, and accused him of precipitating the marriage—and Sir Richard's death, too—by a wicked forgery. Tales of cruelty to the Lady Edith and the servants were to be heard on all hands; and since the father's death Sir Hugh had thrown off all soft disguises and become a pitiless master toward all who in any way depended upon him and his domains for bread.

There was a bit of Andrew's gossip which the king listened to with a lively interest:

"There is rumour that the king is mad. But in charity forbear to say *I* mentioned it, for 'tis death to speak of it, they say."

His majesty glared at the old man and said:

"The king is *not* mad, good man—and thou'lt find it to thy advantage to busy thyself with matters that nearer concern thee than this seditious prattle."

"What doth the lad mean?" said Andrews, surprised at this brisk assault from such an unexpected quarter. Hendon gave him a sign, and he did not pursue his question, but went on with his budget:

"The late king is to be buried at windsor in a day or two—the 16th of the month—and the new king will be crowned at Westminster the 20th."

"Methinks they must needs find him first," muttered his majesty; then added, confidently, "but they will look to that—and so also shall I."

"In the name of—"

But the old man got no further—a warning sign from Hendon checked his remark. He resumed the thread of his gossip.

"Sir Hugh goeth to the coronation—and with grand hopes. He confidently looketh to come back a peer, for he is high in favour with the Lord Protector."

"What Lord Protector?" asked his majesty.

"His grace the Duke of Somerset."

"What Duke of Somerset?"

"Marry, there is but one—Seymour, Earl of Hertford."

The king asked, sharply:

"Since when is *he* a duke, and Lord Protector?"

"Since the last day of January."

"And, prithee, who made him so?"

"Himself and the Great Council—with help of the king."

His majesty started violently. "The king!" he cried. "*What* king, good sir?"

"What king, indeed! God-a-mercy, what aileth the boy? Sith we have but one, 'tis not difficult to answer—his most sacred majesty King Edward the Sixth—whom God preserve! Yea, and a dear and gracious little urchin is he, too; and whether he be mad or no—and they say he mendeth daily—his praises are on all men's lips; and all bless him likewise, and offer prayers that he may be spared to reign long in England; for he began humanely with saving the old Duke of Norfolk's life, and now is he bent on destroying the cruellest of the laws that harry and oppress the people."

This news struck his majesty dumb with amazement, and plunged him into so deep and dismal a reverie that he heard no more of the old man's gossip. He wondered if the "little urchin" was the beggar-boy whom he left dressed in his own garments in the palace. It did not seem possible that this could be, for surely his manners and speech would betray him if he pretended to be the Prince of Wales—then he would be driven out, and search made for the true prince. Could it be that the court had set up some sprig of the nobility in his place? No, for his uncle would not allow that—he was all-powerful and could and would crush such a movement, of course. The boy's musings profited him nothing; the more he tried to unriddle the mystery the more perplexed he became, the more his head ached, and the worse he slept. His impatience to get to London grew hourly, and his captivity became almost unendurable.

Hendon's arts all failed with the king—he could not be comforted, but a couple of women who were chained near him succeeded better. Under their gentle ministrations he found peace and learned a degree of patience. He was very grateful, and came to love them dearly and to delight in the sweet and soothing influence of their presence. He asked them why they were in prison, and when they said they were Baptists, he smiled, and inquired:

"Is that a crime to be shut up for in a prison? Now I grieve, for I shall lose ye—they will not keep ye long for such a little thing."

They did not answer; and something in their faces made him uneasy. He said, eagerly:

"You do not speak—be good to me, and tell me—there will be no other punishment? Prithee, tell me there is no fear of that."

They tried to change the topic, but his fears were aroused, and he pursued it:

"Will they scourge thee? No, no, they would not be so cruel! Say they would not. Come, they *will* not, will they?"

The women betrayed confusion and distress, but there was no avoiding an answer, so one of them said, in a voice choked with emotion:

"Oh, thou'lt break our hearts, thou gentle spirit! God will help us to bear our—"

"It is a confession!" the king broke in. "Then they *will* scourge thee, the stony-hearted wretches! But oh, thou must not weep, I cannot bear it. Keep up thy courage—I shall come to my own in time to save thee from this bitter thing, and I will do it!"

When the king awoke in the morning, the women were gone.

"They are saved!" he said, joyfully; then added, despondently, "but woe is me!—for they were my comforters."

Each of them had left a shred of ribbon pinned to his clothing, in token of remembrance. He said he would keep these things always; and that soon he would seek out these dear good friends of his and take them under his protection.

Just then the jailer came in with some subordinates and commanded that the prisoners be conducted to the jail-yard. The king was overjoyed—it would be a blessed thing to see the blue sky and breathe the fresh air once more. He fretted and chafed at the slowness of the officers, but his turn came at last and he was released from his staple and ordered to follow the other prisoners, with Hendon.

The court, or quadrangle, was stone-paved, and open to the sky. The prisoners entered it through a massive archway of masonry, and were placed in file, standing, with their backs against the wall. A rope was stretched in front of them, and they were also guarded by their officers. It was a chill and lowering morning, and a light snow which had fallen during the night whitened the great empty space and added to the general dismalness of its aspect. Now and then a wintry wind shivered through the place and sent the snow eddying hither and thither.

In the centre of the court stood two women, chained to posts. A glance showed the king that these were his good friends. He shuddered, and said to himself, "Alack, they are not gone free, as I had thought. To think that such as these should know the lash!—in England! Ay, there's the shame of it—not in Heathennesse, but Christian England! They will be scourged; and I, whom they have comforted and kindly entreated, must look on and see the great wrong done; it is strange, so strange! that I, the very source of power in this broad realm, am helpless to protect them. But let these miscreants look well to themselves, for there is a day coming when I will require of them a heavy reckoning for this work. For every blow they strike now they shall feel a hundred then."

A great gate swung open and a crowd of citizens poured in. They flocked around the two women, and hid them from the king's view. A clergyman entered and passed through the crowd, and he also was hidden. The king now heard talking, back and forth, as if questions were being asked and answered, but he could not make out what was said. Next there was a deal of bustle and preparation, and much passing and repassing of officials through that part of the crowd that stood on the further side of the women; and whilst this proceeded a deep hush gradually fell upon the people.

Now, by command, the masses parted and fell aside, and the king saw a spectacle that froze the marrow in his bones. Fagots had been piled about the two women, and a kneeling man was lighting them!

The women bowed their heads, and covered their faces with their hands; the yellow flames began to climb upward among the snapping and crackling fagots, and wreaths of blue smoke to stream away on the wind; the clergyman lifted his hands and began a prayer—just then two young girls came flying through the gate, uttering piercing screams, and threw themselves upon the women at the stake. Instantly they were torn away by the officers, and one of them was kept in a tight grip, but the other broke loose, saying she would die with her mother; and before she could be stopped she had flung her arms about her mother's neck again. She was torn away once more, and with her gown on fire. Two or three men held her, and the burning portion of her gown was snatched off and thrown flaming aside, she struggling all the while to free herself, and saying she would be alone in the world now, and begging to be allowed to die with her mother. Both the girls screamed continually, and fought for freedom; but suddenly this tumult was drowned under a volley of heart-piercing shrieks of mortal agony. The king glanced from the frantic girls to the stake, then turned away and leaned his ashen face against the wall, and looked no more. He said, "That which I have seen, in that one little moment, will never go out from my memory, but will abide there; and I shall see it all the days, and dream of it all the nights, till I die. Would God I had been blind!"

Hendon was watching the king. He said to himself, with satisfaction, "His disorder mendeth; he hath changed, and groweth gentler. If he had followed his wont, he would have stormed at these varlets, and said he was king, and commanded that the women be turned loose unscathed. Soon his delusion will pass away and be forgotten, and his poor mind will be whole again. God speed the day!"

That same day several prisoners were brought in to remain overnight, who were being conveyed, under guard, to various places in the kingdom, to undergo punishment for crimes committed. The king conversed with these—he had made it a point, from the beginning, to instruct himself for the kingly office by questioning prisoners whenever the opportunity offered—and the tale of their woes wrung his heart. One of them was a poor half-witted woman who had stolen a yard or two of cloth from a weaver—she was to be hanged for it. Another was a man who had been accused of stealing a horse; he said the proof had failed, and he had imagined that he was safe from the halter; but no—he was hardly free before he was arraigned for killing a deer in the king's park; this was proved against him, and now he was on his way to the gallows. There was a tradesman's apprentice whose case particularly distressed the king; this youth said he found a hawk one evening that had escaped from its owner, and he took it home with him, imagining himself entitled to it; but the court convicted him of stealing it, and sentenced him to death.

The king was furious over these inhumanities, and wanted Hendon to break jail and fly with him to Westminster, so that he could mount his throne and hold out his sceptre in mercy over these unfortunate people and save their lives. "Poor child," sighed Hendon, "these woeful tales have brought his malady upon him again; alack, but for this evil hap, he would have been well in a little time."

Among these prisoners was an old lawyer—a man with a strong face and a dauntless mien. Three years past, he had written a pamphlet against the Lord Chancellor, accusing him of injustice, and had been punished for it by the loss of his ears in the pillory and degradation from the bar, and in addition had been fined 3,000 pounds and sentenced to imprisonment for life. Lately he had repeated his offence; and in consequence was now under sentence to lose *what remained of his ears*, to pay a fine of 5,000 pounds, be branded on both cheeks, and remain in prison for life.

"These be honourable scars," he said, and turned back his gray hair and showed the mutilated stubs of what had once been his ears.

The king's eye burned with passion. He said:

"None believe in me—neither wilt thou. But no matter—within the compass of a month thou shalt be free; and more, the laws that have dishonoured thee, and shamed the English name, shall be swept from the statute books. The world is made wrong, kings should go to school to their own laws at times, and so learn mercy."

Chapter XXVIII. The Sacrifice

Meantime Miles was growing sufficiently tired of confinement and inaction. But now his trial came on, to his great gratification, and he thought he could welcome any sentence provided a further imprisonment should not be a part of it. But he was mistaken about that. He was in a fine fury when he found himself described as a "sturdy vagabond" and sentenced to sit two hours in the pillory for bearing that character and for assaulting the master of Hendon Hall. His pretensions as to brothership with his prosecutor, and rightful heirship to the Hendon honours and estates, were left contemptuously unnoticed, as being not even worth examination.

He raged and threatened on his way to punishment, but it did no good, he was snatched roughly along by the officers, and got an occasional cuff, besides, for his unreverent conduct.

The king could not pierce through the rabble that swarmed behind; so he was obliged to follow in the rear, remote from his good friend and servant. The king had been nearly condemned to the stocks himself for being in such bad company, but had been let off with a lecture and a warning, in consideration of his youth. When the crowd at last halted, he flitted feverishly from point to point around its outer rim, hunting a place to get through; and at last, after a deal of difficulty and delay, succeeded. There sat his poor henchman in the degrading stocks, the sport and butt of a dirty mob—he, the body servant of the king of England! Edward had heard the sentence pronounced, but he had not realised the half that it meant. His anger began to rise as the sense of this new indignity which had been put upon him sank home; it jumped to summer heat the next moment, when he saw an egg sail through the air and crush itself against Hendon's cheek, and heard the crowd roar its enjoyment of the episode. He sprang across the open circle and confronted the officer in charge, crying:

"For shame! This is my servant—set him free! I am the—"

"Oh, peace!" exclaimed Hendon, in a panic, "thou'lt destroy thyself. Mind him not, officer, he is mad."

"Give thyself no trouble as to the matter of minding him, good man, I have small mind to mind him; but as to teaching him somewhat, to that I am well inclined." He turned to a subordinate and said, "Give the little fool a taste or two of the lash, to mend his manners."

"Half a dozen will better serve his turn," suggested Sir Hugh, who had ridden up a moment before to take a passing glance at the proceedings.

The king was seized. He did not even struggle, so paralysed was he with the mere thought of the monstrous outrage that was proposed to be inflicted upon his sacred person. History was already defiled with the record of the scourging of an English king with whips—it was an intolerable reflection that he must furnish a duplicate of that shameful page. He was in the toils, there was no help for him; he must either take this punishment or beg for its remission. Hard conditions; he would take the stripes—a king might do that, but a king could not beg.

But meantime, Miles Hendon was resolving the difficulty. "Let the child go," said he; "ye heartless dogs, do ye not see how young and frail he is? Let him go—I will take his lashes."

"Marry, a good thought—and thanks for it," said Sir Hugh, his face lighting with a sardonic satisfaction. "Let the little beggar go, and give this fellow a dozen in his place—an honest dozen, well laid on." The king was in the act of entering a fierce protest, but Sir Hugh silenced him with the potent remark, "Yes, speak up, do, and free thy mind—only, mark ye, that for each word you utter he shall get six strokes the more."

Hendon was removed from the stocks, and his back laid bare; and while the lash was applied the poor little king turned away his face and allowed unroyal tears to channel his cheeks unchecked. "Ah, brave good heart," he said to himself, "this loyal deed shall never perish out of my memory. I will not forget it—and neither shall *they*!" he added, with passion. While he mused, his appreciation of Hendon's magnanimous conduct grew to greater and still greater dimensions in his mind, and so also did his gratefulness for it. Presently he said to himself, "Who saves his prince from wounds and possible death—and this he did for me—performs high service; but it is little—it is nothing—oh, less than nothing!—when 'tis weighed against the act of him who saves his prince from SHAME!"

Hendon made no outcry under the scourge, but bore the heavy blows with soldierly fortitude. This, together with his redeeming the boy by taking his stripes for him, compelled the respect of even that forlorn and degraded mob that was gathered there; and its gibes and hootings died away, and no sound remained but the sound of the falling blows. The stillness that pervaded the place when Hendon found himself once more in the stocks was in strong contrast with the insulting clamour which had prevailed there so little a while before. The king came softly to Hendon's side, and whispered in his ear:

"Kings cannot ennoble thee, thou good, great soul, for One who is higher than kings hath done that for thee; but a king can confirm thy nobility to men." He picked up the scourge from the ground, touched Hendon's bleeding shoulders lightly with it, and whispered, "Edward of England dubs thee earl!"

Hendon was touched. The water welled to his eyes, yet at the same time the grisly humour of the situation and circumstances so undermined his gravity that it was all he could do to keep some sign of his inward mirth from showing outside. To be suddenly hoisted, naked and gory, from the common stocks to the Alpine altitude and splendour of an earldom, seemed to him the last possibility in the line of the grotesque. He said to himself, "Now am I finely tinselled, indeed! The spectre-knight of the Kingdom of Dreams and Shadows is become a spectre-earl!—a dizzy flight for a callow wing! An' this go on, I shall presently be hung like a very Maypole with fantastic gauds and make-believe honours. But I shall value them, all valueless as they are, for the love that doth bestow them. Better these poor mock dignities of mine, that come unasked from a clean hand and a right spirit, than real ones bought by servility from grudging and interested power."

The dreaded Sir Hugh wheeled his horse about, and as he spurred away, the living wall divided silently to let him pass, and as silently closed together again. And so remained; nobody went so far as to venture a remark in favour of the prisoner, or in compliment to him; but no matter, the absence of abuse was a sufficient homage in itself. A late comer who was not posted as to the present circumstances, and who delivered a sneer at the "impostor" and was in the act of following it with a dead cat, was promptly knocked down and kicked out, without any words, and then the deep quiet resumed sway once more.

Chapter XXIX. To London

When Hendon's term of service in the stocks was finished, he was released and ordered to quit the region and come back no more. His sword was restored to him and also his mule and his donkey. He mounted and rode off, followed by the king, the crowd opening with quiet respectfulness to let them pass, and then dispersing when they were gone.

Hendon was soon absorbed in thought. There were questions of high import to be answered. What should he do? Whither should he go? Powerful help must be found somewhere, or he must relinquish his inheritance and remain under the imputation of being an impostor besides. Where could he hope to find this powerful help? Where, indeed! It was a knotty question. By and by a thought occurred to him which pointed to a possibility—the slenderest of slender possibilities, certainly, but still worth considering, for lack of any other that promised anything at all. He remembered what old Andrews had said about the young king's goodness and his generous championship of the wronged and unfortunate. Why not go and try to get speech of him and beg for justice? Ah, yes, but could so fantastic a pauper get admission to the august presence of a monarch? Never mind—let that matter take care of itself; it was a bridge that would not need to be crossed till he should come to it. He was an old campaigner, and used to inventing shifts and expedients; no doubt he would be able to find a way. Yes, he would strike for the capital. Maybe his father's old friend, Sir Humphrey Marlow, would help him— "good old Sir Humphrey, Head Lieutenant of the late king's kitchen, or stables, or something"—Miles could not remember just what or which. Now that he had something to turn his energies to, a distinctly defined object to accomplish, the fog of humiliation and depression which had settled down upon his spirits lifted and blew away, and he raised his head and looked about him. He was surprised to see how far he had come; the village was away behind him. The king was jogging along in his wake, with his head bowed; for he, too, was deep in his plans and thinkings. A sorrowful misgiving clouded Hendon's newborn cheerfulness; would the boy be willing to go again to a city where, during all his brief life, he had never known anything but ill usage and pinching want? But the question must be asked; it could not be avoided; so Hendon reined up, and called out:

"I had forgotten to inquire whither we are bound. Thy commands, my liege?"

"To London!"

Hendon moved on again, mightily contented with the answer—but astonished at it, too.

The whole journey was made without an adventure of importance. But it ended with one. About ten o'clock on the night of the 19th of February, they stepped upon London Bridge, in the midst of a writhing, struggling jam of howling and hurrahing people, whose beer-jolly faces stood out strongly in the glare from manifold torches—and at that instant the decaying head of some former duke or other grandee tumbled down between them, striking Hendon on the elbow and then bounding off among the hurrying confusion of feet. So evanescent and unstable are men's works in this world!—the late good king is but three weeks dead and three days in his grave, and already the adornments which he took such pains to select from prominent people for his noble bridge are falling. A citizen stumbled over that head, and drove his own head into the back of somebody in front of him, who turned and knocked down the first person that came handy, and was promptly laid out himself by that person's friend. It was the right ripe time for a free fight, for the festivities of the morrow—Coronation Day—were already beginning; everybody was full of strong drink and patriotism; within five minutes the free fight was occupying a good deal of ground; within ten or twelve it covered an acre of so, and was become a riot. By this time Hendon and the king were hopelessly separated from each other and lost in the rush and turmoil of the roaring masses of humanity. And so we leave them.

Chapter XXX. Tom's Progress

Whilst the true king wandered about the land, poorly clad, poorly fed, cuffed and derided by tramps one while, herding with thieves and murderers in a jail another, and called idiot and impostor by all impartially, the mock King Tom Canty enjoyed a quite different experience.

When we saw him last, royalty was just beginning to have a bright side for him. This bright side went on brightening more and more every day; in a very little while it was become almost all sunshine and delightfulness. He lost his fears; his misgivings faded out and died; his embarrassments departed, and gave place to an easy and confident bearing. He worked the whipping-boy mine to ever-increasing profit.

He ordered my Lady Elizabeth and my Lady Jane Grey into his presence when he wanted to play or talk, and dismissed them when he was done with them, with the air of one familiarly accustomed to such performances. It no longer confused him to have these lofty personages kiss his hand at parting.

He came to enjoy being conducted to bed in state at night, and dressed with intricate and solemn ceremony in the morning. It came to be a proud pleasure to march to dinner attended by a glittering procession of officers of state and gentlemen-at-arms; insomuch, indeed, that he doubled his guard of gentlemen-at-arms, and made them a hundred. He liked to hear the bugles sounding down the long corridors, and the distant voices responding, "Way for the King!"

He even learned to enjoy sitting in throned state in council, and seeming to be something more than the Lord Protector's mouthpiece. He liked to receive great ambassadors and their gorgeous trains, and listen to the affectionate messages they brought from illustrious monarchs who called him "brother." Oh, happy Tom Canty, late of Offal Court!

He enjoyed his splendid clothes, and ordered more; he found his four hundred servants too few for his proper grandeur, and trebled them.

The adulation of salaaming courtiers came to be sweet music to his ears. He remained kind and gentle, and a sturdy and determined champion of all that were oppressed, and he made tireless war upon unjust laws; yet upon occasion, being offended, he could turn upon an earl, or even a duke, and give him a look that would make him tremble. Once, when his royal "sister," the grimly holy Lady Mary, set herself to reason with him against the wisdom of his course in pardoning so many people who would otherwise be jailed, or hanged, or burned, and reminded him that their august late father's prisons had sometimes contained as high as sixty thousand convicts at one time, and that during his admirable reign he had delivered seventy-two thousand thieves and robbers over to death by the executioner,* the boy was filled with generous indignation, and commanded her to go to her closet, and beseech God to take away the stone that was in her breast, and give her a human heart.

Did Tom Canty never feel troubled about the poor little rightful prince who had treated him so kindly, and flown out with such hot zeal to avenge him upon the insolent sentinel at the palace gate? Yes; his first royal days and nights were pretty well sprinkled with painful thoughts about the lost prince, and with sincere longings for his return and happy restoration to his native rights and splendours. But as time wore on, and the prince did not come, Tom's mind became more and more occupied with his new and enchanting experiences, and by little and little the vanished monarch faded almost out of his thoughts; and finally, when he did intrude upon them at intervals, he was become an unwelcome specter, for he made Tom feel guilty and ashamed.

Tom's poor mother and sisters travelled the same road out of his mind. At first he pined for them, sorrowed for them, longed to see them; but later, the thought of their coming some day in their rags and dirt, and betraying him with their kisses, and pulling him down from his lofty place, and dragging him back to penury and degradation and the slums, made him shudder. At last they ceased to trouble his thoughts almost wholly. And he was content, even glad; for, whenever their mournful

* Hume's *England*.

and accusing faces did rise before him now, they made him feel more despicable than the worms that crawl.

At midnight of the 19th of February, Tom Canty was sinking to sleep in his rich bed in the palace, guarded by his loyal vassals, and surrounded by the pomps of royalty, a happy boy; for tomorrow was the day appointed for his solemn crowning as king of England. At that same hour, Edward, the true king, hungry and thirsty, soiled and draggled, worn with travel, and clothed in rags and shreds—his share of the results of the riot—was wedged in among a crowd of people who were watching with deep interest certain hurrying gangs of workmen who streamed in and out of Westminster Abbey, busy as ants; they were making the last preparation for the royal coronation.

Chapter XXXI. The Recognition Procession

When Tom Canty awoke the next morning, the air was heavy with a thunderous murmur; all the distances were charged with it. It was music to him; for it meant that the English world was out in its strength to give loyal welcome to the great day.

Presently Tom found himself once more the chief figure in a wonderful floating pageant on the Thames; for by ancient custom the "recognition procession" through London must start from the Tower, and he was bound thither.

When he arrived there, the sides of the venerable fortress seemed suddenly rent in a thousand places, and from every rent leaped a red tongue of flame and a white gush of smoke; a deafening explosion followed, which drowned the shoutings of the multitude, and made the ground tremble; the flame-jets, the smoke, and the explosions were repeated over and over again with marvellous celerity, so that in a few moments the old Tower disappeared in the vast fog of its own smoke, all but the very top of the tall pile called the White Tower; this, with its banners, stood out above the dense bank of vapour as a mountain peak projects above a cloud-rack.

Tom Canty, splendidly arrayed, mounted a prancing war-steed, whose rich trappings almost reached to the ground; his "uncle", the Lord Protector Somerset, similarly mounted, took place in his rear; the King's Guard formed in single ranks on either side, clad in burnished armour; after the Protector followed a seemingly interminable procession of resplendent nobles attended by their vassals; after these came the lord mayor and the aldermanic body, in crimson velvet robes, and with their gold chains across their breasts; and after these the officers and members of all the guilds of London, in rich raiment, and bearing the showy banners of the several corporations. Also in the procession, as a special guard of honour through the city, was the Ancient and Honourable

Artillery Company—an organisation already three hundred years old at that time, and the only military body in England possessing the privilege (which it still possesses in our day) of holding itself independent of the commands of Parliament. It was a brilliant spectacle, and was hailed with acclamations all along the line, as it took its stately way through the packed multitudes of citizens. The chronicler says, "The king, as he entered the city, was received by the people with prayers, welcomings, cries, and tender words, and all signs which argue an earnest love of subjects toward their sovereign; and the king, by holding up his glad countenance to such as stood afar off, and most tender language to those that stood nigh his Grace, showed himself no less thankful to receive the people's good will than they to offer it. To all that wished him well, he gave thanks. To such as bade 'God save his Grace,' he said in return, 'God save you all!' and added that 'he thanked them with all his heart.' Wonderfully transported were the people with the loving answers and gestures of their king."

In Fenchurch Street a "fair child, in costly apparel," stood on a stage to welcome his majesty to the city. The last verse of his greeting was in these words:

Welcome, O King! as much as hearts can think;
Welcome again, as much as tongue can tell—
Welcome to joyous tongues, and hearts that will not shrink;
God thee preserve, we pray, and wish thee ever well.

The people burst forth in a glad shout, repeating with one voice what the child had said. Tom Canty gazed abroad over the surging sea of eager faces, and his heart swelled with exultation; and he felt that the one thing worth living for in this world was to be a king, and a nation's idol. Presently he caught sight, at a distance, of a couple of his ragged Offal Court comrades—one of them the lord high admiral in his late mimic court, the other the first lord of the bedchamber in the same pretentious fiction; and his pride swelled higher than ever. Oh, if they could only recognise him now! What unspeakable glory it would be, if they could recognise him, and realise that the derided mock king of the slums and back alleys was become a real king, with illustrious dukes and princes for his humble menials, and the English world at his feet! But he had to deny himself, and choke down his desire, for such a recognition might cost more than it would come to; so he turned away his head, and left the two soiled lads to go on with their shoutings and glad adulations, unsuspicious of whom it was they were lavishing them upon.

Every now and then rose the cry, "A largess! a largess!" and Tom responded by scattering a handful of bright new coins abroad for the multitude to scramble for.

The chronicler says, "At the upper end of Grace-church Street, before the sign of the Eagle, the city had erected a gorgeous arch, beneath which was a stage, which stretched from one side of the street to the other. This was a historical pageant, representing the king's immediate progenitors. There sat Elizabeth of York in the midst of an immense white rose, whose petals formed elaborate furbelows around her; by her side was Henry VII, issuing out of a vast red rose, disposed in the same manner; the hands of the royal pair were locked together, and the wedding-ring ostentatiously displayed. From the red and white roses proceeded a stem, which reached up to a second stage, occupied by Henry VIII, issuing from a red and-white rose, with the effigy of the new king's mother, Jane Seymour, represented by his side. One branch sprang from this pair, which mounted to a third stage, where sat the effigy of Edward VI himself, enthroned in royal majesty; and the whole pageant was framed with wreaths of roses, red and white."

This quaint and gaudy spectacle so wrought upon the rejoicing people, that their acclamations utterly smothered the small voice of the child whose business it was to explain the thing in eulogistic rhymes. But Tom Canty was not sorry; for this loyal uproar was sweeter music to him than any poetry, no matter what its quality might be. Whithersoever Tom turned his happy young face, the people recognised the exactness of his effigy's likeness to himself, the flesh-and-blood counterpart; and new whirlwinds of applause burst forth.

The great pageant moved on, and still on, under one triumphal arch after another, and past a bewildering succession of spectacular and symbolical tableaux, each of which typified and exalted some virtue, or talent, or merit, of the little king's. "Throughout the whole of Cheapside, from every penthouse and window, hung banners and streamers; and the richest carpets, stuffs, and cloth-of-gold tapestried the streets—specimens of the great wealth of the stores within; and the splendour of this thoroughfare was equalled in the other streets, and in some even surpassed."

"And all these wonders and these marvels are to welcome me—me!" murmured Tom Canty.

The mock king's cheeks were flushed with excitement, his eyes were flashing, his senses swam in a delirium of pleasure. At this point, just as he was raising his hand to fling another rich largess, he caught sight of a pale, astounded face which was strained forward out of the second rank of the crowd, its intense eyes riveted upon him. A sickening consternation struck through him; he recognised his mother! and up flew his hand, palm outward, before his eyes—that old involuntary gesture, born of a forgotten episode, and perpetuated by habit. In an instant more she had torn her way out of the press, and past the guards, and was at his side. She embraced his leg, she covered it with kisses, she cried, "O, my child, my darling!" lifting toward him a face that was transfigured with joy and love. The same instant an officer of the King's Guard snatched her away with a curse, and sent her reeling back whence she came with a vigorous impulse from his strong arm. The words "I do not know you, woman!" were falling from Tom Canty's lips when this piteous thing occurred; but it smote him to the heart to see her treated so; and as she turned for a last glimpse of him, whilst the crowd was swallowing her from his sight, she seemed so wounded, so broken-hearted, that a shame fell upon him which consumed his pride to ashes, and withered his stolen royalty. His grandeurs were stricken valueless; they seemed to fall away from him like rotten rags.

The procession moved on, and still on, through ever-augmenting splendours and ever-augmenting tempests of welcome; but to Tom Canty they were as if they had not been. He neither saw nor heard. Royalty had lost its grace and sweetness; its pomps were become a reproach. Remorse was eating his heart out. He said, "Would God I were free of my captivity!"

He had unconsciously dropped back into the phraseology of the first days of his compulsory greatness.

The shining pageant still went winding like a radiant and interminable serpent down the crooked lanes of the quaint old city, and through the huzzaing hosts; but still the king rode with bowed head and vacant eyes, seeing only his mother's face and that wounded look in it.

"Largess, largess!" The cry fell upon an unheeding ear.

"Long live Edward of England!" It seemed as if the earth shook with the explosion; but there was no response from the king. He heard it only as one hears the thunder of the surf when it is blown to the ear out of a great distance, for it was smothered under another sound which was still nearer, in his own breast, in his accusing conscience—a voice which kept repeating those shameful words, "I do not know you, woman!"

The words smote upon the king's soul as the strokes of a funeral bell smite upon the soul of a surviving friend when they remind him of secret treacheries suffered at his hands by him that is gone.

New glories were unfolded at every turning; new wonders, new marvels, sprung into view; the pent clamours of waiting batteries were released; new raptures poured from the throats of the waiting multitudes; but the king gave no sign, and the accusing voice that went moaning through his comfortless breast was all the sound he heard.

By and by the gladness in the faces of the populace changed a little, and became touched with a something like solicitude or anxiety; an abatement in the volume of applause was observable too. The Lord Protector was quick to notice these things, he was as quick to detect the cause. He spurred to the king's side, bent low in his saddle, uncovered, and said:

"My liege, it is an ill time for dreaming. The people observe thy downcast head, thy clouded mien, and they take it for an omen. Be advised; unveil the sun of royalty, and let it shine upon these boding vapours, and disperse them. Lift up thy face, and smile upon the people."

So saying, the duke scattered a handful of coins to right and left, then retired to his place. The mock king did mechanically as he had been bidden. His smile had no heart in it, but few eyes were near enough or sharp enough to detect that. The noddings of his plumed head as he saluted his subjects were full of grace and graciousness; the largess which he delivered from his hand was royally liberal; so the people's anxiety vanished, and the acclamations burst forth again in as mighty a volume as before.

Still once more, a little before the progress was ended, the duke was obliged to ride forward, and make remonstrance. He whispered:

"O dread sovereign! shake off these fatal humours; the eyes of the world are upon thee." Then he added with sharp annoyance, "Perdition catch that crazy pauper! 'twas she that hath disturbed your highness."

The gorgeous figure turned a lustreless eye upon the duke, and said in a dead voice:

"She was my mother!"

"My God!" groaned the Protector as he reined his horse backward to his post, "the omen was pregnant with prophecy. He is gone mad again!"

Chapter XXXII. Coronation Day

Let us go backward a few hours, and place ourselves in Westminster Abbey, at four o'clock in the morning of this memorable Coronation Day. We are not without company; for although it is still night, we find the torch-lighted galleries already filling up with people who are well content to sit still and wait seven or eight hours till the time shall come for them to see what they may not hope to see twice in their lives—the coronation of a king. Yes, London and Westminster have been astir ever since the warning guns boomed at three o'clock, and already crowds of untitled rich folk who have bought the privilege of trying to find sitting-room in the galleries are flocking in at the entrances reserved for their sort.

The hours drag along tediously enough. All stir has ceased for some time, for every gallery has long ago been packed. We may sit now, and look and think at our leisure. We have glimpses, here and there and yonder, through the dim cathedral twilight, of portions of many galleries and balconies, wedged full with people, the other portions of these galleries and balconies being cut off from sight by intervening pillars and architectural projections. We have in view the whole of the great north transept—empty, and waiting for England's privileged ones. We see also the ample area or platform, carpeted with rich stuffs, whereon the throne stands. The throne occupies the centre of the platform, and is raised above it upon an elevation of four steps. Within the seat of the throne is inclosed a rough flat rock—the stone of Scone—which many generations of Scottish kings sat on to be crowned, and so it in time became holy enough to answer a like purpose for English monarchs. Both the throne and its footstool are covered with cloth-of-gold.

Stillness reigns, the torches blink dully, the time drags heavily. But at last the lagging daylight asserts itself, the torches are extinguished, and a mellow radiance suffuses the great spaces. All features of the noble building are distinct now, but soft and dreamy, for the sun is lightly veiled with clouds.

At seven o'clock the first break in the drowsy monotony occurs; for on the stroke of this hour the first peeress enters the transept, clothed like Solomon for splendour, and is conducted to her appointed place by an official clad in satins and velvets, whilst a duplicate of him gathers up the lady's long train, follows after, and, when the lady is seated, arranges the train across her lap for her. He then places her footstool according to her desire, after which he puts her coronet where it will be convenient to her hand when the time for the simultaneous coroneting of the nobles shall arrive.

By this time the peeresses are flowing in in a glittering stream, and satin-clad officials are flitting and glinting everywhere, seating them and making them comfortable. The scene is animated enough now. There is stir and life, and shifting colour everywhere. After a time, quiet reigns again; for the peeresses are all come, and are all in their places—a solid acre, or such a matter, of human flowers, resplendent in variegated colours, and frosted like a Milky Way with diamonds. There are all ages here: brown, wrinkled, white-haired dowagers who are able to go back, and still back, down the stream of time, and recall the crowning of Richard III and troublous days of that old forgotten age; and there are handsome middle-aged dames; and lovely and gracious young matrons; and gentle and beautiful young girls, with beaming eyes and fresh complexions, who may possibly put on their jewelled coronets awkwardly when the great time comes; for the matter will be new to them, and their excitement will be a sore hindrance. Still, this may not happen, for the hair of all these ladies has been arranged with a special view to the swift and successful lodging of the crown in its place when the signal comes.

We have seen that this massed array of peeresses is sown thick with diamonds, and we also see that it is a marvellous spectacle—but now we are about to be astonished in earnest. About nine, the clouds suddenly break away and a shaft of sunshine cleaves the mellow atmosphere, and drifts slowly along the ranks of ladies; and every rank it touches flames into a dazzling splendour of many-coloured fires, and we tingle to our finger-tips with the electric thrill that is shot through us by the surprise and beauty of the spectacle! Presently a special envoy from some distant corner of the Orient, marching with the general body of foreign ambassadors, crosses this bar of sunshine, and we catch our breath, the glory that streams and flashes and palpitates about him is so overpowering; for he is crusted from head to heels with gems, and his slightest movement showers a dancing radiance all around him.

Let us change the tense for convenience. The time drifted along—one hour—two hours—two hours and a half; then the deep booming of artillery told that the king and his grand procession had arrived at last; so the waiting multitude rejoiced. All knew that a further delay must follow, for the king must be prepared and robed for the solemn ceremony; but this delay would be pleasantly occupied by the assembling of the peers of the realm in their stately robes. These were conducted ceremoniously to their seats, and their coronets placed conveniently at hand; and meanwhile the multitude in the galleries were alive with interest, for most of them were beholding for the first time, dukes, earls, and barons whose names had been historical for five hundred years. When all were finally seated, the spectacle from the galleries and all coigns of vantage was complete; a gorgeous one to look upon and to remember.

Now the robed and mitred great heads of the church, and their attendants, filed in upon the platform and took their appointed places; these were followed by the Lord Protector and other great officials, and these again by a steel-clad detachment of the Guard.

There was a waiting pause; then, at a signal, a triumphant peal of music burst forth, and Tom Canty, clothed in a long robe of cloth-of-gold, appeared at a door, and stepped upon the platform. The entire multitude rose, and the ceremony of the Recognition ensued.

Then a noble anthem swept the Abbey with its rich waves of sound; and thus heralded and welcomed, Tom Canty was conducted to the throne. The ancient ceremonies went on with impressive solemnity, whilst the audience gazed; and as they drew nearer and nearer to completion, Tom Canty grew pale, and still paler, and a deep and steadily deepening woe and despondency settled down upon his spirits and upon his remorseful heart.

At last the final act was at hand. The Archbishop of Canterbury lifted up the crown of England from its cushion and held it out over the trembling mock king's head. In the same instant a rainbow radiance flashed along the spacious transept; for with one impulse every individual in the great concourse of nobles lifted a coronet and poised it over his or her head—and paused in that attitude.

A deep hush pervaded the Abbey. At this impressive moment, a startling apparition intruded upon the scene—an apparition observed by none in the absorbed multitude, until it suddenly appeared, moving up the great central aisle. It was a boy, bare-headed, ill shod, and clothed in coarse plebeian garments that were falling to rags. He raised his hand with a solemnity which ill comported with his soiled and sorry aspect, and delivered this note of warning:

"I forbid you to set the crown of England upon that forfeited head. *I* am the king!"

In an instant several indignant hands were laid upon the boy; but in the same instant Tom Canty, in his regal vestments, made a swift step forward and cried out in a ringing voice:

"Loose him and forbear! He *is* the king!"

A sort of panic of astonishment swept the assemblage, and they partly rose in their places and stared in a bewildered way at one another and at the chief figures in this scene, like persons who wondered whether they were awake and in their senses, or asleep and dreaming. The Lord Protector was as amazed as the rest, but quickly recovered himself and exclaimed in a voice of authority:

"Mind not his Majesty, his malady is upon him again; seize the vagabond!"

He would have been obeyed, but the mock king stamped his foot and cried out:

"On your peril! Touch him not, he is the king!"

The hands were withheld; a paralysis fell upon the house; no one moved, no one spoke; indeed, no one knew how to act or what to say, in so strange and surprising an emergency. While all minds were struggling to right themselves, the boy still moved steadily forward, with high port and confident mien; he had never halted from the beginning; and while the tangled minds still floundered helplessly, he stepped upon the platform, and the mock king ran with a glad face to meet him; and fell on his knees before him and said:

"O, my lord the king, let poor Tom Canty be first to swear fealty to thee, and say, 'Put on thy crown and enter into thine own again!'"

The Lord Protector's eye fell sternly upon the newcomer's face; but straightway the sternness vanished away, and gave place to an expression of wondering surprise. This thing happened also to the other great officers. They glanced at each other, and retreated a step by a common and unconscious impulse. The thought in each mind was the same: "What a strange resemblance!"

The Lord Protector reflected a moment or two in perplexity, then he said, with grave respectfulness:

"By your favour, sir, I desire to ask certain questions which—"

"I will answer them, my lord."

The duke asked him many questions about the court, the late king, the prince, the princesses—the boy answered them correctly and without hesitating. He described the rooms of state in the palace, the late king's apartments, and those of the Prince of Wales.

It was strange; it was wonderful; yes, it was unaccountable—so all said that heard it. The tide was beginning to turn, and Tom Canty's hopes to run high, when the Lord Protector shook his head and said:

"It is true it is most wonderful—but it is no more than our lord the king likewise can do." This remark, and this reference to himself as still the king, saddened Tom Canty, and he felt his hopes crumbling from under him. "These are not *proofs*," added the Protector.

The tide was turning very fast now, very fast, indeed—but in the wrong direction; it was leaving poor Tom Canty stranded on the throne, and sweeping the other out to sea. The Lord Protector communed with himself—shook his head—the thought forced itself upon him, "It is perilous to the state and to us all, to entertain so fateful a riddle as this; it could divide the nation and undermine the throne." He turned and said:

"Sir Thomas, arrest this—No, hold!" His face lighted, and he confronted the ragged candidate with this question:

"Where lieth the Great Seal? Answer me this truly, and the riddle is unriddled; for only he that was Prince of Wales *can* so answer! On so trivial a thing hang a throne and a dynasty!"

It was a lucky thought, a happy thought. That it was so considered by the great officials was manifested by the silent applause that shot from eye to eye around their circle in the form of bright approving glances. Yes, none but the true prince could dissolve the stubborn mystery of the vanished Great Seal—this forlorn little impostor had been taught his lesson well, but here his teachings must fail for his teacher himself could not answer *that* question—ah, very good, very good indeed: now we shall be rid of this troublesome and perilous business in short order! And so they nodded invisibly and smiled inwardly with satisfaction, and looked to see this foolish lad stricken with a palsy of guilty confusion. How surprised they were, then, to see nothing of the sort happen—how they marvelled to hear him answer up promptly, in a confident and untroubled voice, and say:

"There is naught in this riddle that is difficult." Then, without so much as a by-your-leave to anybody, he turned and gave this command, with the easy manner of one accustomed to doing such things: "My Lord St. John, go you to my private cabinet in the palace—for none knoweth the place better than you—and, close down to the floor, in the left corner remotest from the door that opens from the antechamber, you shall find in the wall a brazen nail-head; press upon it and a little jewel-closet will fly open which not even you do know of—no, nor any soul else in all the world but me and the trusty artisan that did contrive it for me. The first thing that falleth under your eye will be the Great Seal—fetch it hither."

All the company wondered at this speech, and wondered still more to see the little mendicant pick out this peer without hesitancy or apparent fear of mistake, and call him by name with such a placidly convincing air of having known him all his life. The peer was almost surprised into obeying. He even made a movement as if to go, but quickly recovered his tranquil attitude and confessed his blunder with a blush. Tom Canty turned upon him and said, sharply:

"Why dost thou hesitate? Hast not heard the king's command? Go!"

The Lord St. John made a deep obeisance—and it was observed that it was a significantly cautious and noncommittal one, it not being delivered at either of the kings but at the neutral ground about half-way between the two—and took his leave.

Now began a movement of the gorgeous particles of that official group which was slow, scarcely perceptible, and yet steady and persistent—a movement such as is observed in a kaleidoscope that is turned slowly, whereby the components of one splendid cluster fall away and join themselves to another—a movement which, little by little, in the present case, dissolved the glittering crowd that stood about Tom Canty and clustered it together again in the neighbourhood of the new-comer. Tom Canty stood almost alone. Now ensued a brief season of deep suspense and waiting—during which even the few faint-hearts still remaining near Tom Canty gradually scraped together courage enough to glide, one by one, over to the majority. So at last Tom Canty, in his royal robes and jewels, stood wholly alone and isolated from the world, a conspicuous figure, occupying an eloquent vacancy.

Now the Lord St. John was seen returning. As he advanced up the mid-aisle the interest was so intense that the low murmur of conversation in the great assemblage died out and was succeeded by a profound hush, a breathless stillness, through which his footfalls pulsed with a dull and distant sound. Every eye was fastened upon him as he moved along. He reached the platform, paused a moment, then moved toward Tom Canty with a deep obeisance, and said:

"Sire, the Seal is not there!"

A mob does not melt away from the presence of a plague-patient with more haste than the band of pallid and terrified courtiers melted away from the presence of the shabby little claimant of the Crown. In a moment he stood all alone, without friend or supporter, a target upon which was concentrated a bitter fire of scornful and angry looks. The Lord Protector called out fiercely:

"Cast the beggar into the street, and scourge him through the town—the paltry knave is worth no more consideration!"

Officers of the guard sprang forward to obey, but Tom Canty waved them off and said:

"Back! Whoso touches him perils his life!"

The Lord Protector was perplexed in the last degree. He said to the Lord St. John:

"Searched you well?—but it boots not to ask that. It doth seem passing strange. Little things, trifles, slip out of one's ken, and one does not think it matter for surprise; but how a so bulky a thing as the Seal of England can vanish away and no man be able to get track of it again—a massy golden disk—"

Tom Canty, with beaming eyes, sprang forward and shouted:

"Hold, that is enough! Was it round?—and thick? thick?—and had it letters and devices graved upon it?—Yes? Oh, *now* I know what this Great Seal is that there's been such worry and pother about. An' ye had described it to me, ye could have had it three weeks ago. Right well I know where it lies; but it was not I that put it there—first."

"Who, then, my liege?" asked the Lord Protector.

"He that stands there—the rightful king of England. And he shall tell you himself where it lies—then you will believe he knew it of his own knowledge. Bethink thee, my king—spur thy memory—it was the last, the very *last* thing thou didst that day before thou didst rush forth from the palace, clothed in my rags, to punish the soldier that insulted me."

A silence ensued, undisturbed by a movement or a whisper, and all eyes were fixed upon the newcomer, who stood, with bent head and corrugated brow, groping in his memory among a thronging multitude of valueless recollections for one single little elusive fact, which found, would seat him upon a throne—unfound, would leave him as he was, for good and all—a pauper and an outcast. Moment after moment passed—the moments built themselves into minutes—still the boy struggled silently on, and gave no sign. But at last he heaved a sigh, shook his head slowly, and said, with a trembling lip and in a despondent voice:

"I call the scene back—all of it—but the Seal hath no place in it." He paused, then looked up, and said with gentle dignity, "My lords and gentlemen, if ye will rob your rightful sovereign of his own for lack of this evidence which he is not able to furnish, I may not stay ye, being powerless. But—"

"Oh, folly, oh, madness, my king!" cried Tom Canty, in a panic, "wait!—think! Do not give up!—the cause is not lost! Nor *shall* be, neither! List to what I say—follow every word—I am going to bring that morning back again, every hap just as it happened. We talked—I told you of my sisters, Nan and Bet—ah, yes, you remember that; and about mine old grandam—and the rough games of the lads of Offal Court—yes, you remember these things also; very well, follow me still, you shall recall everything. You gave me food and drink, and did with princely courtesy send away the servants, so that my low breeding might not shame me before them—ah, yes, this also you remember."

As Tom checked off his details, and the other boy nodded his head in recognition of them, the great audience and the officials stared in puzzled wonderment; the tale sounded like true history, yet how could this impossible conjunction between a prince and a beggar boy have come about? Never was a company of people so perplexed, so interested, and so stupefied, before.

"For a jest, my prince, we did exchange garments. Then we stood before a mirror; and so alike were we that both said it seemed as if there had been no change made—yes, you remember that. Then you noticed that the soldier had hurt my hand—look! here it is, I cannot yet even write with it, the fingers are so stiff. At this your highness sprang up, vowing vengeance upon the soldier, and ran toward the door—you passed a table—that thing you call the Seal lay on that table—you snatched it up and looked eagerly about, as if for a place to hide it—your eye caught sight of—"

"There, 'tis sufficient!—and the dear God be thanked!" exclaimed the ragged claimant, in a mighty excitement. "Go, my good St. John—in an arm-piece of the Milanese armour that hangs on the wall, thou'lt find the Seal!"

"Right, my king! right!" cried Tom Canty; "*now* the sceptre of England is thine own; and it were better for him that would dispute it that he had been born dumb! Go, my Lord St. John, give thy feet wings!"

The whole assemblage was on its feet now, and well-nigh out of its mind with uneasiness, apprehension, and consuming excitement. On the floor and on the platform a deafening buzz of frantic conversation burst forth, and for some time nobody knew anything or heard anything or was interested in anything but what his neighbour was shouting into his ear, or he was shouting into his neighbour's ear. Time—nobody knew how much of it—swept by unheeded and unnoted. At last a sudden hush fell upon the house, and in the same moment St. John appeared upon the platform and held the Great Seal aloft in his hand. Then such a shout went up!

"Long live the true king!"

For five minutes the air quaked with shouts and the crash of musical instruments, and was white with a storm of waving handkerchiefs; and through it all a ragged lad, the most conspicuous figure in England, stood, flushed and happy and proud, in the centre of the spacious platform, with the great vassals of the kingdom kneeling around him.

Then all rose, and Tom Canty cried out:

"Now, O my king, take these regal garments back, and give poor Tom, thy servant, his shreds and remnants again."

The Lord Protector spoke up:

"Let the small varlet be stripped and flung into the Tower."

But the new king, the true king, said:

"I will not have it so. But for him I had not got my crown again—none shall lay a hand upon him to harm him. And as for thee, my good uncle, my Lord Protector, this conduct of thine is not grateful toward this poor lad, for I hear he hath made thee a duke"—the Protector blushed—"yet he was not a king; wherefore, what is thy fine title worth now? To-morrow you shall sue to me, *through him*, for its confirmation, else no duke, but a simple earl, shalt thou remain."

Under this rebuke, his grace the Duke of Somerset retired a little from the front for the moment. The king turned to Tom, and said kindly:

"My poor boy, how was it that you could remember where I hid the Seal when I could not remember it myself?"

"Ah, my king, that was easy, since I used it divers days."

"Used it—yet could not explain where it was?"

"I did not know it was *that* they wanted. They did not describe it, your majesty."

"Then how used you it?"

The red blood began to steal up into Tom's cheeks, and he dropped his eyes and was silent.

"Speak up, good lad, and fear nothing," said the king. "How used you the Great Seal of England?"

Tom stammered a moment, in a pathetic confusion, then got it out:

"To crack nuts with!"

Poor child, the avalanche of laughter that greeted this nearly swept him off his feet. But if a doubt remained in any mind that Tom Canty was not the king of England and familiar with the august appurtenances of royalty, this reply disposed of it utterly.

Meantime the sumptuous robe of state had been removed from Tom's shoulders to the king's, whose rags were effectually hidden from sight under it. Then the coronation ceremonies were resumed; the true king was anointed and the crown set upon his head, whilst cannon thundered the news to the city, and all London seemed to rock with applause.

Chapter XXXIII. Edward as King

Miles Hendon was picturesque enough before he got into the riot on London Bridge—he was more so when he got out of it. He had but little money when he got in, none at all when he got out. The pick-pockets had stripped him of his last farthing.

But no matter, so he found his boy. Being a soldier, he did not go at his task in a random way, but set to work, first of all, to arrange his campaign.

What would the boy naturally do? Where would he naturally go? Well—argued Miles—he would naturally go to his former haunts, for that is the instinct of unsound minds, when homeless and forsaken, as well as of sound ones. Whereabouts were his former haunts? His rags, taken together with the low villain who seemed to know him and who even claimed to be his father, indicated that his home was in one or another of the poorest and meanest districts of London. Would the search for him be difficult or long? No, it was likely to be easy and brief. He would not hunt for the boy, he would hunt for a crowd; in the centre of a big crowd or a little one, sooner or later, he should find his poor little friend, sure; and the mangy mob would be entertaining itself with pestering and aggravating the boy, who would be proclaiming himself king, as usual. Then Miles Hendon would cripple some of those people, and carry off his little ward, and comfort and cheer him with loving words, and the two would never be separated any more.

So Miles started on his quest. Hour after hour he tramped through back alleys and squalid streets, seeking groups and crowds, and finding no end of them, but never any sign of the boy. This greatly surprised him, but did not discourage him. To his notion, there was nothing the matter with his plan of campaign; the only miscalculation about it was that the campaign was becoming a lengthy one, whereas he had expected it to be short.

When daylight arrived at last, he had made many a mile, and canvassed many a crowd, but the only result was that he was tolerably tired, rather hungry, and very sleepy. He wanted some breakfast, but there was no way to get it. To beg for it did not occur to him; as to pawning his sword, he would as soon have thought of parting with his honour; he could spare some of his clothes—yes, but one could as easily find a customer for a disease as for such clothes.

At noon he was still tramping—among the rabble which followed after the royal procession now; for he argued that this regal display would attract his little lunatic powerfully. He followed the pageant through all its devious windings about London, and all the way to Westminster and the Abbey. He drifted here and there among the multitudes that were massed in the vicinity for a weary long time, baffled and perplexed, and finally wandered off thinking, and trying to contrive some way to better his plan of campaign. By and by, when he came to himself out of his musings, he discovered that the town was far behind him and that the day was growing old. He was near the river, and in the country; it was a region of fine rural seats—not the sort of district to welcome clothes like his.

It was not at all cold; so he stretched himself on the ground in the lee of a hedge to rest and think. Drowsiness presently began to settle upon his senses; the faint and far-off boom of cannon was wafted to his ear, and he said to himself, "The new king is crowned," and straightway fell asleep. He had not slept or rested, before, for more than thirty hours. He did not wake again until near the middle of the next morning.

He got up, lame, stiff, and half famished, washed himself in the river, stayed his stomach with a pint or two of water, and trudged off toward Westminster, grumbling at himself for having wasted so much time. Hunger helped him to a new plan now; he would try to get speech with old Sir Humphrey Marlow and borrow a few marks, and—but that was enough of a plan for the present; it would be time enough to enlarge it when this first stage should be accomplished.

Toward eleven o'clock he approached the palace; and although a host of showy people were about him, moving in the same direction, he was not inconspicuous—his costume took care of that. He watched these people's faces narrowly, hoping to find a charitable one whose possessor might be willing to carry his name to the old lieutenant—as to trying to get into the palace himself, that was simply out of the question.

Presently our whipping-boy passed him, then wheeled about and scanned his figure well, saying to himself, "An' that is not the very vagabond his majesty is in such a worry about, then am I an ass—though belike I was that before. He answereth the description to a rag—that God should make two such would be to cheapen miracles, by wasteful repetition. I would I could contrive an excuse to speak with him."

Miles Hendon saved him the trouble; for he turned about, then, as a man generally will when somebody mesmerises him by gazing hard at him from behind; and observing a strong interest in the boy's eyes, he stepped toward him and said:

"You have just come out from the palace; do you belong there?"

"Yes, your worship."

"Know you Sir Humphrey Marlow?"

The boy started, and said to himself, "Lord! mine old departed father!" Then he answered, aloud, "Right well, your worship."

"Good—is he within?"

"Yes," said the boy; and added, to himself, "within his grave."

"Might I crave your favour to carry my name to him, and say I beg to say a word in his ear?"

"I will despatch the business right willingly, fair sir."

"Then say Miles Hendon, son of Sir Richard, is here without—I shall be greatly bounden to you, my good lad."

The boy looked disappointed— "The king did not name him so," he said to himself— "but it mattereth not, this is his twin brother, and can give his majesty news of t'other Sir-Odds-and-Ends, I warrant." So he said to Miles, "Step in there a moment, good sir, and wait till I bring you word."

Hendon retired to the place indicated—it was a recess sunk in the palace wall, with a stone bench in it—a shelter for sentinels in bad weather. He had hardly seated himself when some halberdiers, in charge of an officer, passed by. The officer saw him, halted his men, and commanded Hendon to come forth. He obeyed, and was promptly arrested as a suspicious character prowling within the precincts of the palace. Things began to look ugly. Poor Miles was going to explain, but the officer roughly silenced him, and ordered his men to disarm him and search him.

"God of his mercy grant that they find somewhat," said poor Miles; "I have searched enow, and failed, yet is my need greater than theirs."

Nothing was found but a document. The officer tore it open, and Hendon smiled when he recognised the "pot-hooks" made by his lost little friend that black day at Hendon Hall. The officer's face grew dark as he read the English paragraph, and Miles blenched to the opposite colour as he listened.

"Another new claimant of the Crown!" cried the officer. "Verily they breed like rabbits to-day. Seize the rascal, men, and see ye keep him fast whilst I convey this precious paper within and send it to the king."

He hurried away, leaving the prisoner in the grip of the halberdiers.

"Now is my evil luck ended at last," muttered Hendon, "for I shall dangle at a rope's end for a certainty, by reason of that bit of writing. And what will become of my poor lad!—ah, only the good God knoweth."

By and by he saw the officer coming again, in a great hurry; so he plucked his courage together, purposing to meet his trouble as became a man. The officer ordered the men to loose the prisoner and return his sword to him; then bowed respectfully, and said:

"Please you, sir, to follow me."

Hendon followed, saying to himself, "An' I were not travelling to death and judgment, and so must needs economise in sin, I would throttle this knave for his mock courtesy."

The two traversed a populous court, and arrived at the grand entrance of the palace, where the officer, with another bow, delivered Hendon into the hands of a gorgeous official, who received him with profound respect and led him forward through a great hall, lined on both sides with rows of splendid flunkeys (who made reverential obeisance as the two passed along, but fell into death-throes of silent laughter at our stately scarecrow the moment his back was turned), and up a broad staircase, among flocks of fine folk, and finally conducted him to a vast room, clove a passage for him through the assembled nobility of England, then made a bow, reminded him to take his hat off, and left him standing in the middle of the room, a mark for all eyes, for plenty of indignant frowns, and for a sufficiency of amused and derisive smiles.

Miles Hendon was entirely bewildered. There sat the young king, under a canopy of state, five steps away, with his head bent down and aside, speaking with a sort of human bird-of-paradise—a duke, maybe; Hendon observed to himself that it was hard enough to be sentenced to death in the full vigour of life, without having this peculiarly public humiliation added. He wished the king would hurry about it—some of the gaudy people near by were becoming pretty offensive. At this moment the king raised his head slightly and Hendon caught a good view of his face. The sight nearly took his breath away! He stood gazing at the fair young face like one transfixed; then presently ejaculated:

"Lo, the Lord of the Kingdom of Dreams and Shadows on his throne!"

He muttered some broken sentences, still gazing and marvelling; then turned his eyes around and about, scanning the gorgeous throng and the splendid saloon, murmuring, "But these are *real*—verily these are *real*—surely it is not a dream."

He stared at the king again—and thought, "*Is* it a dream?... or is he the veritable sovereign of England, and not the friendless poor Tom o' Bedlam I took him for—who shall solve me this riddle?"

A sudden idea flashed in his eye, and he strode to the wall, gathered up a chair, brought it back, planted it on the floor, and sat down in it!

A buzz of indignation broke out, a rough hand was laid upon him, and a voice exclaimed:

"Up, thou mannerless clown! wouldst sit in the presence of the king?"

The disturbance attracted his majesty's attention, who stretched forth his hand and cried out:

"Touch him not, it is his right!"

The throng fell back, stupefied. The king went on:

"Learn ye all, ladies, lords and gentlemen, that this is my trusty and well-beloved servant, Miles Hendon, who interposed his good sword and saved his prince from bodily harm and possible death—and for this he is a knight, by the king's voice. Also learn, that for a higher service, in that he saved his sovereign stripes and shame, taking these upon himself, he is a peer of England, Earl of Kent, and shall have gold and lands meet for the dignity. More—the privilege which he hath just exercised is his by royal grant; for we have ordained that the chiefs of his line shall have and hold the right to sit in the presence of the majesty of England henceforth, age after age, so long as the crown shall endure. Molest him not."

Two persons, who, through delay, had only arrived from the country during this morning, and had now been in this room only five minutes, stood listening to these words and looking at the king, then at the scarecrow, then at the king again, in a sort of torpid bewilderment. These were Sir Hugh and the Lady Edith. But the new earl did not see them. He was still staring at the monarch, in a dazed way, and muttering:

"Oh, body o' me! *This* my pauper! This my lunatic! This is he whom *I* would show what grandeur was, in my house of seventy rooms and seven and twenty servants! This is he who had never known aught but rags for raiment, kicks for comfort, and offal for diet! This is he whom *I* adopted and would make respectable! Would God I had a bag to hide my head in!"

Then his manners suddenly came back to him, and he dropped upon his knees, with his hands between the king's, and swore allegiance and did homage for his lands and titles. Then he rose and stood respectfully aside, a mark still for all eyes—and much envy, too.

Now the king discovered Sir Hugh, and spoke out, with wrathful voice and kindling eye:

"Strip this robber of his false show and stolen estates, and put him under lock and key till I have need of him."

The late Sir Hugh was led away.

There was a stir at the other end of the room now; the assemblage fell apart, and Tom Canty, quaintly but richly clothed, marched down, between these living walls, preceded by an usher. He knelt before the king, who said:

"I have learned the story of these past few weeks, and am well pleased with thee. Thou hast governed the realm with right royal gentleness and mercy. Thou hast found thy mother and thy sisters again? Good; they shall be cared for—and thy father shall hang, if thou desire it and the law consent. Know, all ye that hear my voice, that from this day, they that abide in the shelter of Christ's Hospital and share the king's bounty shall have their minds and hearts fed, as well as their baser parts; and this boy shall dwell there, and hold the chief place in its honourable body of governors, during life. And for that he hath been a king, it is meet that other than common observance shall be his due; wherefore, note this his dress of state, for by it he shall be known, and none shall copy it; and wheresoever he shall come, it shall remind the people that he hath been royal, in his time, and none shall deny him his due of reverence or fail to give him salutation. He hath the throne's protection, he hath the crown's support, he shall be known and called by the honourable title of the King's Ward."

The proud and happy Tom Canty rose and kissed the king's hand, and was conducted from the presence. He did not waste any time, but flew to his mother, to tell her and Nan and Bet all about it and get them to help him enjoy the great news.

Conclusion. Justice and Retribution

When the mysteries were all cleared up, it came out, by confession of Hugh Hendon, that his wife had repudiated Miles by his command that day at Hendon Hall—a command assisted and supported by the perfectly trustworthy promise that if she did not deny that he was Miles Hendon, and stand firmly to it, he would have her life; whereupon she said take it!, she did not value it—and she would not repudiate Miles; then the husband said he would spare her life, but have Miles assassinated! This was a different matter; so she gave her word and kept it.

Hugh was not prosecuted for his threats or for stealing his brother's estates and title, because the wife and brother would not testify against him—and the former would not have been allowed to do it, even if she had wanted to. Hugh deserted his wife and went over to the Continent, where he presently died; and by and by the Earl of Kent married his relict. There were grand times and rejoicings at Hendon village when the couple paid their first visit to the Hall.

Tom Canty's father was never heard of again.

The king sought out the farmer who had been branded and sold as a slave, and reclaimed him from his evil life with the Ruffler's gang, and put him in the way of a comfortable livelihood.

He also took that old lawyer out of prison and remitted his fine. He provided good homes for the daughters of the two Baptist women whom he saw burned at the stake, and roundly punished the official who laid the undeserved stripes upon Miles Hendon's back.

He saved from the gallows the boy who had captured the stray falcon, and also the woman who had stolen a remnant of cloth from a weaver; but he was too late to save the man who had been convicted of killing a deer in the royal forest.

He showed favour to the justice who had pitied him when he was supposed to have stolen a pig, and he had the gratification of seeing him grow in the public esteem and become a great and honoured man.

As long as the king lived he was fond of telling the story of his adventures, all through, from the hour that the sentinel cuffed him away from the palace gate till the final midnight when he deftly mixed himself into a gang of hurrying workmen and so slipped into the Abbey and climbed up and hid himself in the Confessor's tomb, and then slept so long, next day, that he came within one of missing the Coronation altogether. He said that the frequent rehearsing of the precious lesson kept him strong in his purpose to make its teachings yield benefits to his people; and so, whilst his life was spared he should continue to tell the story, and thus keep its sorrowful spectacles fresh in his memory and the springs of pity replenished in his heart.

Miles Hendon and Tom Canty were favourites of the king, all through his brief reign, and his sincere mourners when he died. The good Earl of Kent had too much good sense to abuse his peculiar privilege; but he exercised it twice after the instance we have seen of it before he was called from this world; once at the accession of Queen Mary, and once at the accession of Queen Elizabeth. A descendant of his exercised it at the accession of James I. Before this one's son chose to use the privilege, near a quarter of a century had elapsed, and the "privilege of the Kents" had faded out of most people's memories; so, when the Kent of that day appeared before Charles I and his court and sat down in the sovereign's presence to assert and perpetuate the right of his house, there was a fine stir, indeed! But the matter was soon explained and the right confirmed. The last earl of the line fell in the wars of the Commonwealth fighting for the king, and the odd privilege ended with him.

Tom Canty lived to be a very old man, a handsome, white-haired old fellow, of grave and benignant aspect. As long as he lasted he was honoured; and he was also reverenced, for his striking and peculiar costume kept the people reminded that "in his time he had been royal;" so, wherever he appeared the crowd fell apart, making way for him, and whispering, one to another, "Doff thy hat, it is the King's Ward!"—and so they saluted, and got his kindly smile in return—and they valued it, too, for his was an honourable history.

Yes, King Edward VI lived only a few years, poor boy, but he lived them worthily. More than once, when some great dignitary, some gilded vassal of the crown, made argument against his leniency, and urged that some law which he was bent upon amending was gentle enough for its purpose, and wrought no suffering or oppression which any one need mightily mind, the young king turned the mournful eloquence of his great compassionate eyes upon him and answered:

"What dost *thou* know of suffering and oppression? I and my people know, but not thou."

The reign of Edward VI was a singularly merciful one for those harsh times. Now that we are taking leave of him let us try to keep this in our minds, to his credit.